出会いの他者性

――プロメテウスの火(暴力)から愛智の炎へ――

宮本久雄著

知泉書館

序

本書を貫く執筆の目的・動機は、危機的な現代において根源悪を超克する思想的地平を拔《ひら》くことにある。それでは根源悪の特徴はどこに求められるのか。それは、ヘーシオドスがギリシア神話で伝え、また「創世記」が語る人間のヒュブリスに典型的に現れていよう。

ヒュブリスとは、人間が自ら神のようになろうとする傲慢と、そしてその傲慢によって他者を支配しようと用いる暴力という二つの意味を持つ。それは今日的に言えば、他者を抹殺しようとする虚無とそれを具現する全体主義的機構とを意味する。それではわれわれは現代にあってこの全体主義的根源悪を「どこ」で見出そうとするのか。その「どこ」は探究者によって様々に提案できるであろう。本書では、特に「アウシュヴィッツ」と「FUKUSHIMA」に求めたい。その理由は後述することにして、今予示的に説明すれば次のようになるであろう。すなわち、周知のように「アウシュヴィッツ」は、第二次世界大戦中にナチス・ドイツが主にユダヤ民族絶滅を目的に建設した強制収容所、正しくは「絶滅の檻」(Vernichtungslager)の典型・象徴である。そこではH・アーレントなどが指摘するように、人間は生ける屍に貶められるか、あるいは生きる価値のない者として抹殺される。いずれにしても、それは単に大量虐殺において際立っているだけでなく、本質的に人間から記憶と物語り(1)を奪って、彼がかつてあたかも生きたことがなかったかのようにしてしまう「忘却の穴」に外ならない。つまり、人間の他者性を奪うことを自己目的とするという意味で、虚無的意志そのものなのである。われわれは、それこそ正に根源悪の一つの相であると考えるわけである。次にわれわれは、三・一一や「FUKUSHIMA」において、特にその原子力発電所における原子力エネルギーの暴走とその災厄の危機に注目したい。というのも、その原子力の火による災厄は、ギリシア神話においてプロメテウスの火がもたらした人類的な災厄を超える。さらにこの火は人間が創造した全く人工的な火として、巨大科学を生み、その結果、人間を神の如き全能者とした。その意味で、原子力の火は地球、自然および諸民族支配を狙う権力機構のヒュブリスを端的に表わすからである。この権力機構をわれわれは「エコノ＝テクノ＝ビュロクラシー」（経済＝技術＝官僚支配）と呼びたい。

以上のようにわれわれは、全体主義的根源悪が、一方で地球全体に浸透している「エコノ＝テクノ＝ビュロクラシー」現象として顕われ、他方でその根底に他者を利用し支配しようとする虚無的な意志を秘め、こうして機構と虚無の二重的性格と働きを示すことを予示しておきたい。また思想的にこの根源悪の温床となるのは「存在＝神＝論」（Onto-Theo-Logia, Ontologia）であることも指摘しておきたい。この「存在＝神＝論」の思想的特徴を一口で語れば、それは一切の他者を自らの全体的システムに解消して支配するという意味で、逆に同化できない「異」的他を抹殺する全体主義であるとだけ述べておきたい。

それでは本書において如上の目的実現のために、どのようなテーマと方策が採られるのであろうか。

まず、思想的論理的には、全体主義の温床としての存在＝神＝論に対して、エヒイェロギアを構想したい。それは、自己システムの実体化と閉ざされた自己同一性（以下、自同性と表記）を構想する存在＝神＝論に対して、ヘブライ思想・文学で用いられる脱在動詞・一人称単数未完了形エヒイェが示す生成および他者への自己開放という反＝志向的志向や働きに基づく思想である。そのために方法論上、主に非欧米語族である旧約のテキストの物語り論的解釈に拠って、新しい他者の小さな物語りの創成に向かう。これは、全体主義のいわゆる大きな物語を突破する小さな物語りの結集となるであろう。次に存在＝神＝論における理性の構成的・志向的使用に対して、解釈する理性と反志向性に拠ってその自同性を解体する方策が採られよう。そうした営為と共に、エヒイェを自己に体現して全体主義を様々な意味で越境し、告発しうるエヒイェ的人格の誕生とその参集の協働態[2]が待望される。以上のような方策を通してエヒイェロギアは、思想上、物語り論上さらに歴史上などの次元で、異端、異文化、異語、異文明、異常、異形、異人（種）、異教、異土、異性など全体主義的自同によって排斥・抹殺される領域や存在に注目し、その「異」を発掘し、異邦人の思想として自己形成する方位をとる。

　このようなエヒイェロギアの構想は無から生まれたわけではない。その根幹には、歴史神学の泰斗、元京都大学教授有賀鐵太郎博士のハヤトロギアの着想がある。博士は、ギリシア的存在論に対して、ヘブライ・キリスト教思想の特徴を、ヘブライ語脱在動詞・三人称単数完了形ハーヤーの動的・生成的働きに認め、そこから出発してハヤトロギアとして提示した。そして教父学者として、西欧キリスト教思想・神学が上述のオントロギアとハヤトロギアの協働において成立したと考え、さらにハヤオントロギアの伝統を明らかにしたのである。エヒイェロギアはこのようなハヤトロギアに拠って霊感を受け、われわれの根源悪超克の目的・動機に即して展開しつつある。この思想史的系譜については、さらに後述したい。

　それでは最後に、読者の便宜も兼ねて本書全体の見取り図を予示しておこう。本書は三部から構想される。

　第Ⅰ部は四章から成る。第一章では根源悪からの脱出がテーマとなり、E・レヴィナスにおける神の防衛する火に関するテキストが解釈され、その火がプロメテウスの火の超克の手がかりとなる。そこでは理性は構成的でなく、解釈する理性として他者の地平を志向する。第二章では、トマスにおいて能動知性が他者の地平を抜くことが論ぜられる。その他者の地平とは超越概念である「在るもの」（ens）、「善」（bonum）、「美」（pulchrum）などの類比的世界である。第三章では、第二章で拓けた公共善の諸相とその諸相に対応する協働態の諸相が開示される。第四章では、トマスの反＝構成的理性の志向性を、アウグスティヌスの反＝意志的志向性である自由意志と重ね合わせながら、アウグスティヌスが他者と出会う「告白」的道行きと回心体験を分析する。そこで重要な点は、自由意志の回心とは、身体性を含むことである。従ってアウグスティヌス的協働態は、哲学的であり身体的なのである。

第Ⅱ部は、三章から成る。第五章では、第Ⅰ部で際立たせられた協働態を一層根源的に考察するため、「創世記」の神の像と神の像を形成する男・女の一対の協働について考察される。その一対こそ、対話的・身体的協働として根源的基礎的協働態を形成することを示す。第六章では、ギリシア教父ニュッサのグレゴリオスの『雅歌講話』の比喩的解釈を辿りながら、「雅歌」における男・女が開示する協働の諸々の意義と現実的実相を示したい。第七章では、同じグレゴリオスの『モーセの生涯』と『説教集』を取り上げ、ペルソナ的人格がもつ神・超越的他者との垂直的関係（フィロソフィア）とこのペルソナ相互の水平的協働態関係（エチカ）とが開示される。

第Ⅲ部も、三章から成る。第Ⅲ部は、第Ⅰ部の現代という問題性の中で取り上げられた根源悪とそこからの脱出が考察される。

第八章では、根源悪超克の構想であるエヒイェロギアに言及され、特にペルソナ、神の像をエヒイェロギア的次元で深化させたエヒイェ的人格が示される。第九章では、トマス的協働態論の根拠としてのマカリオス（浄福）協働態が示唆され、そこで働く現代のエヒイェ的人格として、第十章でシャルル・ド・フーコーが語られる。そして最後に、いわば「あとがき」風に「むすびとひらき」にて本書は括られ、さらなる拓きが展望されるのである。

（1）本書において「物語」は主に全体主義が語る大きな物語（スターリン主義的な一国社会主義の物語や明治の天皇制絶対主義の物語、あるいは原子力安全神話など）を指す。これに対し、「物語り」は、他者との交流を創ったり、そこに向けられる「物語る」行為に基づく「物語り」である。例えば、「アイヌ」の物語りや石牟礼道子の『苦海浄土』、韓国の「ハン」の物語りなど小さな物語りを指す。前者は一切を実体化して閉ざされた自己同一化、つまり自同化を促進し、後者は他者との出会いを語る。

（2）われわれは、communitasの一般的表記「共同体」の代わりに「協働態」と表記したい。『全訳　漢辞海』（戸川芳郎監修、三省堂）に拠れば、「共」は「廿」（器物の意）を「両手でささげる」から構成され、「ともに」という意味よりも根本的に「うやうやしくす」の意味から、上下関係を含意する。これに対し「協」は、「十」（多く）「劦」（力を合わせる）の意味で、「多くの人々が力を合わせてなごむ」を意味するとされる。また「同」が含意する閉鎖的集団的自己同一性に対し、動的エネルギー（エネルゲイア）を示す「働」を採用したい。さらに「態」という実体を流動化させる開放的動態を、実体を連想さす「体」の代わりに用いたい。また他者との「協働」（synergeia）というギリシア教父の共生・相生思想をも加味したい。以上の意味で、「協働態」の表記を以後用いるわけである。

目　次

第Ⅱ部　神の似像「男・女」の協働と根源悪——暴力にも拘らず

出会いの他者性

――プロメテウスの火（暴力）から愛智の炎へ――

第Ⅰ部　暴力とペルソナ的協働態

第Ⅰ部では、根源悪から超出する公共善に基づく協働態の諸相とそれを担う反全体主義・反＝志向的人間とが語り出される。

第一章では、「アウシュヴィッツ」と「FUKUSHIMA」の根源悪が、構成的志向的理性および私的所有への志向的意志に基づく自同的全体主義として現われる点が考察される。まずE・レヴィナスの解釈的理性を通して、プロメテウスの火に抗する防衛の火が導出され、ソクラテス以前の自然の哲学者や聖書の物語りにおいて、防衛の火の諸相が水や気などとして探究される。

第二章では、トマスの「在るもの」の認識を導く能動知性、つまり反＝志向的理性を通し、「在るもの」の現実態的完全性である善の地平が拓けてくる。第三章は、その善の地平における協働態的諸相が析出され、特に修道院や大学などの国家や民族を超越しうる普遍的な相生の場が開示される。第四章では、アウグスティヌスの『告白』文学を解釈し、身体性をも含む人格の成立の動態を示しつつ、第三章で示された超越的協働態である修道院の規則、つまり『アウグスティヌスの規則』の具体を紹介したい。

こうして第Ⅰ部では、協働態形成の根幹に、反＝志向的理性（トマス）と反＝志向的意志（アウグスティヌス）を兼備して、解釈し協働する行為的人間主体（ペルソナ）像が示される。その成果を念頭に入れて第Ⅱ部へ繋げたい。

第一章　暴力《ヒュブリス》と理性
――テキスト（textus）の解釈をめぐって――

序　悲劇的時代と解釈学的理性

現代はこの上なく悲劇的な時代である。そう語るべくして語らざるをえないのは、一方で根源悪の暴力の嵐が吹き荒れているからであり、他方で思索する者、広義の知識人がこれに答えず茫然自失の体にあるようだからなのである。本論の提題「暴力と理性」は、この文脈におかれて展開する。その提題を予備的に解釈すれば、暴力のマグマは端的に「アウシュヴィッツ」および「FUKUSHIMA」（ふくしま）を通して噴出した。

前者は、言うまでもなくヒトラー独裁の第三帝国支配下における主にユダヤ人絶滅を目指して建設された絶滅収容所（Vernichtungslager）の象徴であり、かつ歴史的唯一的な出来事であった[1]。後者は、二〇一一年三月一一日に突如発生した東日本大震災を指すが、その悲劇性を無限に強める事件は原子力災害であるといえる。

本論は、如上の二事件がどのように根源悪や暴力に関連するかをまず問う。この問いの考察は、いわゆるプロメテウスの火と本論のいう第二のプロメテウスの火（原子力エネルギー）に関する考察を通してなされる（第一節）。

次に理性とは何を意味するのか。ここで語られる理性は、デカルトからフッサールに至る西欧近代の構成的理性を意味しない。例えば、デカルトにあって理性とは、自然を数量関係に還元化する「考える我」（ego cogitans）であった。それは身体をも含めた世界を物体（corpus）、すなわち幾何学的延長として数量化し、次にそれを因果法則の網に拠って表象し（vorstellen）対象化し構成する。われわれのいう理性は、そうした構成的な理性を意味しない。そうした理性は、一方で科学的理性として生活世界と対立し、いわば生活世界をとり囲み隠蔽する物理科学的世界像を作像する。ここでいう生活世界とは、客観的科学知に先行し、そこにわれわれがすでに生きており、むしろ科学知識をも生み出す基礎としての世界を指す。ハーバーマスに拠れば、それは文化的言語的シンボルの宝蔵であって、言語的シンボルを通して歴史的に文化的シンボルや価値を再生産しつつ、相互に理解し合い行為の調整を計って社会が調和統合されてゆく生活的基盤（例えば、家庭や学校）を意味する。あるいは、われわれのいう理性は、ヘーゲルのいわば歴史構成的な「絶対精神」を意味しない。ヘーゲルにとって歴史は、最も空虚な存在から弁証法的法則に拠って充実した存在に達する必然的過程であり、そこで自由の理念として絶対精神が顕現する。従ってこの精神にとって個々の唯一回的な出来事や唯一的人格は、自己が顕現する弁証的法則のプロセスの一つの契機にしかすぎない。

他方でこの理性は、契約的な自由競争の社会を生きる近代人の理性として、生活世界を構成支配する。その構成の仕方は、例えばハーバーマスによれば、権力と貨幣という二つのメディア（媒体）を通して、前者は政治システムを、後者は経済的システムを構成し、生活世界を支配し植民地化するに至る。今日の大量消費社会やマス・メディアなどに操作される大衆社会などは、その支配を明示するしるしであろう。[2]

それではわれわれのいう理性とは何か。それは一言でいえば、テキストを解釈する理性である。ところでテキストは元来「織られたもの」（textus）を意味する。であるから、テキストは神や人間が織り成した自然や歴史や人間自身などの広義の意味で用いられよう。そこではニュートンのような解釈者は、自然の模様（りんごが落ちるなど）を見て解釈し、万有引力の法則を見出すとか、ある精神医学者がクライアントの物語りへの聴従や感情模様の観察などから、クライアントの心について何らかの知を得るとか、あるいは預言者が時のしるしを読むとかの読解が行われよう。それは広義のテキスト解釈である。

しかし今日一般的に狭義のテキスト解釈が理解されている。そこでのテキストは、書かれたエクリチュール（文書）である。それが解釈学的歴史に固有なテキストであろう。ところで、解釈学にあっては、解釈行為は理性に拠る一方的構成ではない。解釈的理性は、例えばテキストが指示する世界・事柄（Sache）に対して、一度は自己主張による構成を止め、ケノーシス（自己無化）においてそこに自らをさらし尽くさなければならない。例えば、聖書テキストが示す事柄（神の国、磔刑と復活など）に自己の一方的な構成的解釈や理論化を止め、その事柄の示す新たな世界へ参与しつつ、自己を企投（projet）してゆくという風に（P・リクール）(3)。

こうしたテキストの事柄に対して自己無化する解釈的態度にとって、過去のテキスト理解に際し、現在の問題を一切捨ててテキスト分析に沈潜したり、あるいは過去の書き手のメッセージやその背景となる歴史的世界を再構成したり、逆に伝統や歴史的地平を超越して現在の問題や自己実存の可能性を直接テキストの内に読み込もうとすることはできない。というのも、過去のテキストを読むには、現在の状況をはずしては読めず、あるいは現在の問題意識や実存をそこに問うて解釈する以上、過去の地平は現在の地平に甦っているからである。

他方で現在の重要な問題意識や自己の実存を自覚できるのは、過去からの伝統や歴史に拠るのであり、現在の地平は過去の地平によって形成されているからである。こうして「現在の地平がそれだけで存在するのではないことは、獲得されるべき歴史学的地平がそれだけで存在するのではないのと同様である。理解とはむしろ、常にそれだけで存在すると思われているもろもろの地平が融合する過程である」（地平の融合・Horizont-verschmelzung. H・G・ガダマー）[4]。ここでも道具的構成的理性は機能しない。

われわれは以上のように理性を解釈学的に理解し、その具体的な働きを現代の倫理的形而上学者E・レヴィナスによる「タルムード」のテキスト解釈のうちに辿ってみたい（第二節）。

こうしてわれわれは根源悪的暴力の審問に直面し、解釈学的理性を通して、新たな生および相生の地平に跳入したいのである。その試行錯誤の荊棘の道の第一歩として、ソクラテス以前のいわゆる自然哲学者、殊にヘラクレイトスを中心に解釈し（第三節）、次にE・レヴィナスに準じて、聖書のテキスト解釈に着手したい（第四節）。いずれにおいても予示的に言うならば、プロメテウスの火やそれに抗する神の火をめぐる「火・炎」が解釈のテーマとなり、道標となるであろう。その解釈は簡潔を以て旨としたいが、何らかの「むすびとひらき」に導いてくれることを念願したい。

一　プロメテウスの火とヒュブリス（暴力・傲慢）

（1）第一のプロメテウスの火

ティタン族・プロメテウスの所業とは、周知のようにゼウスの許から火を盗んで人類に与え、さらにその利用法、つまり技術を教えたことである。その所業については、ヘーシオドスの『神統記』（theogonia）と『仕事と日々』（Erga kai Hēmerai）に詳しい[5]。まず『神統記』に拠れば、宇宙創成の太古に混沌（カオス）が空虚を満たしていたが、そこから大地（ガイア）やエロスのエネルギーが生じ、ガイアはいわば無性生殖によって天空（ウーラノス）を生み、自らそのウーラノスと交わって、強力な術策家クロノスなどティタン十二神族を生んだ。プロメテウス（先見の明の意）は、このティタン十二神族の第二世代として生まれた。クロノスは後のオリュンポスの神々を生んだが、ゼウスを別として神々をみな呑み込んでしまった。やがてこのゼウスを筆頭とするオリュンポス神族とティタン神族の間に戦いが起こるが、プロメテウスはゼウスの勝利を予見して父を裏切り、オリュンポス側に寝返る。

このプロメテウスが、ゼウスの許から火を盗み人間に与え、その結果ゼウスの怒りを買ってその報いを受けたという神話物語りは『仕事と日々』、さらにアイスキュロスの『縛られたプロメテウス』に詳しい。すなわち、まずゼウスの怒りを買ったプロメテウスは、この世の果てなるコーカサスの岩山に縛りつけられ、巨大な鷲が日々彼の肝臓を貪り食い荒らし、しかも夜間に再生した肝臓がまた貪られるという劫罰を受ける。

他方でゼウスは神々の技を結集して、美しい人間パンドーラを造り、彼女をプロメテウスの兄弟エピメテウス（後見――後になって失敗に気づく者）に送る。二人はここで結婚することになるのだが、人間に対するゼウスの怒りは、パンドーラが贈物としてたずさえてきた封印されたつぼに凝縮されていた。ところが彼女は開封を禁止されたこのつぼのふたを開けてしまった。するとそこから病苦、戦争、苦しい労働、飢餓などあらゆる災厄が、人間界にまき散らされ、唯一希望だけがつぼに残ったというのである。

こうしたゼウスの懲罰の物語りに終わらず、ヘーシオドスは人間の文明史とでもいうべき五つの時代を物語っている。すなわち、第一の黄金の時代はクロノスが天上に君臨していた時代。それは人間が心に悩みも悲歎もなく、神々のように暮らし、死ぬときは眠るように死に、豊かな耕地はひとりでに、あふれるほどの稔りをもたらしていた幸いな時代であった。続いてゼウスが君臨する第二の銀の時代が到来する。この時代の人間は、黄金の時代の種族に劣り、百年間の子供時代を経て青年に達すると直に死んでしまう。無分別で災禍を招き寄せ、互いに無法な暴力を加え、さらにオリュンポスの神々に崇敬や生贄を捧げることもなかったので、ゼウスの怒りにふれて滅亡してしまった。続いてゼウスは青銅の種族を造った。彼らはその強靱な肢体によって青銅の農具を用いて田畑を耕し、青銅の武器を扱って互いに戦い、身も凍る冥王（ハーデース）の死の国に降り、地上から消滅した。彼らは「悲惨なるアレースの業（戦いのこと）と暴力（ヒュブリス）をこととする種族であった」[6]。ここで暴力を表すヒュブリスが同時に傲慢不遜をも意味する点を念頭にいれておきたい。第四の時代はやはり青銅器の時代であるが、神と人間から生まれた半神ともいうべき英雄の時代であった。しかし、この種族もテーバイ戦争やトロイア戦争によって滅び去った。そして最後に鉄の時代がやって来る。ヘーシオドスは悲歎して言う。「わしはもう、第五の種族と共に生きたくない」と。というのも、そこでは「父は子と、子は父と心が通わず、客は主人と、友と友は折あわず……正義は力ありとする輩で、互いにその国を侵すことになる。……正義の士、善人を尊ぶ気風はすたれ、むしろ暴力をふるう者を重んずるようになる。正義は腕力の中にあり、廉恥《れんち》の心は地を掃《はら》うであろう」[7]からである。だから、アイドース（廉恥）とネメシス（義憤）の二神は、人間を見捨て、オリュンポスの神々の許に去り、こうして人間には苦悩のみが残り、もはやパンドーラの災厄を防ぐ術もない。

　これらの神話は、人間は火を用いて、鉄器を造り自然力を利用し生産性をあげると共に、武器を作って動物や他部族を征服しながら、技術文明を築きあげてゆくその文明史の発端を語り、さらに他者抹殺を展開するその未来を予言していると解釈できよう。

　実に、アドルノは、『啓蒙の弁証法』において「オデュッセイア」を解釈しつつ、そこに呪術的神話支配から啓蒙的理性が自立しながらも、理性による生命の抑圧による全体主義的支配、およびそれがもたらす他者抹殺の野蛮の再来を読みとった。アドルノはその野蛮な暴力からの脱出と他者の再発見に関わる問いを提示しているのであり、われわれの思索もこの「他者の甦り」に関わる根源的問いを手放さず、基調としておくのである。

さて、プロメテウス神話からわれわれが学んだ人間の特性を挙げてみよう。それは第一に人間が火を用いて強力な鉄器を制作する技術を保持し、それによる生産および財の蓄積を核とする文明の建設者であること、次にこの技術によって神々から自立し、人間中心の文明を創造しようとする不遜（ヒュブリス）、つまり自己中心的理性を生の核心にすえたことである。この特性が遺憾なく発揮された歴史的転換点は、技術文明的視点からすれば資本主義や産業革命であろうし、神々からの自立という不遜（人間の個体化）という視点からすれば啓蒙的構成的理性の成立に求められよう。

まず産業革命における技術文明と社会について簡単にふれてみたい。それは手を用いて糸を紡ぎ、機《はた》を織るような手工業から始まり、紡績機や蒸気機関などの新技術を経て、その後巨大な機械システムが誕生した。その機械システムは即消費財や生産財を生産する工場現場にすえられ、機械的生産が昼夜行われた。その生産のために、農村共同体（テンニェスのいうゲマインシャフト）から陸続と労働者が都市に集まり、労働に従事するが、それはチャップリンの「モダンタイムス」に見られるような、低賃金で機械のリズムに従う長時間労働である。こうしていわゆる工場と労働者と彼らを雇用する資本家・ブルジョワから成る産業都市（ゲゼルシャフト）が成立するわけである。

こうした産業都市は、一方で自然とその力から自立する人間文明の核となって発展し、様々な人間を集める。勿論そこでは芸術活動や教育などの文化的営為も展開しうるが、先述のハーバーマスの指摘するように政治的行政的支配と経済的社会的分業による支配が根本的に浸透してゆく。さらにはそうした諸活動を統合・関係づける新聞やラジオなど、あるいは政治的あるいは経済的宣伝をなす情報伝達網が整備されてゆく。

こうした都市の行政機関と並んで必ず見出せるのが銀行群である。その銀行群こそ、資本主義の血液ともいえる資本資金の循環を司る機関に外ならない。

それではプロメテウス神話の解釈から学びうる人間の特性「ヒュブリス」たる資本主義について簡単に瞥見してみよう。ところで資本主義といっても、その理解は多種多様であって一言で定義できない。ここで『広辞苑』（第五版、岩波書店）の資本主義の項目を引用してみたい。「封建制度に現れ、産業革命によって確立した生産様式。商品生産が支配的な生産形態となっており、あらゆる生産手段と生活資料とを資本として所有する資本家階級が、自己の労働力以外に売るものを持たない労働者階級から労働力を商品として買い、それの価値とそれを使用して生産した商品の価値としての差額（余剰価値）を利潤として手に入れる経済体制」。

このような資本主義の定義も、その多種な定義の一つであることを踏まえた上で、資本主義にふれてみたい。資本主義は、いわゆるブルジョア市民社会を前提とする。ブルジョア市民は、生命、財産、自由などへの権利をもって国家や君主の権力から独立した自由な個人であり、経済的に自由競争をしながら、自らの欲求を満たそうとする。すなわち、市民はその構成的理性を用いて、欲望満足のための手段や方法を無限に考察し、生活必需品に止まらず、便利な商品、さらに奢侈な商品を欲求・生産して放埒な享楽におぼれる。

他方で自由な経済競争に敗れた人々は、貧困の奈落の底につきおとされる。ヘーゲルが、市民社会を「欲望の大系」「人倫の喪失態」と呼んだ由縁である。(8) いずれにせよ、上述の引用からすると、資本家は私有財産制に基づき、利潤追求を至上の目的として、資本を投資する。その資本によって新技術を開発し、より高度な機械整備や生産工程を革新し、高次の技術をもつ労働者を雇用し、こうして新商品を市場に送り出す。市場ではこの新商品が多くの人々に買われ、商品は大きな剰余価値・利潤をもたらす。この利潤の一部がさらなる資本として資本のいわば拡大再生産を加速させ、資本の自己増殖を実現する。そこに資本家は一層大きな利潤追求を欲望するわけである。

このような利潤追求の運動を、今度は労働者の側から見るとどのような現実に成るのであろうか。上述の定義において注目すべきは、労働者は自らの労働力を商品として資本家に売るということである。かつてマルクスはそこに「疎外された労働」の根源を見出し、次のように語っている。「労働者は、彼が富をより多く生産すればするほど、彼の生産の力と範囲とがより増大すればするほど、それだけますます貧しくなる。労働者は商品をより多く作れば作るほど、それだけますます彼はより安価な商品となる」(9)と。

それではここで語られる「疎外された労働」とはどのような事態なのか。マルクスにとって労働（Arbeiten）とは、肉体活動のみならず精神活動をも含む全人間的な創造活動に外ならない。従ってその労働力を資本家に売るとは、まず第一に、労働力は資本家のものとして労働者には属さない以上、労働者は自己の創造力から疎遠となる。これが「自己疎外」である。従って第二に、その労働力によって作られた生産物・作品は労働者から疎遠となり、しかも商品として資本家のものである以上、ここに労働者の生産物からの疎外が生ずる。従って第三に、労働者はその生産物に自らの創造力を高める作品として関わりえず、労働するほど生産物が商品の女神を崇拝するフェティシズムの対象となる結果、創造力において貧しくなる。

こうして労働者は生産物を通して他の人々（類的存在）との精神的交流を実現する道を断たれ、類的存在から疎外される。その結果彼は、人間的人格から役に立つ用材に転落し、遂には廃材となってしまうのである。マルクスによれば、このような疎外の原因は独占的私有財産制にあり、それに基づく飽くなき利潤追求型資本主義は、物神崇拝的機構なのであった。実にこの物神崇拝的経済活動は、二一世紀の今日の経済活動の根底に、地球的規模で働き続けているのではあるまいか。

上述の資本主義の定義に外れることであるが、やはりその利潤追求と私有財産への（権利）欲望とが、新たな資本獲得と市場を求めて帝国主義的植民地主義を生み出したことも忘れてはなるまい。それは世界征服への欲望ともいえよう。

しかし以上のような資本主義の恐るべき不遜な欲望を支える精神性・心性についても多様な説明がなされている。例えば、M・ウェーバーは、プロテスタンティズムの宗教的エートス（禁欲）が、資本主義における利潤追求を至上目的とする合理的な手段とその活用プロセスを支える世俗的エートスになったことを暴いた。そこには資本主義の根源的欲求が経済的次元よりもむしろ文化的宗教的な、さらにいえば非合理的な（カリスマにも通底しうる）源泉に由来することが示唆されている。[10]

ところで先述の労働者は、現代の大量消費社会にあっては消費者の立場を占めるといえる。そこには一九世紀にみられる資本家階級の支配の下にあえぐ貧しい労働者というよりも、次々と開発提供される新商品に飛びつき、奢侈と享楽を追求する消費者像が際立っている。そしてこの消費者を満足させ利潤追求を求める起業家や企業家たちが、消費者層と対比されてくる。彼らは技術革新によって次々と魅惑的な新商品を生み出し宣伝し、消費者の欲望をそそり増大させる。そこにも宗教的といえる物神崇拝の女神の支配を見出すことができよう。

この物神崇拝が、マモン（金）[11]神崇拝として典型的に現実化したのが、今日の金融資本主義だといえよう。金融資本主義の中核をなす投資グループ（例えば、プロの投資家だけを対象とする投資銀行・Investment Bankや証券会社など）は、億兆のマモンの獲得を自己目的とし、先物買いや空売りなどの株価操作によって瞬時に莫大な利益を上げる。その株価の操作に際しては、開発途上国の国家予算に匹敵する巨額な投資をして、ある一定の株（オイルやコーンなどの生産必需品の株）を独占し、株価を人為的に上げ下げし、そこに生ずる巨大な差額で利益を得るわけである。そしてこの株価操作を国際的規模でなしうるのは、金融工学（Financial engineering）と情報技術（Information technology）の発達に依存している点が注目される[12]。

以上のように瞥見してくると、資本主義は初期の資本主義から帝国主義へ、そして社会主義の誕生によって修正された福祉的修正資本主義へと展開したが、現在ではレッセフェール型の自由主義の下でなりふりかまわぬ破壊的な金融資本主義へと展開してゆくようである。それは人類がマモンを至上価値（神）として崇拝しつつ、他者を用材とみなして世界を征服してゆくヒュブリス（暴力と不遜）の歴史に外なるまい。

これまでは、プロメテウス神話の解釈から、人間が神々に代わって、技術（火）を操作し、マモンの文明を形成してきたヒュブリスの、いわば自己全能（神格）化についていささかふれた。しかし次に到来するさらなるプロメテウスの火にもふれておかねばなるまい。

(2)　第二のプロメテウスの火——原子力エネルギー

ウランの人工的な核分裂反応の現象が発見されたのは、ヒトラーの全体主義的ナチス・ドイツの支配下においてであった（一九三八年末）。この核分裂反応は後に原子爆弾で利用される驚異的なエネルギーを放つ反応であった。ドイツは当時優勢な絶滅戦争を遂行しつつあり、もしこのエネルギーを放つ原子爆弾を発明し戦場に投入すれば、いとも容易く連合国側に勝利できたであろう。この原爆を恐れて米国は先手を打ち、マンハッタン計画（一九四二年二月開始）という国家的な原爆製造のプロジェクトに乗り出した。それは政治・経済・科学技術・

官僚などの力を一点に集中する「巨大科学」の成立を期する計画であった。この点については、後に考察するとして、この巨大科学の計画の結果が、広島・長崎への史上初の原爆投下となり、そこにパンドーラの災厄も及ばない地獄が現成した。それではこの悪魔的な災厄をもたらしうる原子力エネルギーの発生のメカニズムを簡潔に考察したい。

この世界は分子の結合から成立しており、分子は化学的性質を保つ最小単位である。この分子はさらに原子の結合から成っている。この原子は原子核とその周りを回っている複数の電子から成る。この電子によってすべての化学反応が生ずる。従って化学反応によってもたらされるエネルギーは電気エネルギーであって、これはわれわれの日常生活におけるエネルギー源であるともいえる。

さらにこの原子（ギリシア語アトムは、分割不可能なものを意味する）は、現代物理学によってより微細な粒子（電子、陽子、中性子、クォークなど）に分割されることが確認された。つまり、原子核は陽子と中性子との固い結合から成り、この結合は非常に強力なエネルギーに拠っているということである。この結合が切られる時に生ずる核の結合エネルギーは、先述した電子による化学反応のエネルギーとは比べものにならない巨大なもので、およそ一〇〇万倍のエネルギーが放出される。これが原子力エネルギーに外ならない。

それではどのように原子核中の陽子と中性子の結合を分裂させるのであろうか。それは自然界には存在しない全く人工的な操作に依る。例えば、ウラン２３５に中性子をぶつけると原子核が分裂し核分裂が起こる。この核分裂に際して、巨大なエネルギーと幾つかの中性子と死の灰とよばれる放射性物質（ヨウ素、セシウム、ストロンチウムなど）が放出される。この放出された高速の中性子は冷水によって速度を落とし、容易に次のウラン２３５に核分裂を起こさせ、こうして次々と核分裂が連鎖的に生起する状態（臨界）となる。この原子力（第二のプロメテウスの火）こそ、核爆弾や原子力発電のエネルギーに外ならない。

ところで、天然ウランは、核分裂しないウラン同位体238の99・3%、核分裂するウラン235の0・7%から成り、原子炉内ではこのウラン238は中性子を吸収してウラン239などに成る。それは瞬時にプルトニウム239に変化し、死の灰プルトニウムが人工的に生産されるわけである。そしてこのプルトニウムも中性子を吸収して容易に核分裂を起こす。広島へ投下された原爆はウラン235、長崎に投下された原爆にはプルトニウムが用いられた(13)。

さて旧約の創造神話に拠るのであれ、ギリシア神話に拠るのであれ、自然界のエネルギー、プロメテウスの火は原子に由来する化学的変化に伴って産出され、人類は実際に化石燃料（石炭、石油など）を燃やしてヒュブリス的文明を構築し、今日瀕死の病に犯されているといえよう。とすれば、全く人工的に核分裂の臨界から巨大な原子力の炎・火を産出し、核爆弾や原子力発電暴走の災厄をもたらした人類のヒュブリス的文明は、これから終末的に破滅するのか、あるいはパンドーラのつぼに希望が残ったように、それでも何らかの希望の灯を見出してゆけるのかという問いに今や深刻に直面せざるをえない。いわば地獄の門がそこに開いているからである。

この第二のプロメテウスがもたらす破滅的危機（例えば核戦争など）に関しては多々語るべきことがあるが、ここでは唯一決定的な危険性を挙げておきたい。それは「廃炉」や「高・低レベル放射性廃棄物」の問題である。

イ　低レベル放射性廃棄物

原子力施設で用いられた防護服、手袋、工具などの低レベル放射性廃棄物は、二〇〇リットルのドラム缶に詰められる。一基の原子炉で年にドラム缶八〇〇本分の廃棄物が出る。現在五四基の原子力発電所をもつ我が国は、全部稼働するとして、年間ドラム缶四三〇〇〇本以上の廃棄物を産出する。青森県六ヶ所村の低レヴェル放射性廃棄物貯蔵施設の第二号埋設センターは、ドラム缶を四〇万本埋設可能としているが、今回の福島原発事故分も加えると、たちまち満杯になってしまう。それらを管理するだけでも三〇〇年は必要である。さらに放射能に汚染されたガレキや除染のため処分された土などの放射能のゴミは、一時的に中間貯蔵施設に置かなければならないが、その予定地も未だ決定されていない。

ロ　廃炉

我が国の原発五四基は、二〇四〇年頃までには、四〇～六〇年の運転期間を経て廃炉にされる運命にある。その廃炉作業といってもまず原子炉から核廃棄物を取り出さなければならず、他の機器や建屋も解体しなければならない。しかも原子炉そのものが、長年にわたる核分裂で強力な放射能を帯びているので、それを冷却したり処理したりするのに莫大な時間（半世紀?）と費用（一〇〇〇億円以上）がかかるという。福島第一原発の場合、メルトダウンや場合によってはメルトスルーの可能性も指摘されており、その廃炉のプロセスは技術的にも未知で、コストも各基につき一兆円かかると予想されている。

ハ　高レベル放射性廃棄物

原子炉の核分裂によって、セシウム、ストロンチウム、ヨウ素、プルトニウムなどの生命にとって破壊的な死の灰が産出され、これら毒性物質を吸収した廃液、金属、フィルターなどが高レベル放射性廃棄物となる。それらを含む廃液とガラスを混ぜて高温で溶かし冷却したガラス固化体は、保存容器（キャニスター）に密閉保存される。このキャニスターに人間が近づくだけで死に至る。このキャニスターはやはり冷却され続けなければならない。ところが、日本の原子力技術は、このガラス固化体製造工程化に失敗したままである。

他方でウラン燃料を燃やして生成した使用済み核燃料から、高レベル放射性廃棄物を除去し、ウランとプルトニウムを取り出し精製する再処理に関していえば、我が国は過去の使用済み核燃料の再処理を英仏に依頼し、現在大量のキャニスターが返還され、青森県六ヶ所村に搬入されている。日本ではガラス固化技術が未発達なので、使用済み核燃料を受け入れ冷却・管理して爆発を防ぐための施設さえ確保されていない。

さらに、電力会社が言うように、キャニスターを地下三〇〇メートルの岩盤に埋蔵するためには、日本の地層は地質学的に若く断層も多い上に地下水に溢れ、脆弱である。これに対してフィンランドからスウェーデンにまたがる地層は二〇億年も経たものであるため強固であり、現在フィンランドは、再処理をしない高レベル放射性廃棄物を最終処分するために、四〇〇メートルの地下処理場「オンカロ」を建設中である。それも地域住民との対話・説明に相当な時間をかけての上のことである。しかしその放射性物質のレベルが、自然界のレベルにまで減少するためには、一〇～二〇万年かかるという(14)。

以上のように、危険な毒性をもつ放射性廃棄物の処理技術を持たず、貯蔵保全地の見通しもないままプロメテウスの火（原子力）を燃やし続ける現代文明は、誠に将来世代と自然に対して倫理的感覚を喪失し、今や金神崇拝のために理性を道具的構成的にしか利用していないといえよう。

さらにわれわれは、最後に原子爆弾の破壊力についても言及しなければなるまい。原爆が爆発すると火の玉、太陽のエネルギーをはるかに超えた熱波が生じ、大気がそれによって膨張し、暴風に優る衝撃波が走る。すべての水は高空に凝縮し、死の灰を含む「黒い雨」となって地上に降り注ぐ。こうして地上では、建物も人も焼き尽くされ、後代まで放射能汚染が人体や大地の生命を破壊する。以上のように原爆は火、風、水、地の生命性を死神に変えるのである。

われわれはこれまでヒュブリスをめぐって、プロメテウス神話から技術文明、資本主義、FUKUSHIMA、自然（地、水、火、風、生命）の死滅に至る狭義・広義のテキストを解釈してきた。その問題点を念頭において、次にE・レヴィナスを通し、理性の解釈学的働きについて聴従してゆきたい。

二　E・レヴィナスとテキスト解釈

レヴィナスの用いるテキストは、成文律法トーラーに対する口伝律法集タルムードである。[15]ここで簡略にテキストの説明をしておきたい。タルムードは、主にミシュナーとゲマラーから成る。ミシュナーは、一～二世紀のユダヤ教賢者タンナイームの口頭伝承が、二〇〇年頃ラビ・ユダ・ハナーシーの下に編集された書で、大部分はハラハー（法規）とハガダー（教訓的説話[16]）から成る。

ゲマラーは、タンナイームを継承した律法学者たちアモライーム（単数アモーラ）が、ミシュナーをさらに議論したものである。その時ラビ・ユダが採録しなかったハラハーが取り上げられたのであるが、それをバライタ（外典）という。

タルムードは、以上の口伝律法の集成で、パレスチナで編纂されたパレスチナ・タルムード（五世紀前半に成立）とバビロニア（現在のイラク地方）で編纂されたバビロニア・タルムード（六～八世紀）に区分され、後の時代に後者が用いられるようになる。

レヴィナスは、「火によってもたらされた被害」の損害賠償責任を扱うミシュナーとそのゲマラーのテキストの意義を解釈する。その際、学者ラヴァーの言葉「慈悲深きお方」（ラハマナ）を解釈してそもそものテキストの意義を示す。すなわち、ラハマナはラハミーム（慈愛）を連想させ、慈愛の語源はレヘム（子宮・母胎）であるので、慈愛とは、子宮とそこに胚胎される他者との関係を意味することになる。そこから、ラハマナを神（主）と解釈する時、一方で神的父性が母性に規定されてあることが開示される。また他方でレヴィナスは、ラハマナをトーラー自体として挙げているので、われわれがその挙示をパラフレーズすれば、そもそもテキストは、根源的に他者との慈悲深き関わりであり、従ってテキスト解釈とは正に他者との交わりへの開披であり、参与であることになろう。こうしてタルムード的思考は、哲学と宗教との差異と交渉の境界を辿り、越境を繰り返しつつ、他者との関わり合いとして旅すること（事即言）に外ならない。

今は如上のことを念頭において、われわれはレヴィナスのテキスト解釈に聴従していきたい。まずミシュナーの引用から始めよう。

「もしも誰かが火事を出し、その火が木や石や土に損害を与えたら、その者はその損害を賠償しなければならない。というのは、こう書かれているからだ（「出エジプト」二二・5）。『火災を起こし、それがいばらに燃え移り、そして小麦の束が焼き尽くされ、あるいは立ち穂、あるいは他人の畑に損害を与えた場合、出火させた者は、必ず償いをしなければならない。』」

レヴィナスは、この賠償の司法的責任を解釈した上で、さらに次のようなゲマラーを引用し、宗教的道徳的解釈に移る。

「ラビ・シモン・バル・ナフマニは、ラビ・ヨナタンの名においてこう言った。「心邪なる者たちのせいで試練が世界を撃つ。しかし、試練はまず義人の身の上から始まる。というのも、こう書かれているからである。『もし火災が起き、それがいばらに燃え移り……。』」

いつ火災が起きるのであろうか。火がいばらに燃え移る時である。しかし火は義人をさいなむ時に始まるのである。というのも、『そして小麦の束が焼きつくされ……。』と書かれているからである。だが『そして火が麦を燃やす時』とは書かれていないのである。だがもし『束が燃え尽くされ』と書かれていたとしたら、それは小麦の束はもうすでに焼き尽くされていたからである。」

レヴィナスによると「心邪なる者たちのせいで試練が世界を撃つ」とは戦争を意味する。そして火（災）とは、戦争・狂気であり、ヒュブリス（暴力と不遜）、非合理であり、さらにプロメテウスの火を象徴する。この火・暴力が、いばら、すなわち心邪なる者たちによって引き起こされる。社会的な悪が持つ諸力によって戦争は必ず勃発する。そしてまず小麦の束、つまり義人を焼き尽くす。戦争が始まった時には、すでに義人は滅尽しているというのである。これが戦争の非合理、秩序の転覆に外ならない。しかもその際、義人が同情され悼まれるどころか、預言者エゼキエルに叱責される。「義人は他の誰よりも悪について有責である」と。

それはどういうことか。それは、義人が戦争を抑止することができるほど、正義のために働かなかったからなのである。こうして彼の有責性は、「最も優れた者が犯す失策が最悪のものの発生の契機となる」点に求められる。そのことを戦争の中で働く理性は、結局没理性（déraison）に至らざるをえないとも言い換えられよう。

他方でレヴィナスは、別の解釈を提示する。それは戦争の非合理の只中にさえ、正義をあまねく広めようとする義人の理性的努力と意志が働いていたということである。彼はモーセの例を挙げる。タルムード『種子篇』第一章の祝禱に関わるベラホット（Berakhoth）によると、モーセは神に「なぜ義人は受苦し、悪人は栄えるのか」と問わず、「なぜ義人も悪人も、時に栄え、時に衰えるのか」と問うたとされている。だからモーセは、世界は悪魔的支配にのみ委ねられているわけではなく、ある程度まで秩序に、理性の働きに制御されていると認めていたことになる。

レヴィナスは、火（戦争）において、理性と非理性の中のどちらかが優勢であるか、あるいは全きヒュブリスだけが支配するのかという問いに対して、別のゲマラーを引用してさらに深く踏み込んで考究する。

「ラヴ・ヨセフはこう教えた。こう書かれている（「出エジプト記」十二・22）。『朝まで誰も家の敷居から外に出てはならない。』というのも、滅びの天使は、自由を得てその力をふるう時に、義人であるか不義の人であるかの区別はしないからである。それどころではない。滅びの天使は義人を先に打ち倒すのである。というのは、こう書かれているからだ（「エゼキエル書」二一・3）。『私は、あなたのうちから、義しい者そして邪なる者を絶ち滅ぼそう。』」そしてラヴ・ヨセフは泣いて言った。「このような聖句があるからには、義人には何の価値もないのだ。」アバイェは彼に向かって言った。「義人のための恩寵もある。というのは、こう書かれているからだ（「イザヤ書」五七・1）。『義人は不幸が起こるより前に取り去られる。』」

このゲマラーにあって今や理性と非理性、義人と邪なる者の区別も失せた全き無秩序、すべて統制不能の諸力がそこから湧出する深淵が開口する。滅びの天使が跳梁する。そこには義人の優先性や理性は滅尽する。

他方でレヴィナスは、「エゼキエル書」の「義しい者そして（ㄱ）邪なる者」のテキストに別の解釈の可能性を見出す。つまり、この「そして（ㄱ）」は出来事の時間的前後関係を表示しているので、先述の表現は「義人の次に邪なる者」と解釈できるというわけである。こうして「絶滅の恣意性において、なお義人が悲劇的な優先性を維持していることが論証される」というのである。

以上からレヴィナスは、重要な決着のつかない問いの前にわれわれを立たせ審問する。「戦争の暴力を導くぎりぎりの理性は結局、戦争の彼方である滅びの深淵に転落するか、それとも滅びの狂気はなお一抹の理性を保っているのか」と。この問いは「アウシュヴィッツのユダヤ人絶滅の前に理性は滅尽するのか、それともアウシュヴィッツの審問に理性は耐えられるのか」という問いに集約するとされる。この問いは、われわれの問題意識からすれば「プロメテウスの火の前に理性は全く無力なのか、それとも理性は歴史のときのしるし（例えば、FUKUSHIMA）を読み取り、テキストを解釈してパンドーラの災厄を過ぎ越しうるのか」という問いと重なってくる。

この答えることのできない問いを担って、次にラヴ・ヨセフの涙とアバイェの言葉に関する解釈を辿ろう。もしラヴ・ヨセフの涙を義人の無価値の認識に由来する自己憐憫であるとすれば、アバイェの言葉は、世界の不幸の生起以前にそれを見ずに義人は死んでしまうので、そのことが義人へのネガティヴな報償・恩寵だというふうにとれる。だからアバイェの言葉は、ラヴ・ヨセフへの慰めと解釈できる。これとは逆にレヴィナスはそのような義人を、自分自身の救済のみを考える義人・象牙の塔に籠る知識人あるいは厚い壁の中の共同体の生活に自閉する宗教家と見なし、いわば自己保存の努力（conatus essendi）という「存在＝神＝論」に固執する西欧的人間と見なすのである。

他方でもしラヴ・ヨセフの涙が、火（戦争）によって苦しむ他者のための苦しみであるなら、彼こそ普遍的人間（真正なユダヤ人）であるという。なぜなら、「人間性とは他者のために受苦するという事実、そして自分の受苦そのものにおいて、自分が苦しんでいることが他者の苦しみの原因となることをさらに苦しむという事実」なのであるから。

先述のアウシュヴィッツに関わる問いに対する応えのヒントも、この人間性の事実にありそうである。いずれにせよ、レヴィナスは、先述の「出エジプト」十二・22を再度取り上げ、昼の戦争と夜の戦争を区別する。つまり、白日の限定的で正当な防衛戦争と「ホロコースト」にまで至る絶滅戦争の区別である。ここまでレヴィナスは、根源的にアウシュヴィッツの問いを担い（われわれとしてはプロメテウスの第二の火への問いを担い）、タルムード解釈を辿ってきた。しかしレヴィナスは、次にゲマラーの中の一つのバライタを取り上げ、「白昼の夜」（昼の中への夜の侵入）のテーマの下に、眼に不可視の始源的なるもの（l'élémental）、つまり伝染病に向かう。今までの火も戦争も可視的なものであった。

こういうバライタが存在する。「もし街で伝染病が流行っていたら、家から出てはならない。というのは、こう書かれているからだ。『朝まで誰も家の敷居から外に出てはならない。』また、こうも書かれている（「イザヤ書」二六・20）。『さあ、わが民よ。あなたの家に入り、あなたの後ろで扉を閉じよ。嵐の過ぎるまで、身を隠せ。』またこうも書かれている（「申命記」三二・25）。『外では剣が人を殺し、内には恐れがある。』……ラヴァーは伝染病の流行った時に、（自分の家の）窓を塞いだ。というのはこう書かれているからだ（「エレミヤ書」九・20）。『死が私たちの窓によじ登って来る。』」

このバライタによれば、破局は夜だけでなく昼にも襲って来る。だから自分の家の内に留まるべきだ。しかし内に恐れがある場合、外に出てはならない。外では剣が人を殺すからだと語っている。そこでは暴力（伝染病）は、昼・夜、外・内の区別もなく襲って来る。にも拘らず、人は扉だけではなく窓を塞ぎ、よじ登って来る死（伝染病）を防ごうとする。そして外部を忘却し出口のない恐れに満ちた内部に留まる。だから、その内部は出口なし（le sans-issue）、場所なし（le sans-lieu）、非場所（le non-lieu）に外ならない。ここまでも人を絶望に追いやる暴力（伝染病）は、レヴィナスの口を借りると、戦争や平和という政治的現象の次元にはない「アウシュヴィッツの深淵、あるいは戦争の中に呑み込まれた世界、〈世界性そのもの〉を失った世界（絶望収容所？）[17]なのである。

この絶望に対してレヴィナスは、もう一つのバライタを解釈し、ある一つの解決策を提案する。テーマは今や飢饉へと変わる。こういうバライタが存在する。「もしも街に飢饉があれば、歩みを散らせ（拡げよ）。というのは、こう書かれているからだ（「創世記」十二・10）。『さて、この地には飢饉があったので、アブラムはエジプトにしばらく滞在するために、下っていった。』」アブラムは、絶滅的な飢饉の時に、神から祝福された約束の地から遠ざかり、エジプトという危険な充溢へと逃走する。

さらに別のバライタは、アラム軍に包囲され飢饉に苦しむサマリアの町から追放されたハンセン病患者たちについて語る。彼らはサマリアの町からは一片のパンさえもらえないという絶望にある。バライタは彼らの打開策について語る。「さあ、アラム人の陣営に入ろう。もし彼らが私たちを生かしておいてくれるなら、私たちは生きのびられる。」

このハンセン病患者たちの行動は、たとえ敵の所であっても「危険に向かって逃走する」という教えを示している。実際彼らは無人となったアラム軍営で食糧を見出し、サマリアの人々にも分かったのである。これは絶滅の時、外には剣があり、内には恐れがある時には、飢饉が象徴するこの始源的事象（chose élémentale）、又はこの無（Rien）よりも、敵である人間に希望を見出しうるという教えである。

しかし別のバライタは、絶滅的な暴力は、いつでも（平和の時でさえすでに）、どこでも存在し、人間理性は決して悪に対して責任をとることはできないと悲観する。だからレヴィナスは逆に人間の無限の責任性を追求するのである。実に先述のハンセン病患者たちは、無よりも敵である人間の許へ逃亡してこの無限な責任にほんのわずかなりとも参与したのではなかったのか。

最後にこの無限な責任に関してレヴィナスは、「鍛冶屋であるラビ・イッハク」のハラハー的ハガダーを引用する。ここで鍛冶屋は火を自由に駆使して、破壊的な火を創造的に統御できる主役として登場する。「聖なるお方――そのお方は祝福されてあれ――はこう言われた。わたしはシオンに火をつけた。『主はシオンに火をつけられたので、火はその礎までも焼き尽くした』（「哀歌」四・11）と書いてあるように。そしていつの日か私はシオンを再び火によって立て直すであろう。『しかし、私がそれを取り巻く火の城壁となる。私がその中の栄光となる』（「ゼカリヤ書」二・5）と書いてあるように(18)。それゆえ、火を出した者は、その償いをしなければならないのである」。

この物語りは、無限者である神が、絶滅の火でエルサレムを破壊したことの責任をとり、防衛的な火を用いてエルサレムを再興することを語っている。だから無限者の責任は、無限な責任をとる無限なベクトルを持つ。そうした無限な責任の担いが、神の栄光（無限者の現存の重みとしての透明な火・光）に外なるまい。とすれば、レヴィナスは、アウシュヴィッツの暴力（火）から可視的な様々な悪の顕現様態を通じて平和に至る火、さらに無限の責任としての火までの非連続の連続としての火の階層をわれわれの前に、そのタルムード解釈を通して示していると思われる。その狙いはどこにあるのか。それはわれわれもまた火を善悪に区別して終わりにするのではなく、無限に多様な責任や悪のテキストを前に、その都度解釈しつつ応えて歩む歩みが要請されているということであろう。その歩みこそ、理性の働きなのである。つまりタルムード的思考なのである。

それにしてもレヴィナスは、タルムードのテーマとして、火、次に伝染病、さらに飢饉、最後にまた火を挙げて解釈し、自らそこに貫く論脈を探り当てようとしたが、それは彼に従えば、トーラーという母胎に孕まれる他者への倫理・慈悲に満ちた絆の構築ということであろう。[19]

しかし、二一世紀の日本に生きるわれわれにとってこの論脈は、さらに別な次元で論脈を持つ。それを図式的に語れば、破滅的火（FUKUSHIMAや原子爆弾の原子力の火）、伝染病（放射能汚染も含む汚染の一つ）、飢饉（海・山・川・大地の汚染による食物の根絶、死の危険）、そして創造的で防衛的な創造の火というふうに語られよう。それではわれわれは、プロメテウスの火のヒュブリスに直面しつつ、創造的な火を、どこでどのような広・狭のテクストにおいて見出すことができるというのだろうか。特に原爆が神聖なる火、生命を育む水、気、地を致死的なものに変えた点に注目したい。その意味で、生命の地・水・火・風を回復するためにはおよそ人類的な思索の始源としての、ギリシアの愛智の根源にまず立ち返らなくてはなるまい。

三　ギリシアの自然（physis）の哲学

火（pyr）の哲学者と言えば、誰よりもまずヘラクレイトス（前六〜五世紀頃）を思い起こそう。[20]

「万物にとって同じこの宇宙（kosmos）はいかなる神もいかなる人間も造ったものではなく、常にあったし、また今もあり、そしてこれからもあるであろう。すなわち、それは永遠に生きる火であり、一定の分だけ燃え、また一定の分だけ消える」（断片30）。

ヘラクレイトスにとって、この宇宙自然は火そのものであるが、われわれの感覚が直に捉えるような現象的火ではない。むしろ宇宙の生成変化（一定の分だけ燃え、また一定の分だけ消える）を司る秩序・比率（logos）と言える。

「火は転化し、まず海となり、海が転化して、半分は（電光を伴う）竜巻（火）となる。地は液化して海となるが、計量すれば、それが地になる前にあったのと同じ比率となる」（断片31）。

永遠の火はこのようにして水に転化し、さらに土に転化して消えるが、同じ比率（ロゴス）でまた土から水へ、水から火へと転化して燃え上がる。

こうして火は、宇宙生成のロゴスに外ならない。それは宇宙の原理であると共にその生成を司る。従ってヘラクレイトスに拠れば、生成の世界は一見無秩序な現象に見えるが、実は相対立する諸現象・諸々の力の緊張と調和のうちにある。

「神、すなわち、昼夜、冬夏、戦争平和、飽食飢餓。様々に変わる」（断片67）。

「戦いは万物の父であり、また万物の王である。そこである者を神として、またある者を人間として示す、ある者を奴隷にし、ある者を自由人にする」（断片53）。

このように万物の多様で対立する生成を貫いて統一させている原理の名前は、神、戦い、火などと異なるが、結局はロゴスである。実際ロゴスは、ただ集める（legein）だけでなく、自己の許に万象を一つに集め取る（legesthai）という動詞と同語源である由縁である。しかし大衆は、現象的多に目が眩んでこのロゴスを理解しない。だからヘラクレイトスは、「自然（physis）は隠れることを好む」（断片123）と語った。ところでこの自然は、ロゴスの謂に外ならないが、ヘラクレイトスは単に自然・ロゴス・火を外的対象としてのみ理解していたわけではない。彼は「わたしは自己自身を探究した」（断片101）と語ったように、魂（psychē）の自己認識においてロゴスの消息を探究したのであった。しかし魂の内なるロゴスは無限の深みにあるゆえに、人間がそれを構成したり把握したりできない。人はただその言葉に聴従し、万物一如なることを自覚すべきなのである（断片50）。

「あらゆる途を辿っても、君は行って魂の限界を見つけることはできないであろう。それほど深いロゴスを魂は持っているのである」（断片45）。

俗説に「万物は流転する」（パンタ・レイ）の哲学者ヘラクレイトスは、実は万象の原理としてロゴスを洞察し、そして人間の認識や言葉が有限なので、このロゴスを「共通なもの」、自然、川、神、戦い、永遠の火などと呼んでロゴスの固定化を避け、その意味で哲学史上、いわば言語論の開拓者となったとも言える[21]。その場合、人は哲学の厳しい言語用法を忘れて、「永遠の火」をロゴスを表現するためのレトリックとして理解しかねない。果たしてそうであろうか。この火の消息に迫るためには、愛智の始祖タレスに触れておく必要があろう。

アリストテレスは、『形而上学』第一巻第三章において次のように述べている。

「しかし、こうした原理（アルケー）の数や種類に関しては、必ずしも彼らの全てが同じことを言っているわけでなくて、タレスは、あの知恵の愛究〔哲学〕の始祖であるが、「水」（ヒドール）（がそれである）（である）と言っている」。

この『形而上学』の引用の文脈は、アリストテレスが四原因を挙げ、ソクラテス以前のいわゆる自然哲学者たちが、「質料因」（ヒューレー）の意味で、それを原理（アルケー）としている点を確認しながら、形相と質料の二原因を見出したとするプラトンに至るまでの「哲学史」を描いている文脈である。それはアリストテレスの哲学概念を以て、タレスの「水」を説明していることを意味する。すなわち、タレスは水を世界の構成要素〔元素〕（ストイケイオン）として、世界全体が水という原理から成るという統一的自然学理論を初めて開披したのだという説明である。この説明はあくまでアリストテレスのものであり、従って、何も書物を残さなかったタレスその人の水の発語に関して、われわれは何も知りえない。しかし、アリストテレスが愛智の始祖としたタレスを自然科学者の始祖と見なすには、両者のレヴェルがあまりにも隔絶しているのである。というのも、人間の唯一回的生と世界全体の根拠に関わる哲学と神話上の水および自然学の仮設である水との隔絶が問題となるからである。そもそも、万物のアルケーという思想は、タレスの水の開披以前にあったのであろうか。「無限者は存在するもののアルケーである」と言って最初にアルケーなる語を用いたのが、アナクシマンドロスであるとするのがアリストテレスであった。だから彼の方がむしろ哲学的著述家アナクシマンドロスからアルケーの言葉を拝借したのではあるまいか。タレスにおいては、原理という哲学的概念やそれに基づく自然学思想はなかった。とすれば、彼の発語「水」は、主語なき「水だ」であり、それは哲学の根拠との最初の鮮烈な出会いであり、タレスの弟子たちによって、「無限者」「アエール」（空気）というアルケーとして思索され展開されていったと考えられる。[22] タレス自ら「万有は神々に充ちている」と語ったと伝えられているが、その際「水」は神的なもの、つまり一切を生かす魂（プシュケー）に外ならなかった。

実際彼の弟子であるアナクシメネスは、空気をアルケーとして立てたが、その空気は人（ミクロコスモス）と宇宙（マクロコスモス）を生かす魂なのであった。

「空気である私たちの魂が、私たちをしっかりと掌握しているのと同じように、気息（プネウマ）と空気が宇宙全体（自然万有）を包み囲んでいる」（断片2）。

以上のように水、空気を考察してくると、ヘラクレイトスが語った「永遠の火」もまた単なる現象的物質的な火でも、宇宙と人間を構成する要素でも、ましてや哲学的レトリックでもなく、いわんや神話的なプロメテウスの火でもなく、魂として自然や人間の根拠であり万物に生命エネルギーを与えて生かす神的なものと言えるであろう。

この点を示す一つのエピソードをアリストテレスは伝えている。

「実際、どんな自然物にもきっと何か驚くべきことがあるもので、丁度ヘラクレイトスが客人たちに言ったと伝えられるように（その人たちは彼に会いたいと思って来たわけであるが、中に入ってみると、彼は台所の竈の前で暖まっているところなので、どうしたものかと立ち止まったのである。すると、『いいから中へお入りなさい。ここにだって神々はお出でなさるのだから』と勧めたそうである。[23]）」

俗人なら愛智の知恵は、大学のゼミのテキストに関する議論や学会の真剣な討論、哲学者の思索の風光などに顕現すると考えるであろう。ヘラクレイトスを訪ねた人々も、ヘラクレイトスの眼光紙背に徹するほどの思索の姿を期待していたに違いない。ところが、そこにいたのは竈の火燠を火かき棒で突いて眠っているような閑人であった。訪問者にとって竈の火は、テキストでも何でもなく、ただ日常の生活に役立つものでしかない。しかしヘラクレイトスはその竈の火に、万有の根拠であり、生命の根源プシュケーである永遠の火を観ていたのであろう。愛智の火を。

われわれは人類の哲学的知恵が示した火の消息にふれ、それが現代の科学知が考えるアトムの集合でも、産業が利用するエネルギーでもないことを学んだ。そこで、次に聖書における火、炎、気、霊風の地平に参与したい。

四　聖書における火、気

まず「出エジプト記」の神名開示に先行するモーセの「燃え尽きない柴」との出会いのテキストから始めたい(三章)。モーセが牧人として羊を追って神の山ホレブに辿り着いた時の出来事である。

「その時、柴の間に燃え上がっている炎の中に主の御使いが現れた。彼が見ると、見よ、柴は燃え尽きない。モーセは言った。『道をそれて、この不思議な光景を見届けよう。どうしてあの柴は燃え尽きないのだろう。』主は、モーセが道をそれて見に来るのを御覧になった。神は柴の間から声をかけられ、『モーセよ、モーセよ』と言われた。彼が『わたしはここにいます』(ヒンネニー)と応えた。」

この炎がいわゆる現象的な火の燃焼ではないことは明らかであろう。炎の場が、そこでモーセが足のサンダルを脱がねばならない聖所とされているからである。この聖なる地に燃え上がる柴の炎の中に、主（ヤハウェ）の使いが現存する。この場合、主の使いとは、後代に言う天使でも、火や山や樹木（柴）のカミや精霊でもなく、ヤハウェの力・エネルギーの発現態と言えよう。この炎の体験はまず視覚的であるが、「モーセは、神を見ることを恐れて顔を覆った」（6節）とあるように、顔を見ると人が死ぬというヤハウェ神の不可見の現存を語っているのであろう。そしてその畏怖すべき聖なるヌミノーゼ的体験(24)は、同時に聴覚的、しかも人格的な呼びかけでもあった。今やヤハウェ自身がモーセに関わって呼びかける。すなわちモーセは、エジプト帝国で奴隷となり、今や瀕死の絶滅の状況にあるヘブライ人の解放へと召命を受ける。勿論モーセはその呼びかけを拒否するが、神名の開示を条件にヤハウェ神の解放的脱自的働きに巻き込まれてゆく。

後に神名の説明をするので、ここでその解釈に立ち入る余裕はない。簡潔に語れば神名「エヒイェ・アシュル・エヒイェ」における「エヒイェ」（三・14）は、一人称単数未完了形の脱在（存在）動詞である。しかしそれは後のラテン語訳「ego sum qui sum」（われは在りて在るものである）が示すような、永遠不動で自己完結するような「存在＝神＝論」的な存在（sum）ではない。それは自己充足を差異化して脱自し、奴隷のような貧しい他者の痛みを知り、その他者との相生を目指して歴史の中に降りてゆく（8節）。この神は「わたしは汝と共に必ずやいるであろう（エヒイェ）」と語り、モーセや遊牧の民と共に歩む遊牧的存在である。以上の意味で「存在」というより「脱在」と邦訳されうるのである。そしてモーセもまたこのエヒイェ（脱在）と共に生き、そのエネルギーを体現し、奴隷の民に十誡という生の道標を授け、解放の歴史を刻んだわけである。(25)

以上のようにモーセがホレブ山で見・聞き全身で出会った火は、神の使いを宿す聖なる炎であり、モーセにおけるその火のヌミノーゼ的体験は、その炎の声によって自らも差異化され、そして奴隷も解放されることの端緒となった。だからこの火は、原子力の火でも日常生活に役立つ火でも、世界の構成要素としての自然学的火でもなく、隷属から自由を、非生命から再生を、分断と孤立から相生的協働態を創る「防衛的な」火であると言えよう。

次にわれわれは、原始キリスト教協働態創成の端緒となったペンテコステ（五旬祭）の炎（火）について簡潔に触れてみたい。出来事の次第は、新約聖書「使徒言行録」第二章で描かれている。

「五旬祭の日が来て、一同（弟子たち）が一つになって集まっていると、突然、激しい風（pnoē）が吹いて来るような音が天から聞こえ、彼らが座っていた家中に響いた。そして、炎（pyr）のような舌が分かれ分かれに現れ、一人一人の上に止まった。すると、一同は聖霊（pneuma hagion）に満たされ、〝霊〟（pneuma）が語らせるままに、ほかの国々の言葉で話しだした」。

ここでは風（音）と炎（火）のヌミノーゼ的体験が語られている。風のような音や炎のような舌が、聖霊、霊という超越的な存在を象徴しているのであるが、象徴と言っても風の音や炎（火）は聴覚的で視覚的な具体である。というのも、それらを蒙った人々が、具体的音声にして諸国語を語り出すに至るからである。従って、激しい風のような音や火のような舌の体験は、全身的な蒙りの、受動的体験なのである。そうである以上、風音や炎は、国々の言葉を人々に全身的に語らせる超越的な霊風とそのエネルギーを開示しているといえよう。さらに、この描写に続くペトロのユダヤ人たちへの説教、つまりペンテコステの解釈を通して、この霊風と火の働きに拠って、兄弟的協働態の成立が語られている。

「信徒たちは皆一つになって、すべての物を共有にし、財産や持ち物を売り、各々の必要に応じて、皆がそれを分け合った。そして、毎日ひたすら心を一つにして神殿に参り、家ごとに集ってパンを裂き、喜びと真心をもって一緒に食事をした」（44～46節）。

ここに例えば、後代にアウグスティヌスがアフリカに帰郷後、「アウグスティヌス会則[26]」を起草して示したような原始共産制の修道的な協働態が成立したのである。この人間的相生の成立に至る出来事こそ、火と風である霊のエネルギーの働きの、いわば直接的結実と言える。従ってその火や風が、現代の無機的な自然観からする地・水・火・風の理解と、消費産業が単なる生産手段として用いる火や水とは全く異なる次元にあることが示される。この火を自らの生命として蒙むることが、FUKUSHIMAの災厄を超克しうる一つの方位であろう。というのも、この火が止まってこそ、人は真に人（火止）となりうるのである。

間奏

われわれはこれまで「暴力と理性」のテーマの下に、根源的な暴力（ヒュブリス）の噴出をプロメテウスの第一の火（技術）がもたらした世界大戦、殊に二〇世紀の「アウシュヴィッツ」として、さらに第二のプロメテウスの火（原子力）のもたらしたFUKUSHIMAとしていささか考察した。その火の背景には、経済・政治・科学技術などが複合・集中する巨大権力機構「エコノ＝テクノ＝ビュロクラシー」支配が垣間見られるのである。そしてそうした巨大権力機構を背景とする暴力の火の超越・超克が問われた。そこでその火を超克し、その彼方に生命の相生を洞察すべく、われわれは理性を道具的あるいは構成的な理性としてではなく、広狭義のテキストを「解釈する理性」として理解した。そしてこの理性の解釈の具体を知ろうとしてE・レヴィナスの「火」に関わるタルムード解釈に聴従したのである。その結果、レヴィナスは、アウシュヴィッツの狂気へ導く破壊する火に対して、城壁を防ぐ火のヴィジョンをわれわれに開示し、それが時代と地理においてどのような形をとり、どのように働くかの解釈を課題としてわれわれに託したのであった。

そこでわれわれ自身が、この「防ぐ火」とは何であるかを問うべく、二種類のテキストの解釈に挑んだ。第一にわれわれは、愛智の歴史の淵源にまで遡及し、タレスによる「水！」の鮮烈な体験の系譜に属するヘラクレイトスの「永遠の火」を尋ねた。その火は、人間が日常生活で用いる火でも、産業用の炎でもなく、ヘラクレイトスの自己探究の途上で、魂の果なき底に出会った火であり、それ自体が魂として自然と人間を生かす生命的な根拠に外ならなかった。

次にわれわれは旧約聖書の「出エジプト記」のテキストに立ち向かい、モーセが出会った燃え尽きない柴の炎の秘義を問うた。その炎は可視的であるが、同時にそこから「脱在」の神名が語り出される火であり、その脱在の火は、エジプト帝国下のヘブライ人奴隷を自由な協働態に解放するエネルギーを秘めていたのである。このエネルギーは、神名「エヒイェ」の解釈を通して他者への「脱在」、他者との相生力として示された。われわれはさらに新約聖書の「使徒言行録」が描くペンテコステの風のような激しい音と炎のような舌において、それに宿る霊風・聖霊を洞察したのである。その霊は、ペトロの解釈に拠れば終末論的な新しい相生を創造するエネルギーであり、実際に原始共産制の兄弟的協働態を具現化していったのである。

如上のような火は確かに「防衛する火」と言いうるであろう。実にヘラクレイトスの火は、プロメテウスの火しか見ない人間に、自己の魂の根拠と自然の生命的原理を開示したからである。さらにモーセが出会った火は、エジプト帝国で絶滅（ショアー）の只中にあった奴隷たちを解放した火であり、ペンテコステの火は、磔刑に処せられたイエスの弟子たちが迫害と分散消滅の危機にあった時に顕現し、彼らに甦りの生の地平を示したからである。

われわれFUKUSHIMAの暴力の時代にある者にとって、さらに防衛する火の思索とそれへの感性の養成は様々な仕方で要求されよう。しかし、これまでのテキスト解釈に拠って開示された火とそのエネルギーおよび火の思索とそれを蒙る感性は、われわれFUKUSHIMAにとって、道の灯となって止まないであろう。われわれが少なくとも人（火止）である限りは。

（1）「アウシュヴィッツ」の暴力性については、拙著『他者の甦り――アウシュヴィッツからのエクソダス』（創文社、二〇〇八年）、第一章を参照されたい。

（2）構成的理性や生活世界の植民地化については、前掲書、第二章を参照。

（3）ポール・リクール『解釈の革新』（久米博他訳、白水社、一九七八年）。

（4）H・G・ガダマー『真理と方法』（（Ⅰ、Ⅱ、Ⅲ）轡田、麻生、三島他訳、法政大学出版局、二〇一二年）。*Truth and Method*, Translation revised by J. Weinsheimer and D. G. Marshall, Continuum, New York, 2003.

（5）ヘーシオドス『神統記』（廣川洋一訳、岩波文庫）、『仕事と日』（松平千秋訳、岩波文庫）。

（6）前掲書『仕事と日』二八頁。

（7）前掲書、三二一～三二二頁。
（8）ヘーゲル『法の哲学』（藤野渉他訳、世界の名著、中央公論社、一九六七年）。
（9）マルクス『経済学・哲学草稿』（城塚登・田中吉六訳、岩波文庫）、八六頁。
（10）『プロテスタンティズムの倫理と資本主義の精神』（大塚久雄訳、岩波文庫）。
（11）「マタイ」六章二四節、「ルカ」十六章九～一一節を参照。
（12）近年サブプライムローンで果たした住宅ローン、証券会社、投資銀行のマモン至上目的の動きをここで想起されたい。
（13）原子力の火については、山田克哉『放射性物質の正体』（PHPサイエンス・ワールド新書、二〇一一年）。高木仁三郎『原子力神話からの解放――日本を滅ぼす九つの呪縛』（講談社＋α文庫、二〇一一年）、高木仁三郎監修『反原発、出前します――高木仁三郎講義録』（反原発出前のお店編、七つ森書館、二〇一一年）、小出裕章『原発のウソ』（扶桑社新書、二〇一一年）、NHK「東海村臨海事故」取材班『朽ちていった命』（新潮文庫）などを参考にした。原子爆弾も加えた原子力については、國米欣明『人間と原子力〈激動の七五年〉』幻冬舎ルネッサンス、一九八四年。
（14）「オンカロ」については、DVDが発売されている。「十万年後の安全」（アップリンク、二〇〇九年）。
（15）「火によってもたらされた被害」（『タルムード新五講話――神聖から聖潔へ』内田樹訳、国文社、一九九〇年に所収）。E. Lévinas, *Du Sacré au Saint, Cinq Nouvelles lectures Talmudiques*. Les Éditions de Minuit, 1977. 他に、市川裕「レヴィナスにおけるタルムード研究の意義」（『レヴィナス―ヘブライズムとヘレニズム』哲学会編、哲学雑誌第一二一巻七九三号、有斐閣、二〇〇六年に所収）を参照。
（16）ハガダーの一典型として日本語で入手し易いものを挙げる。『過越祭のハガダー』（石川耕一郎訳、山本書店、一九八八年）。
（17）前掲書『タルムード新五講和』二四八頁。
（18）前掲書、二二五頁。
（19）さらなるヘブライ的解釈学については、拙著「他者相生をめぐるヘブライ的解釈学とルーアッハ」（『他者の風来』日本キリスト教団出版局、二〇一二年に所収）を参照。
（20）以下、ソクラテス以前のいわゆる自然哲学者については、次の書を参照した。Diels & Kranz, *Die Fragmente der Vorsokratiker*, Weidmann. 17th, 1974. 廣川洋一『ソクラテス以前の哲学者』（講談社、一九八七年）。

（21）ヘラクレイトスの哲学的言語用法については、山本巍「ヘラクレイトスの〈言葉〉」（『総特集　ソクラテス以前』現代思想三、一九八二年に所収）を参照。

（22）以上の論は、井上忠「プラトンへの挑戦―質料論序論」（『根拠よりの挑戦』東京大学出版会、一九八八年（六刷）に所収）に全く拠っている。

（23）アリストテレス『動物部分論』第一巻第五章（島崎三郎訳、「アリストテレス全集八」岩波書店、一九六九年）。

（24）R・オットー『聖なるもの』（久松英二訳、岩波文庫）。オットーは、ヌミノーゼについて、被造者感情、戦慄すべき神秘、ヌーメン的賛歌、魅するもの、ウンゲホイアー（謎にみちたもの）などの特徴を挙げている。特にこの「出エジプト記」の燃える柴の場面を「正真正銘ヌーメン的な物語り」とし、三章六節を引用している（日本語訳本、一六四頁）。

（25）神名については無数の解釈があるので、ここでは拙著のみ挙げておきたい。『ヘブライ的脱在論』（東京大学出版会、二〇一一年）、『存在の季節』（知泉書館、二〇〇二年）。ちなみに積極哲学を説いたシェリングは、エヒイェの歴史性を洞察し、YHWHの時間性を強調して、神名を次のように解釈している。Ich bin, der ich war, Ich war, der ich seyn werde, Ich werde seyn, der ich bin. J. F. Courtine, L'interprétation schellingienne d'Exode3, 14. Le Dieu en devenir et l'Être à venir, dans *Celui qui est, interpretations juives et chrétiennes d'Exode3, 14*, édité par A. de Libera et E. Z. Brunne, Les Éditions du Cerf. 1986.

（26）拙稿「宗教的共生の思想――修道会の会憲・会則にみる」（『宗教的共生の思想』教友社、二〇一二年に所収）を参照。

第二章　「反＝志向的」理性が披く「在るもの《エンス》」の地平

――トマス・アクィナスの能動知性論を手がかりに――

序

中世哲学にあって本質的な問いは、K・リーゼンフーバー師の指摘するとおり、「精神が自己認識において、いかに完全な（自己）再帰において自らの本性とその超越的な起源に遡れるか[1]」という問いではないかと思われる。

われわれとしては如上の問いを、現代に至る哲学史的状況、特に「知性や理性」に関わる現代的理解の状況において考察してみたい。というのも、現代にあって知性や理性が道具的に用いられたり、世界を構成する性格を帯びたりして、その自己超越性や他者への超出性に関していえば、それは破綻したという悲劇的状況を洞察せざるをえないからである。従って、如上の問いが現代にあっては不可能ではないかという深刻な疑いをもたざるをえないからである[2]。

そこでわれわれはこの悲劇的状況を超克しようと理性に関わる近現代的理解について哲学史的に大略分析し、その諸特徴を示すと同時に、悲劇の超克の手がかりを中世哲学者トマス・アクィナスの知性や「存在」（esse）理解に求めてみよう。果たしてトマスは、その手がかりを現代にいささかなりとも示せるのであろうか。

一　トマス哲学における知性および「在るもの」「存在」をめぐって

トマス哲学の出発点、根源は次のような言述に存する。

①「知性の受胎にまず第一に入るものは、〈在るもの〉（ens）である。というのは、『形而上学』第九巻にいうごとく、何ものも、それが現実的にあるかぎりにおいて可認識的だからである。このゆえに〈在るもの〉が知性の固有な対象であり、そしてそういうわけで第一の可知的なものなのである[3]」。

②「ところで〈在るもの〉と本質（在るものの極みのすがた・様相）とは、第一に知性によって受胎される。アヴィケンナがその『形而上学』の冒頭で述べているように[4]」。

③「ところで知性がいわば最も明証的なものとして受胎し、そしてそこであらゆる受胎された概念が分け定められるところのものは〈在るもの〉である。アヴィケンナが述べているように[5]」。

④「第三異論に対して次のように言わなければならない。知性が感覚的諸表象から抽象するものの中で第一のものは、〈在るもの〉や一のように、われわれが第一に認識するものである。しかしだからといって端的に第一のもの（神など）は、それらと同様に（われわれに）固有な対象領域に含まれているわけではない[6]」。

これらの引用はすべてトマスの存在了解と知性論に関わるものである。それはどのようなことなのであろうか。まず第一に、トマスにあって知性が最初に認識するものは、〈在るもの・ens〉だという点が共通に強調されている。受胎とか受胎されると訳した conceptio, concipitur は、認識対象の明晰判明な内容的理解を指すわけではない。それは不分明な非自覚的な最初の〈在るもの〉認識であるかもしれないが、以後認識の根拠として持続的に知性の働きを活性化させる根源となる。というのは、〈在るもの〉こそ現実態であり可知的だからである〈引用①〉。引用④は、〈在るもの〉があらゆる知性概念の成立の根源だと述べてその知性的根源性を示している。実際、例えば類・種概念は〈在るもの〉を限定して成立するその様相なのである。そしてその〈在るもの〉は、最も明証的に受胎されると述べられているが、その明証性はデカルト的な概念の明証性ではなく、〈在ること〉の現実態が知性に示す明証性だと言えよう。こうして知性は第一に〈在るもの〉を受胎するが、『真理論』によれば、知性があらゆる〈在るもの〉に開かれ受胎するのだと示唆されている。すなわち、霊魂（anima）は、あらゆる存在と交流合致する（convenire）。そして真理が〈在るもの〉と知性との合致を表示すると言われる。従って、霊魂の能力たる知性はあらゆる〈在るもの〉を受胎対象とするわけである[7]。

しかし引用②では、〈在るもの〉に加えて「本質」あるいは事物の「何性」が知性の第一の認識対象とされている。そしてトマスは一般的に知性の固有の対象は、事物の「何性・本性」「本質」、そして論理学的にいえば「定義で表示されるもの」と述べている[8]。それはどういうことか。ここでは詳細に立ち入ることはできないが、〈在るもの〉は、その規定的様相である「本質」（essentia・事物の可能的何性）が、「在らしめ在る」（esse）という現実化のエネルギーによって現実化されて、始めて現実世界に在らしめられているものである。そのことは、われわれの知性が〈在るもの〉に関して何性認識という限定的理解をする時、その何性を通じそれと共にそれを現実化する「esse」をすでに何らかの仕方で受胎し認識していることを示すのである。しかしこの esse 認識は、〈在るもの〉受胎の始めから、自覚的に了解されているわけではない。それでは本性（本質）と esse と〈在るもの〉はどのような仕方あるいは関係で知られるのだろうか。

トマスは『ボエティウス「三位一体論」注解』において、知性に二様の働きを認めている[9]。

その第一の働きは、事物の本性（何であるか）の直接的認識である。それは能動知性による感覚的表象からの抽象作用であるとされるが、この本性認識から様々な本性に関わる概念が形成される。第二の働きは、そうした事物に本性的概念を結びつけたり分離したりする働きで、いわゆる判断作用である。主語になる事物Sに、述語的本性概念を述定して、S est P（SはPである）と判断し命題を形成する。ところで、トマスはこの判断が、事物の esse 自体に関わると言う。ところで esse とは、先述のようにある限定をもった事物が、現実にそれとして在ることの根拠、つまり「在るもの」として在ることの根拠である。だから判断においてSとPが結合されて在ると示されることは、SとPが基体（suppositum）において結合しているという自己同一性の示しでもある。例えば「人間は、理性的動物である」という命題にあって、主語「人間」は、抽象作用に拠る本性把握によって形成された「理性」とか「動物」という述語と基体において同一なのである[10]。このようにして判断的言表において自覚的に事物の「在らしめ在る」が認識されてくる。

しかしこうした判断論にあっては、能動知性の抽象作用による本性認識が、存在《エッセ》認識に先行するように考えられてしまう。しかし引用④の視点では、あくまで抽象作用で知られる第一のものは「在るもの」だとされている。だからこの判断論はその視点と矛盾しよう。しかもこの視点は、われわれのこれまでの「存在」の受胎の先行性に関わる考察とも符号するのである。この矛盾はどのように考えられるべきか。それにはトマスの知性論にいささか言及すべきであろう。すなわち、まず感覚的表象に潜在する事物の本性は、そのままでは可知的に可能態の状態にあるばかりである。そこで感覚的表象の質料的条件をとりはずして、可能的に可知的である「本性」を現実的に可知的にする必要がある。その現実化作用は、能動知性の抽象作用なのである。

ところで可能的に可知的な本性を現実化するためには、能動知性は本性レヴェルより高次の現実態にあらねばならぬ。この高次の現実態こそ、存在・esse にふれて在ることなのである。つまりそれは、ある仕方で存在の現実態（actus essendi）に参与していることを意味しよう。そして能動知性が存在の現実態に与って在ることは、知性として何らかの存在認識をもつことを要請するのである。だからトマスが能動知性の光によって感覚的表象が照らされて可知的形象が抽象されると述べる時に、この光はある種の esse 認識だと考えられよう。(11) この esse 認識がどれ程不分明で非自覚的なものであろうと、そこから本能認識、判断、推理が展開する。だからその光は、われわれの認識対象というよりも根拠なのである。(12) このようにしてわれわれは、抽象作用と判断さらに推理という知性の働きの活性化の根源としてまず何らかの存在認識を自覚するのである。(13) ここで一言つけ加えておくべきことは、判断は可能知性の働きであるという点である。しかも能動知性と可能知性は二つの別々な知的能力なのではないという点である。すなわち、知性が感覚的表象に対して存在にふれた現実態として対するとき能動知性と呼ばれる。次に能動知性の抽象作用によって現実化された可知的形象さらに知的概念を自らに受容して判断し、始めて可能的状態から知的判断という知的現実態に至って働く場合、同じ知性が可能知性と呼ばれるのである。であるから、先行的根源的存在認識が自覚的に深まるのは、可能知性の判断作用に至ってなのである。

それでは判断による存在認識の自覚的深まりとはどういうことであろうか。それには次の二方向が考えられる。すなわち、他者に向けての超越と自己還帰としての自己超出である。

そこで第一に判断による他者存在への超越に簡単に言及したい。

すでに指摘された通り、われわれの知性はそのいわばアプリオリな存在認識の光に拠って、感覚的諸表象から可知的形象・概念を抽象し、それを主語概念や述語概念として判断命題を形成しつつ、存在の自覚を深めたのであった。その限りで知性認識の出発点は、感覚的経験に依存する。それではわれわれの認識はカントが主張するように、感覚的経験が開示する現象界に限定されるのであろうか。知性は現象界的他者を超越できないのであろうか。その超越の問いは「形而上学」の成立に関わっている。

そこで今は簡単にトマスの学問論にふれて、この問いの披く展望を窺ってみたい。

トマスによると、諸々の思弁的学知（scientia）は、必然的法則に関わるのだから、不動ではないもの、動くものの原理である質料（materia）からの分離の程度や秩序によって区別されるとされる。

まず感覚的対象（例えば、人間の身体）を扱う自然学は、それらを限定している。指定的限定「この」（例えば「この骨・この肉」）を分離しなければ、感覚的事物（人間の身体）に関わる定義はえられない。なぜならその定義には、感覚的対象（身体）一般の特徴、つまり可感的質料（肉・骨一般）が入るからである。

次に数学的対象を扱う数学は、例えば幾何学が線や図形を扱う場合、可感的質料を対象とするのではないが、ある種の可知的質料を定義に入れる。

最後に形而上学の分離とは、抽象ではなく判断であるとトマスは述べる。なぜなら判断において事物の存在が認識され、この存在が、本性やその定義という「在るもの」の限定面を超えて、知性に「在らしめ在る」（esse）の現実態の地平を自覚的に開示するからである(14)。しかも被造界には無数の多種多彩な「在るもの」が見出され、それに即して多数の現実態が強く、あるいは弱く働いている。知性はその多数の現実態を考察し、次第に存在度の強い現実態を自覚し、やがて「存在そのもの」としての純粋現実態の洞察に至る。そしてその純粋現実態は、アリストテレス流の純粋形相やさらにあらゆるカテゴリー的限定を超越した、第一の〈在るもの〉なのである。つまり、超越概念である。この超越概念は、一、もの（res）、真、善、美などとしてさらに様々な完全性を含む根源として華麗に展開され、超越的地平を示して余りある。この超越的地平が形而上学成立の根幹をなすのである。その詳細に本章では立ち入ることはできない[15]。

以上のような仕方で、判断は人間を他者なる無限の完全性の世界に超越させる方向をとる。他方でそれと同時に人間知性の自己認識の方向をも示す。従って、ここでは上述の第二の方向、つまり知性の自己還帰の問題考察に移ろう。

トマスは知性の自己還帰について次のように述べている[16]。

「真理は、知性の判断が事物についてその在りのままのすがたに関わる時、知性の働きに伴ってある。ところで、真理は知性が自らの働きをふり返ることに従って知性によって認識されるが、その際知性は自らの働きを認識するだけでなく、自らと事物との合致関係（proportio）を知るのである。この合致関係を知ることとは、知性作用の本性が認識されなければ自覚されない。そして知性作用の本性は、知性自身である作用的原理の本性が知られなければ、認識されないのである。そして正に知性という作用原理の本性には、知性が事物と合致することが存する。それゆえに知性は自分自身をふり返ることに従って真理を知る……しかしその（自己）還帰は、自らに固有な本質を認識することに従って完成される」。

右の引用文には、この自己還帰が、主語と述語によって命題を形成する判断を主要な契機として成就すると述べられている。それはどういうことか。

知性はその存在認識の光によって感覚的諸表象に向かい、そこから可知的形象を抽象して、一方では、それによって感覚的実在世界を志向しつつ、他方では、自己の抽象作用とそこから形成した主語、述語などの概念をふり返り、そして主語と述語が実在世界の基体において結合されて在ると判断する。それは主―述的限定を媒介にした〈在らしめ在る esse〉の認識なのであった。その際、判断が真であるなら、知性は事物と判断とが適合して在るという合致関係をふり返り、合致という知性の志向的働きとそれによる存在への参与的働きとを認識し、そうした存在への超出的参与が自らの本質であることを自覚する。その時、知性は存在に参与して在る自己を自己として自覚しうる。つまり自律的主体として認識するのである。それが自己還帰なのである。以上のように能動知性の光による不分明な存在認識が判断で深められてゆくプロセスにあって、知性は自らがさらに存在に参与して在ること、言いかえれば在らしめられて在ることを知る。このようにして人は、その在らしめられて在るという現実態が知性の他者への超越と自己還帰の根拠であることを自覚する。

以上のように判断による存在認識の自覚的深まりは、一方で超越概念による超越的地平を披くと同時に、他方で知性の自己還帰による認識主体の自覚の地平を披くわけである。

これまでわれわれは、トマス哲学における知性と「在るもの」「在らしめて在る」(esse)についてデッサンを試みてきた。次には近現代の哲学における「理性の受難」とも呼ぶべき状況についても、簡単な「哲学史的デッサン」を試みたい。

ここでいう哲学史的デッサンとは、単なる哲学史的解説を意味するのではなく、一種の遠近法を意味する。例えば、われわれがある画家の個展やルーヴルあるいはプラド美術館などを訪れたとする。個展においてそれぞれの画をよく味わい眺め、その画家の芸術的特徴を把えるためには、部屋のある一定の位置から鑑覚することが必要である。各々の画を別々に個別的に近づき過ぎた視点から眺め、絵具の盛り上がりや線や色を精査して見ても、全体的に作家の美意識や作品に共通に輝く美を通覧して感じとることはできまい。

あるいは一枚の画、ベラスケスの《ラス・メニーナス（女官たち）》を鑑賞するにしても「近づき過ぎると、ただ大まかな筆遣いにしか見えないが、ある程度の距離を保って見ると、輝きや触感が感じ取れる」とされる(17)。

以上が絵画の遠近法的見方である。同様に哲学史において各哲学者に共通な特徴を把握するために、一人の哲学者のみの精緻な解釈に終始しても始まらないであろう。各哲学者をある遠近法を以て眺めることも必要だと思われる。筆者は「存在＝神＝論」という位置に立って、アリストテレスからデカルト、ニーチェ、ハイデッガーを遠近法的に見ようと試みたことがある。今は「理性」を遠近法的に大略的に見てみたいのである。

二　現代における理性の状況についての哲学史的デッサン

(1)　デカルトのコギト的理性の考察から始めよう

デカルトは世界の統一的認識とそれに基づく新しい生き方を求め、人間も含めた万象を数学的方法によって統合的に説明しようと試み、その統合的学を「普遍数学」（Mathesis universalis）として理念化した。この「普遍数学」の方法的なモデルこそ、彼が創始した「解析幾何学」（Géométrie analytique）であった。「解析幾何学」を定義すれば、それは例えば、「座標系を用いて図形を数式で記述し、代数的計算によって古典幾何学の問題を処理する手法」であるとされる(18)。それではそれはどのような手法であるのか、そしてそれはどのような理性を新時代に提示し、どのような世界を構築する契機となったのだろうか。

説明の便宜のために「解析幾何学」の一例を図示した。

周期的な天体の運行を測定する場合を考えてみよう。理性はその運行を、AからBに移る幾何学的な曲線で表

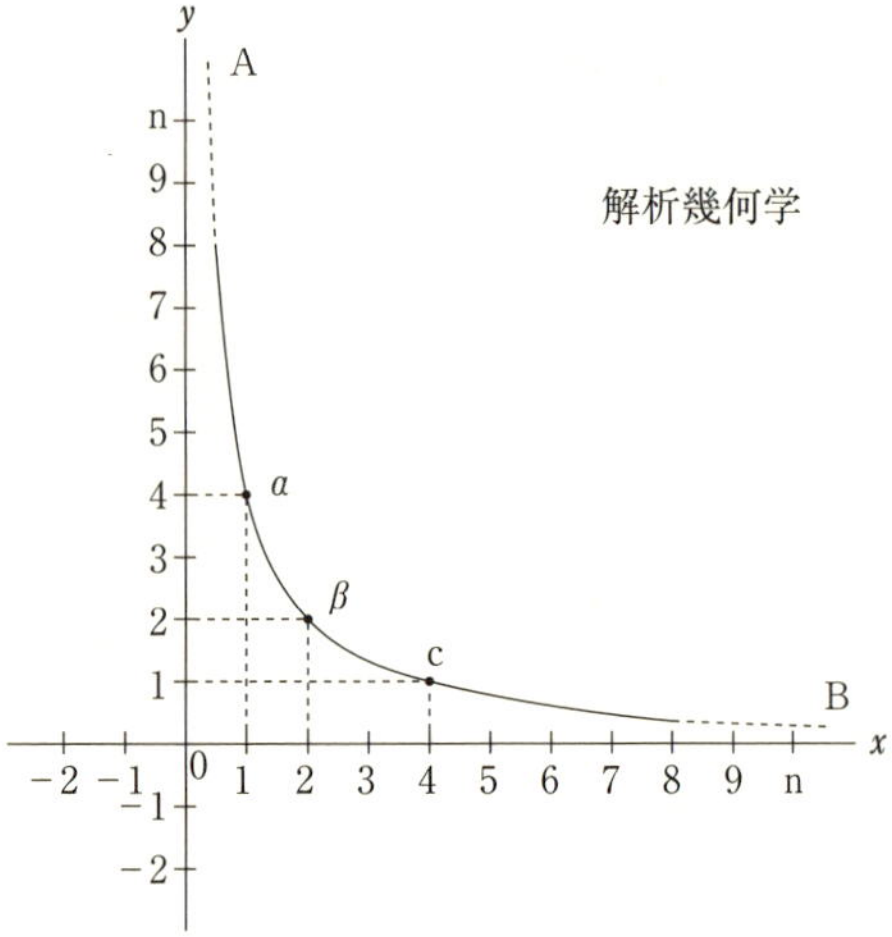

現する。そしてこの曲線を測定する目的で座標軸ｘｙを設定し、0点において直交させる。そしてｘ、ｙ軸に等分の間隔で数値を置く。そして曲線を点の集合と考えて、α点がｘｙ軸のどこに射影するかを観察し解析する。その場合、α点はｘ軸上で1、ｙ軸上で4の数値をとるという具合に解析される。同様にしてβ点はｘ軸、ｙ軸上共に2の値をとり、ｃ点はｘ軸で4、ｙ軸で1の値をとることが解析される。このような解析の観察を続けると、xy＝4というふうに代数方程式に定式化される。ここに、ｘｙという「座標系を用いて」、曲線という「図式を、数式で記述する」ことが実現した。そしてｘが8の値をとれば、ｙは0.5の値をとり、ｘが100ならｙは0.04の値をとるというふうに、曲線を「代数的計算によって処理する手法」が確立するわけである。それは天体の運動を、知性がxy＝4という数学的法則として把握し法則化したことに外ならない。

以上のような「解析幾何学」の例を紹介したのは、デカルト的理性の性格を示したかったからである。この解析幾何学の構築において、理性は「天体の運動」を測量可能な幾何学的平面図である曲線に還元する。つまり量化の第一歩を期すわけである。そして次に理性がｘｙ直交座標や座標上の目盛を自ら仮設する。そして曲線を点に分け、その点がｘｙ上の目盛にどのような数値をとるか解析し、その結果、代数的記号を用いて方程式 xy=n を構築し、こうして曲線運動をその位置ｘに代入するとｙが解るという具合に法則化する。これらの実際の自然的運動の量化と図式化、測量、定式化はすべて理性の構築に拠ることは明らかであり、それはこのような法則を自然法則として立て、すべての自然を数量化し法則として対象化する対象的表象の定立に外ならない。そうした理性は万象を数学的手法で表象し、それに「確実な可知性」という真理性を与える。だからそれは、最も確実な、世界を基礎づける理性であろう。デカルトは、この理性を周知の方法的懐疑によって万物の原理として示した（cogito, ergo sum）。そして周知のように、理性の内に直接対象となる明晰判明な観念（idée）、例えば「完全で無限な実体」という神観念や「幾何学的延長」という身体をも含んだ物体観念に拠って物理科学的世界を再構築してゆく。ハイデッガーは、そうした世界の構築を担う理性主体（subjectum）を近代人とするわけである。

今はそうした近代人がどのように物理科学と技術を結合して今日の技術的産業文明を構築していったかに関する歴史の詳細に立ち入ることはできない。ただわれわれの目的であるコギト的理性の性格を理解するため、その特徴を二、三挙げてみたい。

まず第一に、この理性の明証的で直接的な対象は、あくまで精神内の観念である。それも色や味などの感覚的性質ではなく、幾何学的物理学的な観念である。その観念を基に構築される世界は、当然いわば理性の力のうちに回収され構築される普遍数学的世界であって、結局理性は自己の勢力圏を超えて他者存在に超越できない。これとは逆にわれわれは、トマスにあって〈在るもの〉こそ、知性に固有の対象であるとされ、そこから知性が超越概念（在るもの、善、美、真など）に至るという仕方で他者に超越しうる力動的性格を示した。

第二点目は、デカルト的理性にはやはり測量し量化された対象を「表象する」（représenter, Vorstellen）という性格がまといついていることは否定できない。であるから、理性が自らをも「考えるもの」（res cogitans）として対象的に表象してしまう[19]。その際根源的主体は表象に入ってこない。従ってそれは自覚されることはできない。これに対し、トマスは対象的に表象に還元できない主体、つまり能動知性の光によってすべての理性的働きが現実態化され、判断を通して主体が「存在」と合致し、存在を分有し「在らしめられて在ること」の自覚に至ることを示している（自己還帰）。

こうしてデカルトは、「普遍数学」を理念とし、そこから物理科学的世界像を構築するのであり、そのいわば継承者としてカントは周知の「コペルニクス的転換」を遂行してゆく。

（2）カントとコペルニクス的転換

カント哲学の認識論の特徴を、大略次の二点にしぼって考察したい。その第一点は、感性や悟性の中の先天的認識形式によってわれわれの現象界に関する認識あるいは先天的総合判断が成り立つということである。第二点は、すべての対象は感性の形式である空間と時間を通して与えられ、感性がその対象から直観的表象を獲得し、その感性的表象に悟性の認識的形式であるカテゴリーが適用され思惟されて始めて対象認識が得られるということである。つまり、対象認識は、感性が示す対象を超えては成立しないということである。こうして余りにも有名なカントの認識論的テーゼが語られる。「感性なくしてわれわれにはどのような対象も与えられず、悟性なくしてはどのような対象も思考されない。内容なき思考は空虚であり、概念なき（感性的）直観は盲目である」と。[20]

第一点に関して考究すると、第二点で言及したように感性の時間と空間の形式を通して与えられる多様な直観的表象は、悟性形式であるカテゴリー（性質、量、関係など）によって統一される。その際、直観的表象と悟性的認識とを再現しつつ最終的に統一的対象認識をもたらすのは「私は～考える」という超越論的な統覚の働きであり、それは悟性の統一的意識である。こうして超越論的統覚こそ、一切の対象を形成する。そこには中世トマス哲学に見られた〈在る実在〉が人間知性の認識の根拠となるという認識論的立場が一八〇度逆転され、理性こそ、現象世界を構成するというコペルニクス的転換が生起しているわけである。この認識論的逆転が、デカルトの系譜に属していることは哲学史的遠近法に従えば明白であり、この立場を徹底すれば、H・コーヘンの「根源の原理」の立場、すなわち純粋理性による一切の対象産出の哲学に帰着するといえる。だからまたある意味では、近現代哲学にあっては理性が創造神の座を占めたと言っても過言ではあるまい。

第二点に関して考察すれば、あらゆる存在認識が感性的直観に最初から限界づけられている以上、当然トマス的形而上学は不可能とされているわけである。しかしわれわれの言う形而上学は、ただ思弁的抽象的に「神、霊魂の不滅、世界宇宙」などを論じ、いわゆる形而上学的世界システムを構築する学ではなかった。形而上学の成立とは、知性が存在認識を通して他者であるあらゆる〈在るもの〉に超出する道であると同時に、自己還帰による自己の自覚、さらに在らしめられて在るという自覚、つまり意識主義の自同性・自閉性からの自己超出の道でもあったのである。この意味でカントにおける自己の自律的主体性の問題は、実践理性の叡智界の課題となったことは周知の事実である。そして理性による他者への超越の問題は、フッサールの現象学にも課題として残され、「間主観性」を以て他者認識への架橋を試みたが[21]、そこでは真正な、例えばE・レヴィナスの「顔」が提示するような厳しい意味での他者の開示は原理的に不可能なのであろう。さてわれわれは如上の「神の座に着いた理性」について、考察するために、第一章で言及したヘーゲル哲学に再び言及せざるをえまい。

(3)　ヘーゲルと絶対精神

遠近法的に哲学史を辿ると、構成的産出的思惟が歴史を構成する神の座に着いた時、ヘーゲルの「絶対精神」に変身したとも言えまいか。

まず、絶対精神が歴史に残す足跡を哲学的思惟が辿ると、絶対精神の叙述として世界史の展開がとりあげられる。世界史は自由の実現過程であるとされる（『歴史哲学』序論）。すなわち、まず第一に、自由はただ一人の絶対的支配者の自由としてのみ古代東洋的世界に発現した。それ以外の人びとは精神が即自的に自由であることを知らない奴隷であった。次に、自由の意識は初めてギリシア人の中に出現した。しかしローマ人たちと同様、若干の人しか自由であることを知らなかった。次に、ゲルマン諸国民が、キリスト教という精神的領域で人間としての自由の意識に達した。しかし人間に最固有な本性が自由な精神であるというこの意識・原理が、世俗的な領域にまで浸透するには時間と労力がかかる。その浸透が、その後の世界史の進歩の核心をなした。このようにヘーゲルは、世界史における自由の実現こそ、絶対精神が有限者を自己実現の契機としつつ、その本質を示現してゆく必然的過程だと把えるのである。そしてその必然的自己実現の論理は、周知の如く歴史的現実における弁証法と呼ばれる法則である。ヘーゲルにあって、このように絶対精神の思惟的展開と歴史的現実の進歩との相即が考えられうる哲学的根拠は、かつてパルメニデスが思惟と存在の同一性を説いたように「理性的なものは現実的なものであり、現実的なものは理性的なものである」からに外ならない（『法の哲学』序文）。さて思惟的認識論的弁証法の段階は、第一に、即自・肯定、第二に、対自あるいは肯定の否定、第三は、即自かつ対自的段階であり、それは第一と第二の段階を総合統一、つまり止揚して成立する。弁証法は、この第三段階がさらに否定・止揚されてゆき、絶対精神の具体的認識に至るまで継続される。この弁証法は結局、第一段階の「否定（第二段階）のそのまた否定は肯定（第三段階）である」とのテーゼに要約できる。それは「同の否定は同である」とも言え、こうして弁証法において同一性の論理が貫徹し、絶対精神のみ同一性を保つ。このような認識の弁証法の存在論的展開は、ハイデッガーによれば「ヘーゲルは存在を、それの最も空虚な空虚さにおいて、従って最も普遍的なものにおいて思考する。ところが同時に彼は存在を、それの完成せる最も完全なる豊かな充実さにおいても考えるのである」といえる。これを歴史における絶対精神の自覚の存在論的次元で言いかえると、「存在の空虚さからそれの発展した豊かな充実への存在の運動」として述べることができる。(22) このようにヘーゲルにあって絶対精神の自己実現の存在論的充溢過程は、歴史的弁証法的過程であり、それは最も合理的な論理的過程として統合へと向かう。そこには同一性が貫徹し、否定や異や非概念的なものは、結局この同一性に回収されてしまう。

われわれはここでアドルノの「否定弁証法」を引用しながら、絶対精神の展開としてのヘーゲル的弁証法の問題点を指摘しておきたい。予め予備的に解説するならば、アドルノの弁証法の否定的契機は再び「合」に回収されず、むしろそこに他者を洞察し、その声を聞く契機だということである。

「いったん否定されたものは、消滅するまで否定的である。……拭いようもなく非同一的なものの表現である弁証法的矛盾（否定の契機、筆者注）を、ふたたび同一性によって平らに均すということ（ヘーゲル的弁証法）は、この矛盾が意味するものを無視し、純粋な整合的思考へ戻ることと同じである。〈否定の否定は肯定である〉という命題を擁護できるのは、肯定性をすべての概念性の基礎として始めから前提している人だけである(23)」。

つまりアドルノによるとヘーゲル的弁証法のいう「同一性」に反対する他者の抵抗こそ、真の弁証法、つまり否定弁証法の力の根源だというわけである。

以上からヘーゲルの絶対精神の問題性を、二、三指摘したい。まず第一に、われわれもアドルノと共に絶対精神の論理的存在論的展開には「他者性」が欠落していることを洞察せざるをえない。つまり個々の人や民族は、絶対精神の自由の実現のための歴史的契機に過ぎず、従ってその唯一回的存在性や価値が無視されうるのである。だからキルケゴールなどは、実存の唯一性を説いてヘーゲルを批判したのであった。次に、このような必然的歴史観は、神の座に着いた理性にのみ構築可能であると先にも述べた。それはどのようなことか。すなわち、人間が全歴史を貫くある必然的法則を構想し形成するためには、全歴史をその終末点に至るまで観、通覧できるのでなければならない。なぜなら過去から現時点に至るまでの歴史を因果律に従って検討し、そこに必然的歴史法則を見出したとしても、現時点から未来にかけて歴史がその因果的法則通りに動くという保障はどこにもないからである。従ってそれがどんなに実証的体裁を伴った研究であっても、神の如く歴史の終末点に至る全歴史を観了えた者でなければ、歴史の終末点にまで貫徹する必然的法則を立てることはできない。だからヘーゲルの絶対精神は、デカルト・カント的構成的理性が神の如くになった歴史的絶対者であり、そういう者として歴史を支配するといえる。たとえ、哲学は現実がその生成過程を完了した後で、現実を知的論理的に概念化して理解する仕方で形成されるとしても（ヘーゲル曰く「ミネルヴァのふくろうは、黄昏がやって来るとはじめて飛び始める『法の哲学』序文」）。

しかし第三に、ヘーゲルによると、世界史は自由の実現過程であった。とすれば、歴史に内在的に自由として自己実現する絶対精神は、逆に人間に自由の意識を与える解放者と言えるのではあるまいか。そう考えることもできる。しかし、それは果してそうだろうか。この問題を考察するためにヘーゲルの国家観にふれる必要があろう。彼は『歴史哲学』序論において、国家と自由との関係について次のように語っている。

「国家こそは自由の実現、すなわち絶対的究極目的の実現であること、国家こそは自分自身のために存在するものであることを、人は知らねばならない。さらに人は、人間は己れのもつすべての価値、すべての精神的現実を、ただ国家を通してのみもつということを知らねばならない。……国家とは地上に現存する神の理念なのである」。

ここで国家は「自分自身のために存在するもの」、つまり実体として規定され、そこからすべての価値、精神的現実を受けとる個人は国家的実体の偶有、付帯であるにすぎない。そして国家は神の理念、つまり自由の究極的実現形態なのであるから、先述のように自由の実現の歴史にとって、個人は「理性の狡智」に操られるその偶有的一契機に外ならない。

ヘーゲルは、如上の国家を抽象的に思弁していたわけではなく、それは現実にそこで彼が生きた立憲君主制体プロシアだったのである。そして『法の哲学』の人倫論で構想された市民社会も、国家成立のための弁証法的一契機として国家に回収されてしまう。

このような国家は、ヘーゲルが熱狂した革命を成しとげたフランスなどと共に、近代科学の発展に拠る産業革命を通じ、やがて国家主義→帝国主義→全体主義の道を辿るのであった。ヘーゲルにあって、そのような世界史的な戦争の悲劇や全体主義的支配とそれによる抹殺などを十分に考察できなかった原因の一つに、歴史を破綻させる根源悪の考察の欠落が挙げられよう。「絶対精神」は、悪さえもその狡智によって止揚してしまう統一力であるのだから。

われわれはこれまでデカルトから始め、カントとヘーゲルに至る近現代の「理性の状況」について遠近法的に考察してきた。そこであぶり出された理性の状況と特徴について要約し、今やトマスの理性論と比較検討しつつ現代におけるトマス的理性の意義を吟味したい。

それでは近現代的理性の特徴を要約してみよう。

第一に、その理性理解にとって、能動知性の光、つまり根源的存在認識の次元は全く問題にされていないということが挙げられる。

第二に、理性的主体の側から全現象を基礎づけることが特徴である。デカルトの明晰判明な観念、カントの認識形式、ヘーゲルの存在即思惟・論理学などはみなそうした特徴をもつ。

第三に、第二の特徴から理性は構成的産出的となる。そこに構成される世界は、物理科学的世界像であったり、あるいは全歴史世界であったりする。

第四に、以上のような特徴をもつ理性こそ、西欧的近代人の自律と自然支配および歴史形成を保障する創造的かつ道具的役割を担った。

第五に、人間の自律化とは、理性が伝統的創造神に代わって神の座に着いたことを意味し、理性神が統一する支配領域では、狂気、女性、非合理的なものなどは異とされる。つまり、他者の排斥が合理的に進行する。

第六に、理性は科学技術知の性格を帯び、他方で全現象を構成するロゴス的支配の性格を帯び、かくして両者が結合した時には、歴史や社会政治的レヴェルでも世界を支配する全体主義の温床となりうる（存在神論の成立）。

第七として、このような理性至上主義、神化は、以上のすべての文脈で近世以来欧米が世界における中心的（権）力を独占する推進力となったことを意味しよう。

以上が大略近現代における「理性の状況」とそれを創造した理性の特徴である。ここで一言つけ加えるなら、この理性観は、哲学史のある遠近法的視点での通覧であって、他の様々な解釈を排除するものではないということである。つまりある理論を至上とし絶対化する時に、一切を相対化しつつも真理を求める知性は自らを裏切るのであるから。

そこで次に、知性を以て知性を超えようとしたトマス哲学が、現代の理性の状況に何を提案できるか、できないかを考察したい。

三　トマス的理性の現代的意義

ここで第一項において明らかにされたトマスの知性の根源的働きを想起しよう。それは、「〈在るもの・ens〉が第一に知性に受胎される」ということであった。そのことが近現代の「理性の状況」に対して、どのようなインパクトを与えうるのかという問いを、便宜上、存在、認識、言語、エチカ、人間などの五領域に分けて問いつつ、そのインパクトに関する手がかりを展望していきたい。

(1)　存　在

ハイデッガーは「存在に関するカントのテーゼ」において、西欧の存在論とその歴史を「存在＝神＝論」およびその歴史として把えている[24]。すなわち、西欧的思惟の歴史にあって「存在への問は〈在るもの〉の存在への問として二つの形態を採っている、ということである。それは第一に次のように問う、すなわち、〈在るもの〉は〈在るもの〉として一般に何で在るかと。この問の範囲に属する諸考察は哲学の歴史の経過の内でオントロギー

〈存在論〉という標題の下に到達する。〈在るもの〉とは何で在るかという問は同時に次のように問う。すなわち〈在るもの〉は最高の〈在るもの〉という意味に於ては如何なるものであり、そして又如何に在るかと。それは神的なるものと神とへの問である。この問の範囲は神論と称せられる。〈在るもの〉の存在への問の二形態的性格は、〈存在＝神＝論〉という標題の内へと取りまとめられる」。

存在＝神＝論は、この第一の最高の〈在るもの〉をイデアとして（プラトン）、不動の動者として（アリストテレス）、神として（中世哲学）、対象性として（デカルト）、権力への意志として（ニーチェ）、あるいはさらに技術として（現代）立て、その歴史を形成してきた。しかしハイデッガーによるとその存在＝神＝論にあっては重大な存在論的差異、つまり「存在」（Sein）と「存在者」「在るもの」（Seiendes）との区別が忘却され、その結果、存在が忘却されてきたのだとされる。そもそも「存在」は、この存在論的差異において、ある最高の存在者「在るもの」に顕われ輝くと同時に自らを隠し退去する。この存在の顕現と退去とが存在の歴史を成すのであるが、存在神論は上述のように、最高に「在るもの」、つまりイデア、不動の動者、神、対象性、権力への意志、技術などをその歴史的顕現の順によってしか考察せず「存在」を忘却してきたのである。ハイデッガーは、こうして存在忘却を存在＝神＝論の責めとする。しかし、ハイデッガーのいう存在の歴史からその存在の性格を考察すると、どういうことになるのであろうか。

存在は顕われ出ると同時に退去し隠れる。この存在の顕現―退去には、特別な歴史法則や価値や倫理上の指示あるいは意味づけがあるわけでもなく、それは全く存在のこととして、人は存在に委ねなければならない根源的なことなのである。現代のように技術が支配し、人間が用材として駆り立てられる「総かり立て体制」という存在の現われに遭っても、人はその非人間性を告発しつつ、どのように技術を克服し、次の人間的時代を新しく披いてゆくのかという解決策を見出すことはできない。つまり存在の新たな転回・顕現には無力であり、それは存在に委ねる外にないのである。(25)

以上のように考えると、ハイデッガーの存在は無記的であり、従ってその歴史には何らの生への積極的価値や他者への倫理性が見出されえまい。存在の歴史とは、如上の存在の性格の徹底化として存在の戯れ（Spiel）と言えるであろう。(26)

われわれは、トマスの「在らしめ在る」（esse）が、存在の現実態（actus essendi）として働くことを示した。その現実態的存在は、あらゆる形相や本性の限定を超えて〈在るもの〉に最内奥的に内在し、それを一なるもの（unum）として現実態化する。例えば、人間的規定「理性的動物」は人間の本性的限定であるが、その人間がこの〈在るもの〉として現実に一なる生命として在るのは、存在の現実態に拠るのである。それは指定質料によって個別化される数的一ではなく、あらゆる働きを伴って生きる実在的生命的現実としての一なる〈わたし〉に外なるまい。こうした存在は、質料・形相論（アリストテレス）を超えると同時に、さらに可能態＝現実態の相関的対を超越してゆく。そこに一方で超越概念が示すように存在論的他者の水平的多様と垂直的位階とを含む豊かな世界が拓ける（存在の類比など）。他方でこの現実態の絶・対こそ、あらゆる完全性を含む純粋現実態（actus purus）なのである。それを第一の〈在るもの〉・神として表象するや否や、ハイデッガーにすれば、それは最高の〈在るもの〉（Seiendes）として表象され、そこに存在が忘却され、存在＝神＝論が出現するということになろう。しかしトマスのいう actus purus は、決して存在＝神＝論に還元されない。それはむしろ存在＝神＝論を超える「神聖四文字」（Tetragrammaton）(27)、さらにはヘブライ的存在ハーヤーあるいは教父的エネルゲイアと連動してゆくと思われる。この点には今は立ち入れないが、トマスの存在理解が存在の本質主義（これは論理主義に移行する)、存在＝神＝論、無記的存在を超えて新たな存在の地平を披く契機となりえよう(28)。

(2) 認 識

われわれは近世的理性が能動知性の光を無視して構成的に働くこと、つまり対象産出的性格を核心として対象世界を構成することを見た。そしてその対象世界があくまで理性に構成された世界である限り、それは意識の〈外〉(他者、歴史、生活世界)などを現実に志向しえず、また意識の〈外〉で自・他の出会いが現成しえない、どこまでも意識内在的世界と言わざるをえない。しかもこの理性は数量化の記号によって物理科学的世界像を構成したのであった。その世界は一方で物体の第二次性質を棄て、形、量などの第一次性質に基づく以上、自然の香りも色も味もまたそれらへの感情と感動などが失せた世界といえよう。またそれは他方で科学技術知と連動すると、〈外〉の世界をその意識世界の法則と姿に改変し、人間中心の合理的な物質文明を創る道具的理性となろう。これに対してトマスは能動知性の光に拠りつつ存在の超越的にして内在的な地平を示し、われわれを形而上学的知と世界認識とに招いたのであった。そこでは存在、善、美、真、一性などが、類比的に世界を調和と固有性を通して輝かせている。この点はすでにふれたので、ここでトマスのいわゆる「親和的認識」(cognitio per connaturalitatem)に簡単にふれてみたい。

親和性(connaturalitas)とはどういうことか。トマスは判断との連関で親和性について語っている。すなわち、判断の正しさが生ずるのに二様の仕方があって、第一の仕方は理性の完全な使用に拠り、第二の仕方は判断されるべき事物との或る親和性に拠る。そう述べた後に親和的知の具体例を挙げる。例えば、倫理学を学んだ人は、節制などの倫理的徳に関しては、理性的探究を通して正しく判断できる。これに対し、すでに節制や勇気などの習性（第二の天性）をもっている人は、それらについてのある親和性を通して正しく判断できる。こうした倫理的領域からさらにトマスは神的領域における親和的認識へと精神的飛翔を遂げる。すなわち神的なものに関しては、一方で思弁神学的判断が成立する。他方でその神的なものを蒙る人（patiens）、つまりそれらと親和的あるいは共鳴的な関係（compassio）に入っている人、例えば神秘家や聖者は神的なものを正しく判断できる。その際、この共鳴的関係や親和性は神とわれわれを一致させる愛を通して生ずるとされる。そして神的なものへのこの正しい親和的判断こそ、聖霊の賜物としての知恵だというのである。(29)

以上の親和的認識のデッサンをさらに解説すると次のように語れよう。愛する人の意志・愛は、神的なものの本質を蒙り、その神的蒙り（本質）を自らの内にもち、それを通して神的な対象と親和している。その蒙りは、神的対象への特化された志向性として発現する。愛は作動因として理性に働きかけ、理性をこの特化された志向性に即して神的なもの（志向目的）へと動かし、理性はその神的志向対象を、意志・愛の目的として判断する。ところで対象が愛の目的として判断されることは、そこに単なる無機的非生命的事物に関する事実判断ではなく、愛や美や善などの欲求や価値の相貌をもつものへの親和的判断が成立することである。(30) こうしてトマスの理性は、思索観照に尽きず、愛がその本質的契機として働くといえる。そこにまた近代的理性に欠落する愛による認識の世界が拓け、万象が愛の彩りを帯びて現出するのである。(31)

(3) 言　語

周知のようにソシュールによれば、言語システムに先行するような言語記号（signe, つまり、意味的面と聴覚映像の両面をもつ）は存在しない。すべての記号は、時間や歴史を排した言語の共時的システム内の相互的差異・関係によって生ずる。例えば、夫と妻は、相互の差異的関係によって生ずる、あるいは差異的関係そのものといえる。システム外の歴史や人間は存在しない。つまり、P・リクールの言うように、如上の構造主義的な言語論にあっては、言語システムの内で一切の記号が成立するのであるから、その〈外〉なる他者は存在しないのである。二〇世紀の「言語論的転回」にあって際立つウィトゲンシュタイン言語論においても、「私の言語の限界が私の世界の限界を意味する」（『論理哲学論考』以下『論考』と記す。五・6）、従って「語りえないことについては、沈黙しなければならない」（『論考』七）のであった。そして「沈黙しなければならない」こととは、倫理的美的なもの、自我、死などであった。[32] こうした独我論的世界にあっては、トマスのいうensの影も見当たらない。われわれはただトマスが、「言語の限界」にぶつかり、それを超越しつつ、『神学大全』におけるような多彩な他者の世界を披いたことを指摘したい。そのことは、今日も依然、愛智にとって言語の限界に立つことの難しさとその突破の可能性を示唆してくれよう。「私の言語」や「言語システム」の〈外〉、つまり他的存在が問いとなる限り。

(4) 倫　理

カントなどでは、純粋理性の支配する現象界と実践理性の働く叡智界が分裂し、その統合の課題は今日に残された。つまりこの現実世界で考えその世界像（生活世界など）を吟味し、そこで自分の行為に責任をもって生きるという人間の全的生が分裂したまま残された。ところでトマスは超越概念である「在るもの」と善との実在的同一性に基づいて、存在と善、観想と実践との統合を出発点として全的人間の生の地平を披いたと言えよう。その地平において、共通善の次元が倫理にとって核心として拓けてくる。トマスは、公共的政体や協働態レヴェルの共通善、今日の地球化時代にとって重要な宇宙的秩序としての共通善、そして人間の超越的自己実現に関わる至福的共通善を次々と提案している。その中でも今日の巨大なエコノ＝テクノ＝ビュロクラシーに対して小協働態（例えば、大学や修道会、芸能協働態など）がもつ人間の共生と成熟の可能性を示唆している。(33) またその共通善思想が今日のコミュニタリアニズムの成立に大きく寄与していることは周知のことである。以上は、本書で後に論じたい（第三章）。

(5)　人間（ペルソナ）

今日の東アジア、殊に日本の集団的心性や共同体にとってペルソナ概念とその具体的人格は、人格や基本的人権、あるいは市民や民主主義の真の誕生にとって決定的なインパクトを与えうると思われる。それでは、トマスにあってペルソナは、どのような人間の地平を披くのか。この問いを二方向から考究したい。

その一は、ヘブライ＝キリスト教の伝統からである。その伝統においてペルソナの典型は、キリストであり、そのキリストは、一つの自存的実体に神性と人間という二つの本性を摂取統合して在る。この伝統的定式を今日的に再読すると、キリストは、神性という超越的無限（レヴィナス流には〈彼性〉）と汝と呼びかけ相まみえることのできる〈汝性〉とを秘めている。そして人間一人ひとりも、神《キリスト》の似像として、一方で無限な〈彼性〉と近みを生きる汝性とを秘めるペルソナ的隣人なのである。そのことは、私がペルソナと関わる時、ペルソナ的〈彼性〉は私に彼（女）を還元し支配しようとする私の思いや欲望を拒み、同時に汝として交流できる人格的対話的関わりの場を披く。このペルソナ的関係こそ、倫理さらに和と共生の根源といえよう。

その二は、ギリシア哲学的伝統に由来する。この伝統にあってトマスの引用するペルソナの定義は、ボエティウスに拠る。すなわち、「ペルソナは、理性的本性をもつ個別的実体である」[34]。この定義にあって、「理性的本性」はペルソナが他者の世界に関わるあらゆる可能性を示している[35]。しかしその関わる力働性たる自己超出は分散や分裂ではなく、開かれた自己同一性に基づくことが、「個別的実体」によって表現されている。実体論は自閉・自同を意味しがちであるが、ヘーゲルによれば、国家的実体がその主権の基礎であると言われる様に、同様にペルソナ的実体が基本的人権の基礎をなすと言えよう。こうしてペルソナはまた対話・討論ができる近代市民像や熟議的社会の核心である。

以上のようにわれわれは、トマス的理性の現代的意義を考究してきた。最後に、トマス哲（神）学が今日にどのような新たな展望を拓きうるか、どのような課題をもっているかについて一言したい。

間　奏

存在（esse）、〈在るもの〉が、本質主義的にさらには論理的一義的存在として理解される方位とは逆に、トマスは多義的で類比的な存在の現実性を開披していった。その現実態的存在理解は、前述のように教父的エネルゲイア、そしてそれを支えるヘブライ的存在（ハーヤー、エヒイェ）論（ハヤトロギア、エヒイェロギア）への展望を披くと思われる。逆に今日存在論が失墜している思索の状況にあっては、ハヤトロギアあるいはエヒイェロギアの展望でトマスを再理解できると思われる[36]。

他方で、トマス哲学がもつ課題や問題は歴史意識とその欠落である。哲（神）学がギリシア的ロゴスを中核に形成された論証的学である以上、そして学問的概念が一般に時間さえ空間化する表象である以上、歴史的自覚の貧困化は宿命的であろう。ただしここでいう歴史とは、物理的時間や暦に拠る線状的な過去―現在―未来という時間ではなく、出会い（例えば聖書的契約）のカイロス時を意味する。トマス哲学とこのカイロス時との関係は、新たな思索を呼びおこすに相違ない。

さらに如上の学的ロゴスと日常言語、さらには文学との関連が今日いよいよ緊急テーマになってきている。というのも、学的ロゴスが市民や少数者から遊離している時、歴史や他者に対して発言し関与《コミット》できないからである。その点で「小さな物語り」に関わる物語り論が、学的ロゴスと日常世界の架橋の手がかりを与えてくれよう(37)。それも「言語の限界」に挑戦することである。論者が如上のハヤトロギアを支える三人称完了形ハーヤーに依拠するよりも、一人称単数未完了エヒイェ（脱在）に拠ってエヒイェロギアを構想するのも、他者論や物語り論との関連を考慮してのことである。

以上の展望と問題系は結局、人間の自己認識および自己超越とそれに拠る根源的他者との出会いおよび相生の問いに落着するのである。

（1）『学会だより』No・88（二〇〇八年十月一日）号、上智大学哲学会。この問いをめぐってリーゼンフーバー師自身が、「存在への精神の自己超越―アンセルムスの『プロスロギオン』において」、あるいは「神認識の構造―トマス・アクイナスの神名論」などわれわれにとって開眼的で秀逸な論文を発表しておられる。両論文共に『中世における自由と超越』（創文社、一九八八年に所収）。

（2）この現代の悲劇的状況を分析開示した拙著を参照されたい。『他者の甦り―アウシュヴィッツからのエクソダス』（創文社、二〇〇八年）。

（3）Primo autem in conceptione intellectus cadit ens, quia secundum hoc unumquodque cognoscibile est, inquantum est actu, ut dicitur in IX Metaph. Unde ens est proprium objectum intellectus, et sic est primum intelligibile. *S. T.*, I, q. 5, a. 2, c.

（4） ens autem et essentia sunt quae primo intellectu concipiuntur, ut dicit Avicenna in principio suae Metaphysicae. *De Ente et Essentia*, 1.

（5） Illud autem quod primo intellectus concipit quasi notissimum, et in quo omnes conceptiones resolvit, est ens, ut Avicenna dicit ･･･. *De Veritate*, q. 1, a. 1, c.

（6） Ad tertium dicendum quod quamvis illa, quae sunt prima in genere eorum quae intellectus abstrahit a phantasmatibus, sint primo cognita a nobis, ut ens et unum; non tamen oportet quod illa quae sunt prima simpliciter, quae non continentur in ratione (genere) proprii objecti, sicut et ista. *Expositio super Boetium De Trinitate*, q. 1, a. 3, ad 3. なおボエティウス研究については、次著を参照。長倉久子訳注『神秘と学知』創文社、一九九六年。

（7） Alio modo secundum convenientiam unius entis ad aliud; et hoc quidem non potest esse nisi accipiatur aliquid quod natum est convenire cum omni ente. Hoc autem est anima ･･･

Convenientiam vero entis ad intellectum exprimat hoc nomen verum ･･･ Prima ergo comparatio entis ad intellectum est ut ens intellectui correspondeat: quae quidem correspondentia, adaequatio rei et intellectus dicitur. *De Veritate*, q. 1, a. 1. c.

（8） この点について多数のテキストがあるが、一例だけ挙げよう。Intellectus autem humani, qui est conjunctus corpori, proprium objectum est quidditas sive natura in materia corporali existens. *S. T.*, 1, q. 84, a. 7, c.

（9） Duplex est operatio intellectus. Una quae dicitur intelligentia indivisibilium ,qua cognoscitur de unaquaque re quid est. Alia vero est qua componit et dividit, scilicet enuntiationem formando. ･･･ Prima quidem operatio respicit ipsam naturam rei ･･･ Secunda operatio respicit ipsum esse rei ･･･. *Super Boetium De Trin.*, Lect. II, q. 1, a. 3, c.

（10） In qualibet propositione affirmativa vera, oportet quod praedicatum et subjectum significent idem secundum rem aliquo mode, et diversum secundum rationem. *S. T.*, I, q. 13, a. 12, c.

（11） Dicendum quod phantasmata et illuminantur ab intellectu agente, et iterum ab eis per virtutum intellectus agentis species intelligibiles abstrahunter. *S. T.*, I, q. 85, a. 1. ad 4.

（12） トマスはこの光の根拠性について次のように述べている。Nec tamen oportet quod etiam ipsum lumen inditum, sit primo a nobis cognitum. Non enim eo alia cognoscimus, sicut cognoscibili quod sit medium cognitionis, sed sicut eo quod facit alia cognoscibilia. Unde non oportet quod cognoscatur nisi in ipsis cognoscibilibus, sicut lux non oportet quod videatur ab oculo nisi in ipso colore illustrato. *Super Boet. De Trin.*, Prooem., q. 1, a. 3. ad 1.

(13) こういった知性認識論については、次の著作を参照。稲垣良典『トマス・アクィナス哲学の研究』創文社、一九七〇年。

(14) Ibid. Lect. II, q. 1, a. 1, c et a. 3, c.

(15) この点について、K・リーゼンフーバー「トマス・アクィナスにおける超越論的規定の展開」（『中世における自由と超越』創文社、一九九二年に所収）。

(16) Consequitur namque (veritas) intellectus operationem, secundum quod judicium intellectus est de re secundum quod est. Cognoscitur autem ab intellectu secundum quod intellectus reflectitur supra actum suum, non solum secundum quod cognoscit actum suum, sed secundum quod cognoscit proportionem eius ad rem: quod quidem cognosci non potest nisi cognita natura ipsius actus; quae cognosci non potest, nisi cognoscatur natura principii activi, quod est ipse intellectus, in cuius natura est ut rebus conformetur; unde secundum hoc cognoscit veritatem intellectus quod supra seipsum reflectitur ・・・ Sed reditus iste completur secundum quod cognoscunt essentias proprias ・・・. *De Veritate*, q. 1, a. 9, c.

(17) 岡部昌幸『名画は、ここを読む』（宝島社、二〇〇五年）。

(18) 荻上紘一「解析幾何学」（『日本大百科全書』4、小学館、一九八五年に所収）。

(19) デカルトの表象的思惟が、「考えるもの」としての主体を表象し、その実体化にも及ぶ（cogito me cogitare）というハイデッガー的解釈に対し、同じデカルトにおいて、表象的主体以前の非反省的な「見えない思惟」の地平（videor cogitare）、つまり死をも含む非表象的「他性」の地平を披こうとした論文に次のものがある。高橋哲哉「コギトの闇と光―デカルトと〈主体〉の問題」（『逆行のロゴス』未来社、一九九二年に所収）。

(20) Ohne Sinnlichkeit würde uns kein Gegenstand gegeben, und ohne Verstand keiner gedacht werden. Gedanken ohne Inhalt sind leer, Anschauungen ohne Begriffe sind blind. *Kritik der reinen Vernunft*, B75.

(21) 間主観性については、『デカルト的省察』（浜渦辰二訳、岩波文庫）を参照。

(22) ハイデッガー「形而上学の存在―神―論的様態」（『同一性と差異性』大江精志郎訳、〈選集10〉、理想社、一九六〇年に所収）、五二～五七頁。

（23）アドルノ『否定弁証法』（木田元他訳、作品社、一九九六年）、一九五～一九六頁。

（24）『道標』（辻村公一、H・ブフナー訳、ハイデッガー全集第九巻、創文社、一九八五年に所収）、五六〇頁。筆者は全集の訳文を参照・引用したが、「有」を「存在」に、「有るもの」を「在るもの」として本章に適合するよう改変した。

（25）これらの点に関しては、『ブレーメン講演とフライブルク講演』（森一郎、H・ブフナー訳、ハイデッガー全集第七九巻、創文社、二〇〇三年）を参照されたい。また「存在＝神＝論」については、前掲『他者の甦り』第二章を参照。

（26）ハイデッガーの「存在」の性格についての明晰な参考書として次の論文がある。岩田靖夫「存在への接近―ハイデッガーの根拠をめぐって」（山本信編『哲学の基本概念』、講座　哲学1、東京大学出版会、一九七三年に所収）。

（27）テトラグランマトンの実体性（Qui est）についてトマスは次のように語っている。

Hoc nomen Qui est nullum modum essendi determinat, sed se habet indeterminate ad omnes; et ideo nominat ipsum pelagus substantiae infinitum. *S. T.*, I, q. 13, a. 11. c. ここに形相性を超える存在の無限が拓けている点に注目されたい。

（28）存在神論とトマス存在論との関係については、J.-L. Marion, Saint Thomas d'Aquin et l'onto-théologie, dans *Revue Thomiste*, Janvier-Mars 1995, Toulouse を参考されたし。

（29）*S. T.*, II-II, q. 45, a. 2. c.

（30）親和的認識について次の著作、論文を参照。門脇佳吉「トマスにおける適合性による認識（三）」『上智大学哲学科紀要』第一三号。稲垣良典「親和性による認識」『トマス・アクィナス哲学の研究』、R.-T. Caldera, *Le Jugement par inclination chez Saint Thomas d'Aquin*, J. Vrin. 1980. J・マリタンは、芸術における親和的認識について語っている。*Creative Intuition in Art and Poetry*, The Harvill Press, 1960.

（31）聖フランシスコの「太陽讃歌」が、親和的認識の世界を典型的に示している。そこでは、太陽、月、星、風、火さらには死さえも兄弟姉妹と呼ばれ、神愛を分有した被造物一切が愛の相貌の下に現前している。

（32）L. Wittgenstein, *Tractatus logico - philosophicus*, Schriften 1, Frankfurt am Main, 1980.

（33）共通善については、次の拙論を参照。「協働態的公共圏の諸相とペルソナ――トマス・アクィナスの共通善哲学を手がかりとして」（宮本久雄／山脇直司編『公共哲学の古典と将来』東京大学出版会、二〇〇五年に所収）。

(34) *S. T.*, I, q. 29, a. 1, "Persona est rationalis naturae individua substantia."

(35) 人間理性の自己超出と他者との関係性とについては、L. - M. Regis, *St. Thomas and Epistemology*, Marquette University Press, 1946.

(36) ハヤトロギアについては、『キリスト教思想における存在論の問題』(有賀鐵太郎著作集4、創文社、一九八一年) 参照。エヒイェロギアについては、『他者の甦り』第四章を参照。

(37) 物語り論については、『他者との出会い』、『原初のことば』、『彼方からの声』(金泰昌／宮本久雄編著、シリーズ物語り論、東京大学出版会、二〇〇七年) を参照されたい。

第三章　協働態的公共圏の諸相とペルソナ

――トマス・アクィナスの共通善思想を手がかりに――

序

トマスは、「在るもの」（ens）を在らしめ現実化させるesseの現実性（actus essendi）の地平を拔いた。その現実的esseは、「在るもの」の最内奥にあってそれ固有の働きを可能とし、その諸々の完全性の横溢の根拠なのであった。そして、この現実性が他を魅了し、万有から希求され、また自らの完全性を他に分かち与える時、それは善（Bonum）と呼ばれる。それ故、トマスは、「在るもの」と「善」は互いに置き換えられるという。そこには、カント的な現象的存在と叡智界の善との分裂の影はない。このトマスの善の地平において、本章の主眼は、今や歴史上終末的危機にさらされている人間の協働態的相生とそこにおける人間の可能性を考察することになる。(1)それは同時にトマスの協働態論および人間論の今日的可能性の探求を論究することにもなる。以上の二点をふまえた上で、まず表題の意義を大略示しておきたい。

「協働態的公共圏」とは、家族から自然宇宙あるいは精神的共存圏をも射程に入れる現実的な共生の圏域を意味している。次に「ペルソナ」とは、普通「人格」と邦訳されるラテン語ではあるが、本論では「個人」（individual）から区別され自・他論に基づく公共圏論の中核となる主体の意味で用いられる。(2)それを人格と表記せずにラテン語音読するのは、後述するようにトマスにあってペルソナが神や分離知性実体をも意味するからである。このような公共圏という現実とペルソナ的主体を結ぶ鍵語こそ、上述の「善」の地平における「共通善」(bonum commune)に外ならない。それは、一体どういうことであろうか。

公共圏との関連でいえば、トマスにあって共通善こそその基盤であり、目的なのである。それではまず第一に、上述の「善」の観念をさらに考察してみたい。「善とはすべてのものが欲求するものである[3]」とか、「善は存在が表明しない、欲求されるという観念(appetibilitas)を表明している[4]」と語られる。欲求との関連で語られるこのような善の定義は、実は定義ではないのである。というのも、この定義は、「すべてのものが欲求する」という外在的関係を言表するだけで、何ら善の内実を解明していないからである。とすると、トマスの善概念は「欲求する主体」が欲するものは皆善ということになり、彼の恣意に依存する全く主観的表明ということになりかねない。果たしてそうであろうか。彼は他面次のように言う。「すべてのものはその完全性を欲求するので、個々のものは完全である点で欲求される(appetibile)のである[5]」と。そして事物の完全性の根拠を先述のように「存在するもの」(ens)の存在現実態(actus essendi)においている。従ってトマスにあって善とは、存在の質・属性・完全性というようなある客観的現実性に根差していることが理解される。ただしその客観的現実存在がわれわれの理性把握や欲求的志向を超える無限の射程を示すところから、善(存在の現実的完全態)を欲求との外在的関係でしか示しえなかったのである。そうした善概念にあってここで注目すべき第二点は、善のひろがりの無限性とそれに応じて欲求するわれわれの欲求的志向の無限性とである。そこから「共通善」を核心とする公共圏も有限な個人から小協働態、国民国家や歴史、さらに宇宙自然そしていや果ては神的圏域に至るひろがりをみせているわけである。それではこの圏域の広大さに対して、ペルソナはどう関わるのであろうか。

「ペルソナ」の詳細は後述するとして、今ペルソナは共通善を「欲求する者」(appetant) として理解される。ところで、共通善の定義によっては何ら内実的な質や構造や理由が示されたわけではなく、それが欲求されるものである限り、いわば欲求する者との緊張関係で善の内実が明らかになるともいえる。けれども衆愚の欲求が即「善」の内実を確実に示す志向的基準とはいえない。そこで善を解明するためには「欲求する者」たちの欲求の相互的共鳴 (per-sonare、各人を通じて響いてくる声) を参照して、その方向に善を志向してゆくことが一大方策となろう。さらにいえば、欲求者の卓越性・徳 (virtus) に従って、その徳の志向する方位に互いに共通な善を求めることが肝要となろう。つまり、そのことは共通善は予め規定されて努力目標として示されるのではなく、有徳な欲求者たちの共鳴と合意による共通の声の響く方位に創出されてゆく面をもつということを意味しよう。こうして共通善は、善の諸相および理解され欲求される個別的諸善を超えて無限に人間の欲求をひきよせるひろがりをもってくる。しかし、だからと言って、共通善は純粋に主観的要求者の創出ではなく、先述のように「在るもの」の現実性に基づく客観的な完全性・質をやどしている。そこにいわば主・客的緊張関係があり、そしてその関係的差異化によってその都度善が規定され求められてゆくといえる。

以上のように善も欲求も無限と言える差異的関係にあるが、トマスは、有徳な欲求者の欲求が窮極的終末論的に合致落在する共通善を至高善とした。そしてこの至高善への欲求志向の動態は、アウグスティヌスによってすでに見事に語られている。「わたしたちの心は、あなたのうちに落在するまで、安らぎをうることはできない」(6)と。

そこで以下の考究を通して、欲求が披く共通善とそれに相即する公共圏の諸相を、ペルソナ、政体 (politia) または社会 (societas)、宇宙自然 (universum)、至福 (Beatitudo)、超越的協働態 (大学、修道制など) の順で考究してゆきたい。

一　ペルソナ（persona）の成立と善の地平

善を欲求し、相互に共通善として認め合う有徳な人間主体をペルソナとする時、ペルソナこそ共通善成立の一つの極と成る。そのペルソナの成立を考究する際、無限な善に志向する欲求者自身とペルソナとの関係をまず考察しておきたい。

（1）共通善と欲求者との弁証法的関係

トマスはしばしば欲求者と彼が志向する共通善との関係を、部分と全体との関わりとして言いかえている。しかし部分―全体関係は決して部分が全体に吸収解消されたり、全体の手段や一契機や犠牲になったりする全体主義的同化を意味するのではなく、部分が全体に与る、または全体を分有する（participare）という分有関係を表明しているのである。(7) トマス存在論にプラトン的分有論を洞察して強調したのは、C・ファブロである。(8) プラトンの分有論の場合は、『国家』中「太陽の比喩」に窺われるように、事物さらに人間は「善のイデア」から「存在」と「イデア的知」を分有する。ところでプラトンの場合、世界における存在の存在性は、アリストテレスに対比されるように現実性をもたず夢幻的であるといってよい。これに対してトマスの分有論は、現実態存在（esse）の分有なのであり、その存在は世界内で生成変化する「在るもの」といえども実体的形相に裏打ちされた現実存在に外ならない。すなわち、トマスはアリストテレスの運動論的存在論の存在を「無からの創造」論によって根底的に見直し、一切の「在るもの」は神である純粋現実態、存在そのもの（actus purus, ipsum esse）

の分有によって無から在らしめられ、つまり創造されて在り働くとした。従って「行為し欲求する者である人間」は、神的純粋存在の分有によって与えられた自らの存在に支えられて働くのである。その限り存在の分有は、純粋存在に似た創造的働きの分有でもあるといえる。ところで、人間におけるこの存在と働きの分有は、不完全である以上、何らかの仕方で一層高次な存在と働きを分かち有《も》とうという欲求へと展開する。こうして高次の完全性をもつ存在、つまり共通善を分有しようとする欲求者の欲求は、全体と部分関係で語られる。しかしその関係は決して静態的でなく、全体をある仕方で創出して働きつつ、全体から何らかの善を得てくるという動態的性格をおびるわけである。その場合、当面の全体である共通善といっても欲求者に直ちに全面的に明らかな目的として定義・定立されてあるわけではない。そこで先述のように、欲求者はより高次の存在の完全性を分有しようとし、自らの欲求の働きや力量を徳へと高め、さらに他者に自らの欲求の声を響かせ、逆に他者の欲求の声に自らを開き共鳴しつつ（per-sonare）、協働して協働態的な共通善を探求し創出してゆくわけである。しかも、この共通善の射程は無限であるから、欲求者は個人にせよ協働態にせよ、絶えず自らの欲求の質を吟味し相対化しつつ、歴史において蓄積された善に関する経験や倫理的思潮、さらには文化・文明上の遺産などを参照して学んでゆく必要があろう。こうして善の客観的な完全性の諸相とそれに与ろうとする欲求は緊張関係を保ちつつ、欲求者は共通善やそれに拠る公共圏の探索にのりだしてゆくわけである。

（2）ペルソナの成立

しかし、他方で外的善に与るこの欲求者がかかえる非善、つまり罪業や虚無性に関して、トマスは重大な洞察を示している。それはどういうことか。

それは人間の歴史が示すように、人間は共通善を求める大義のため、あるいは共通善の協働的探求とは裏腹に、自己の私利私欲を求めて相戦い他者を殺りくし、また逆に自己さえも傷つけて絶望し、こうして底知れぬ自己分裂に陥っているとも言える。そこには善への意志や欲求を何か虚無化する強力な悪の力が働いているともみえる。この力を実体として考えるか（マニ教の善悪二元論やマルクスの私有財産制、エコノ＝テクノ＝ビュロクラシーなど）、あるいは虚無化・倒錯として理解するか（アウグスティヌスにおける意志の倒錯、エコノ＝テクノ＝ビュロクラシーを現出させる虚無など）、様々な悪の力に関する原因理解とその克服の方策がねらわれている。トマスは、悪の問題に関して原罪との関連で人間本性の頽落（natura corrupta）を洞察している。(9) われわれはここで特殊なキリスト教神学の問題に立ち入るわけにはゆかない。むしろ、トマスの言う人間本性の頽落を、同時に彼の言う人間の社会性（natura socialis）と重ね合わせて現象学的に考察したい。その際、二つ論点があげられよう。

一つは、人間は本性的に社会的であると言われるとき、人間が生まれてから社会を媒介にしてはじめて人間になりうるということを意味する。とすると、人間は生まれて以来、社会的身分的差別、性的あるいは人種的抑圧などの様々な暴力・悪の汚染の中でいわばアプリオリに育ち、それらの暴力を学習し体現してゆく、あるいは逆に暴力に対する自己防衛の力を身につけなければならない。こうして人はすでに社会的な反共通善の権力や組織などの場に投げ出されてあり、その社会的悪の力に個々人は無力であるといわざるをえない。

二つは、しかしこの社会的暴力が自己のうちにも実存的に体現されていると自覚するとき、自己の内面裡に善き意志と悪しき意志の分裂が同時に自覚され葛藤が生ずる。善き意志欲求は他者と協働して共通善を志向するのに対し、悪しき欲求は他者と協働する志向を破壊し、自己中心の自同的世界を内面の王国として構築しようとする。(10)(11) しかし善意志は、この内面的自己中心性を突破して他者を志向しようとするが、志向するほどに逆に志向が無力であることを痛感せざるをえない。そうした自己の志向力では実現しえない他者との出会いや共通善の世界は、どのように現成するのか。この問いが古来から現代に至るまで、他者と公共圏を創造してゆく上で、根底的な第一歩として問われているといっても過言ではない。その詳細に今は入れないが、まず悪へと向かい自同的自己の構築によって他者を抹殺しようとする志向が挫折し、逆転的志向（contre-intentionnalité）が立ち現われるとき、他者が異として自己に現存し始めるのである。(12) ここで逆転的志向とは、自己の志向性の集約的ロゴス的力の予知や方位が破れ、それとは全く異なった他者が予測できない仕方で一方的に到来する接近であり、より大いなる志向であり、まさに他者体験といえる。従って逆転的志向によるこの他者の到来は、自己中心的自同志向を破り、分裂している自己を善意志へと統合化して癒す、無償の恩恵（gratia）の体験として古来から物語られてきたのである。(13) それは自己の分裂における和解の体験でもあり、それまで他者に暴力をふるってきた自己分裂に対する赦しの体験ともいえる。

この他者の一方的関わりの根源に、トマスは神的ペルソナの関与を洞察する。特にその関与は、イエス体験として生ずる。そのイエス体験にあっては、次のような二面性をもつ重大な他者経験が生ずる。一つは、神なるキリスト、つまり絶対的超越的他者としてのペルソナ体験であり、次に受難し抹殺されゆく弱者としての人間イエスに関わるペルソナ的他者体験である。この二面的他者体験を、現代のわれわれは何か絶対的に自分と異なる他者との関わりか、あるいはレヴィナスのいう「顔」のように暴力にさらされたペルソナ的人間的他者の呼びかけとして理解できる。というのも、ペルソナはその人を通して根本語（善、真、愛など）が響き語られる（person-are）他者だからである。そこにこの他者の呼びかけに応える自己もペルソナとして成立してくるといえる。このようにして自己の内面に対話が始まる。それは恩恵体験を媒介にした内面における他者の現存との根本語に拠る対話であり、この対話によって人間はペルソナとして自律しうる。なぜなら、その場合、外的事物や雑語に拠らず、自己の内面に自律的言語空間が生まれ、そここそさらに〈外〉なる他者たちと交流協働しうる根拠となるからである。これはH・アーレントのいう権力に操作される孤立（loneliness）ではなく、そこに抵抗しうる「一者の中の二人」、すなわち孤独（solitude）といえよう。[14] この他者体験を通して次に注目されるべきことは、欲求の質の高まり・向上である。その高まりは勿論善志向の高まりなので、それをトマス的存在論を援用して解釈してみよう。

絶対的な意味で私の予知や志向を超える異なる他者こそ、私の自同性を構成する知のカテゴリー網や志向的対象所有を破って到来する。この他者との出会いによって、私の存在はその自閉的自同から解放され、他者と共により一層現実的な存在に与ってゆく。その意味でトマスによるとそれは、人間存在の根底において起こる恩恵体験であり、存在論的高揚（elevatio ontologica）ともいえる。それはつまり、善き行為のむくいとしてではなく、いわば無から自己が新しい存在に再構成されるというのである。[15] その新しい自己存在は、欲求され他者から与えられた善存在なのであるから、自己に起こる恩恵体験とは他者の善性への与りともいえよう。こうして人間存在は何らかの仕方で高まり、[16] 一層高次の善を分有すべく欲求の質も高まってゆく。ただここで注意しなければならないのは、一層高次の善とか欲求といわれるとき、その比較級（～より善い）の基準はあくまで「他者」だということである。

このようにして恩恵体験によって、一方で他者と出会い・対話協働し、そこに生ずる内的交流圏（communitas）と他方でそうした内面に拠って孤独のうちにしかも自由に生きうる自律性とが成立し、その両者を兼備するペルソナが自立してくる。それは自己分裂のかわりに他者と内的対話をなしつつ善を分有する内的公共圏の自立といってもよいであろう。そこに今日的対立概念・コミュニタリアニズムとリベラリズムが調和し、両者が同時に現成する地平を窺うこともできるのである。

(3) ペルソナと他者への開放性

以上のペルソナの成立とその含意について、次に二点だけ補足的説明を加えておきたい。

まず第一に、ペルソナは人格という意味をもつが、その場合それは、ホッブスやロックやルソーがいう自由で平等なアトム的個人を意味するわけではないということである。すなわち、彼らは政治社会・国家がこれら個人の社会契約によって人工的に作為されると考える。その限り、個人は近代的個人であり、絶対的な意味での社会構成主体なのである。[17] これに対して、ペルソナは本性自然的に社会的動物（animal sociale）と考えられる限り、彼はいわばすでに社会的存在であること、言いかえると社会において社会に媒介されてはじめて人間に成りうることが意味されている。それの含意をさらにパラフレイズすると、「フランス人権宣言」（一七八九年）の主張するような人間としての人間一般に属する抽象的な人権や自然（法）権が人間の完全性なのではなく、彼が社会に市民として生まれて記入され成育して働いてはじめて人権や自然権といわれる社会性を獲得し、市民として生きうるのだということである。この点は、H・アーレントが難民などの無国籍者が、人間であるのにどれほど基本的人権や自然権と無縁に生きなければならないかということを自ら体験して実証している。[18] 従って人権や自然権といわれる公共善の自覚と獲得のために、ペルソナの社会関係の在り方および社会教育や人権に関する歴史教育が重大となってこよう。

次にトマスにおけるこのようなペルソナの社会的本性（natura socialis）の意味も、彼の哲学的師匠であるアリストテレスの社会的人間理解と余程異なってくる。すなわち、トマスにあっては、自然本性は無からの創造によって現実に在らしめられているのである。その際、アリストテレスの宇宙永遠創成説に対比して言われる宇宙自然の「無からの創造」とは、トマスにあって「ある新しさ、または始めを伴う被造物と創造者との関係」[19]、つまり新たな存在関係に外ならない。言いかえると、神・純粋現実存在の創造の働きとは、新たな存在関係を創ることであるという。人間本性もこの純粋存在に与って在る限り、つまり「神の似像」(imago Dei) である限り、彼が他者と共に新たな関係を創り共に在ることこそ、彼の存在本性を構成するのである。そして徳によりさらに恩恵体験により存在がある仕方で向上すればするほどに、彼は他者と協働して共通善を志向してゆきうるのである。だからトマスにあっては、人間の社会性と「無からの創造」は根源的に連動する。

以上のようにトマスの協働態的公共圏創造に向けての「共通善」思想の根幹には、ペルソナの形成という根源的な人間的自己の自覚およびその形成への問いがひそんでいる。それは何よりもまず他者と共生しえない人間存在の分裂と倒錯という罪悪に直面する問いとして深刻に提出される。そこに自己と自己とのアゴーン（闘争）ともいうべき自己再生のドラマが窺われる。その罪悪志向の逆転が、他者との出会いという恩恵体験であり、そこで分裂していた自己と自己との和解と他者の発見が現成する。これが義化 (justificatio) といわれ、人間の内面的正義の成立なのであり[20]、自己と自己とのある種のコイノーニアであり、内的共通善世界・公共圏の成立ともいえよう。そのペルソナこそ、他者・善の欲求者としてさらに大いなる全体善に分有してゆく部分としての動的位格なのである。そして「序」で示したように、ペルソナは同時にかけがえのない自由主義者であると同時にコミュニタリアンなのであり、すでにアゴーンでありかつコイノーニアなのである。

二　公共的政体・協働態の成立と共通善

「一二」でペルソナの理念が示された後に、その内的共通善を実現し自律してゆくペルソナが、どのように他の人々と協働してさらに大いなる共通善に与りながら、協働的公共圏を創出してゆくかがこれから問われる。その問いはどのようにペルソナを育成し、善・悪の志向に葛藤闘争する人間関係に平和と和解の統一をもたらすのかという徳論や法論をも含めて、まず政体・社会論として展開しよう。

トマスは広義の政体や社会を、ギリシア的ポリスや今日的国民国家（Nation State）とは異なった意味で、regnum, societas, dominium, civitas, Res Publica, regimen, politia などとして示している。今はその内実を政体論から出発して考究したい。

（1）　混合政体論と市民の共通善

トマスはアリストテレスの『政治学』や『ニコマコス倫理学』第八巻十章の人間・社会論に拠って諸政体を考察している。その考察を彼の『君主政体論』を紹介しながら、検討してみよう[21]。

政体は多様に区別されるが、その区別基準の第一は、政体の正・不正であって、統治者が自由な民を共通善に導くとき正しく、個人的利益・善を求めるとき不正とされる。第二の基準は、統治者の数（一人、少数、多数）であるとされる。以上の二基準を援用して、最悪の政体から最善の政体への序列が決定される。最悪の政体は、僭主制（tyrannis）であり、独裁者が自分の利益だけを求めて民の共通善を求めない。次に寡頭制（oligarchia）

が悪しとされる。というのも、そこでは少数支配者が、民を抑圧して富を独占するからであって、僭主制とは支配者の数だけが異なるに過ぎない。次に民主制（democratia）が悪しとされる。なぜならそこでは貧困な多数者が権力を握って、富裕者を抑圧するからである。次に民主制に対応する正しい政体が挙げられる。それは国制（politia）と呼ばれ、例として管区（provincia）あるいは社会（civitas）において多数の武人が支配するような場合であって、そこでは管区や社会を敵から守るという共通善追求のために、戦争的徳をもつ武人たちの支配権の分有がイメージされている。これよりも一層善い政体は、貴族制（aristocratia）であって、有徳な少数者による支配である。そして最善の政体は王・君主制（regnum）とされる。その際、多数者よりも一者の支配が優先されることがまず問題となる。そこで政治的社会的動物（animal sociale et politicum）の共通善である「平和的統一」（unitas pacis）実現のために、統合された力量（virtus unita）を体験する一人の王の方が、多数者より政治的社会的平和をもたらすのに有効であるとか、自然本性的世界では頭が身体の諸部分を支配するように一者支配が適切であるとか、様々な一者支配の正当化の理由が示される。しかし一者支配の場合、容易に王制は僭主制に堕落してしまうので、第二にその堕落のチェック基準として王の徳性が問題とされるのである[22]。つまり共通善実現にどれほど献身できるかという王・君主の徳性が問題となる。トマスの場合、王の徳性のモデルは究極的には摂理によって世界を統治する王である神に求められる[23]。すなわち、神が世界を善美な統一秩序体へ創造し、しかしその秩序を破って堕落した人間に対してキリスト（神の子）の十字架を通して和解を働きかけ、地上の世界を終末的栄光に変容させるべく世界を導くように、王も王制や社会の構築および人間関係の和解や協働また社会の平和的統一さらに最高善にあたる共通善、つまり永遠の至福にまで民の生を方向づける指導をなすことが求められる。それが実現されればその王の働きは神的王の働きへの倣い、その分有となるわけである。このような理想化された有徳な王とその支配が『君主論』の主旨の一つになっている。それはその表題が示すように『君主論』の議論の枠組によるので、後に書かれた『神学大全』（第一—二部）を考察すると全く別な視点で政体論が展開されている[24]。

そこでトマスは、ある社会や集団（gens）における政体の善き秩序づけについて、二つの点を注目している。その一つは、すべての人が支配権（principatus）を分有して（habere partem）、それによって民の平和が保たれるということを強調する。そこには、政体の支配権を全体とみて、それに分有する部分としての各人民の全体—部分の分有的動態が示されており、部分による全体の創出という協働的な共通善参画の力学が秘められているといえる。それはまた部分が全体に与ってゆくことによる部分の自己超出という公共的地平の拓けでもある。

その点を念頭において、善き政体の秩序づけの第二点に注目すると、そこには『君主論』で論じられた政体とは異なる政体の種別が語られている。すなわち、まずトマスは、有徳なリーダー一人による支配（regimen）とその下におけるやはり有徳な支配者たちの協働体制、つまり王制と貴族制の協働を最善の秩序づけられた政体として示す。しかし彼は先述の第一点に基づき、あらゆる人々の中から、あらゆる人々によってリーダーが選ばれるので、そこに人民主権という意味での民主制の重要性を際立たせるのである。リーダー選出はこうして民の中からなされえ、また選出権は民に属する。従って、トマスにあって最善の政体（optima politia）とは、王制と貴族制と民主制がよく混合された政体（bene commixta ex regno ... et aristocratia ... et ex democratia）に外ならない。そしてその基盤こそ、選挙制であると言うのである。こうして被選挙権と選挙権とは共通善・公共圏の創出の契機であると同時に、民衆の一人ひとりの自己超越、つまり有徳的向上との契機であるといえよう。

以上のように考究してくると、トマスのいう Res Publica とは、十字架を担ってまで人間世界の和解と統治に献身するリーダーと彼の有徳無私なブレインたちに統治された公共圏であって、その理念は神の主権的統治の分有にある公共圏であるといえる。この分有は中世的に言いかえれば、神によるリーダーの選びともいえる。しかしトマスは、神による選びが民の選挙を基盤にし媒介にするという基本線は固く維持する。というのも、このRes Publica的公共圏は、民の共通善に向けられ統治されるからである。このように選挙をするペルソナたちが主権をもち、かつ彼らの協働によって成立する公共圏は、国民―領土―国家という三位一体的構造を成す後の国民国家とは区別される。むしろそれは国家や王国などの中における協働態、例えば教会、大学、修道会、小王国、都市協働態という様々な中間的公共形態をとりうると思われる。勿論トマスはそこまで直接言及しないが、彼のいう公共圏論の可能的地平はそこにまで拓けるのである。(25)

こうして民が支配権（potestatus）を分有し、共通善を創出するという、いわば混合政体論は、共通善に違反・背離するリーダーの忌避・罷免権をも含意する。

『命題論集注解』にはこの罷免・解任権に関して当時としてはかなりラディカルに論ぜられている。(26)その論題は「キリスト教徒は、俗権、殊に僭主制に従うべきであるか否か」である。そこでトマスは「支配権の優先秩序」（ordo praelationis）が神に由来する限り、人はその支配権に従う義務があるとし、他方で義務でない二つの例外を挙げている。一つは支配権を得る仕方に関し、二つ目は支配権の行使に関して、である。第一の支配権獲得法に関して二様の欠陥・誤りが指摘される。一つ目は、支配者の人格が支配の座につくにふさわしくないという欠陥的ケースである。しかしこの場合、支配秩序そのものは神に由来していると考えられるので、それは何らかの欠陥をもつ支配者から取り去られない。二つ目は、暴力や何らかの不法な仕方で支配権を得る仕方そのものの欠陥に関わる。この場合、人民の合意あるいは一層高次の権威を通してこの支配者を罷免できる。続いてトマスは次の支配権の濫用に関して二つの欠陥を指摘する。一つ目は、支配者の命令がそもそも支配秩序の目的に反する欠陥的ケースである。この場合は支配者に従ってはならないとされる。二つ目は、支配権の及ばないことを支配者が強制する場合である。例えば税金を規程以上に取り立てる場合が挙げられる。この場合も支配者に従ってはならないとされる。『神学大全』では、以上のような共通善に反する支配者と政体に対して抵抗すべきであるとされ、そうした体制に対する抵抗運動や無秩序化（perturbatio huius regiminis）さえ、公共善に反する反乱（seditio）とはみなされないとされる。(27)

今や民の協働態的公共圏の内実が大略示されたので、次にそうした公共圏の創出とその成員である市民の育成とに関わる法（lex）と徳（virtus）について簡潔に考究しよう。

(2) 法による市民の教育と共通善

トマスは法を次のように規定している。「法とは理性が共通善に向けて創出する或る秩序づけであって、社会的公共圏（communitas）に関して配慮する者によって公布されたものに外ならない(28)」と。この定義は事実上実定法・人定法（lex humana）のそれであって、その意味で法は共通善の実現にふさわしいように書かれ（scripta）、民に向けて公布されたテキストなのである。それでは次にそこで意味される公共善とは何か、そしてこの公共善を実現する人間の条件や資格とはどういうものかが問われてくる。

第一に、実定法が目指す社会的公共圏の共通善というのは、「社会の現世的な平穏さ」（temporalis taranquillitas civitatis）とか、「平和的統一」（unitas pacis）とか、「社会の交流」（communitas civitatis）と語られている。(29)従って社会的リーダーは、その社会的体制の違いに応じて（王制、貴族制、民主制など）、上述の共通善を実現するように求められているし、民の一人ひとりもそうした共通善創出のため、個別的で私的な善を超越してゆくように求められるわけである。[30] ただし法はあくまで人間の外的行為の規範・尺度であることを本義とするので、人間の内面的圏域・精神的働きにまでその要求を強制することはない。もし法が精神・思想の規制にまでのり出すならば、そうした法とそれを支える政体は悪法・独裁制であって民によって廃絶されなければならない。

法は如上の目的と限界の下に課せられるが、その場合対象は、余り有徳とはいえない多くの民衆である。それは日常善人であると同時に小さないさかいもすれば嘘もつきながら、ささやかな幸福を享受して共に生きる大多数の人々である。そこではあらゆる悪徳が法によって禁じられるわけではなく、大多数の人々が日常生活で避けることのできる重犯罪や悪徳が禁じられる。すなわち、社会の平和維持と人々の平和的交流を損ない他者を害すような殺人や盗みや虚偽などが禁止されるわけである。[31] このように法は、市民や民衆に対して決してそのペルソナ的な内的恩恵や対話的自律圏へ干渉しないこと、そして対他関係を損ない破綻させる意味での犯罪・悪徳行為を禁止することの二点が示された。さらに公布・公示されたこの禁止条項が適切にまもられるように、強制力を伴った罰則条項も付加されてくるわけである。

以上のようにトマスは、法が直接外的行為を対象にするといっても、それが遵守される場をやはりペルソナ的良心に求めている。[32] その場は良心のフォーラム（forum conscientiae）といわれ、良心が con + scientia（共なる知）という意味をもち対話的内的圏域をも含意する限り、やはりペルソナの内的な対話的公共圏を示すといえよう。だから市民が法を遵守する基礎をペルソナ的内面におく点は、後世の人格主義的社会論や西欧型民主主義の基盤・範型となってくるといえる。トマスにあってこうした民衆・市民の独立的公共圏創出の尊重は、リーダー型指導や公的な法的関係とは別に実際生活で真に生きられている「習慣」（consuetudo）や慣習法の尊重にも表われている。[33]

ところで社会が、私的善から不断に社会的公共圏の共通善へ自己超越する個人の市民性からだけでなく、そのペルソナ性からも成立している点に最後に注目しなければならない。それは社会やその市民がそのレヴェルを超えたさらに大いなる神的ともいえる共通善に開放されているという点である。その一端を垣間見させてくれるのが、これまで様々な誤解を生んできた自然法（lex naturalis）である。

（3）自然法の分有の意義と共通善

先に王制にふれたとき、地上の王は世界宇宙を統宰する、自己犠牲的で恩恵にみちた天の王、つまり、神に倣いその愛を分有して無私に民に奉献する者であるという理想が示された。それと全く同様に各市民は、天の主宰的王の統宰（providentia）を分有して自・他の人間関係において主宰する者（providens）になるべく呼ばれているとされる。[34] それは各市民の生の規範と理念（ratio）が一社会・一集団に充足してしまう自閉を破り、さらに他の社会や国家・国民と協働し、また一層広い公共圏、すなわち、異文化や異文明、自然や宇宙、あるいは精神界にまで超越して自己開放する無限な方位とエネルギーを秘めていることを示している。言いかえれば、市民も市民でありかつ人間として無限の公共善の分有に自己超出しうる。トマスはこのような社会的人間に拓けている無限な善への分有を、すなわち、世界史的宇宙的次元に広がる共通善を目指す統宰の理念および規範の分有を自然法と呼んでいる。そしてその分有を法という様式に展開する媒介が、実践理性に外ならない。[35]

実践理性の働きは思弁理性と類比的に説明される。すなわち、思弁理性にあって命題から思弁的三段論法的推理によって結論が出されるように、実践的世界にあって実践理性はある実践的行為の原理から結論を出してそれを実践するために、命題から出発して実践的三段論法の推理を経る[36]。そこでトマスは「行為にまで秩序づけられた実践理性の普遍的法則」が「法」を意味するとしている[37]。さらにこの「法」理解を承ける形で、「自然法とは、理性によって構成されたあるもの」(lex naturalis est aliguid per rationem constitutum) とまで述べている[38]。われわれは一般に、自然法という言葉によって、それがすでに普遍的法規範として人間の実践世界に絶対的に明晰判明な命題の形で与えられた法を連想するであろうし、あるいは「永遠法」から演繹的に導出されて「実定法」を支配する、不変不動な固定的一般原則と思い込みがちである。

しかしトマスは、自然法が一方で自明的 (per se nota) 命題だとしながらも、逆にそれが「理性によって構成される」としているのである。そこの一見矛盾にみちた言明において何が語られているのであろうか。

この問題を考究するため、「行為にまで秩序づけられた普遍的法則」、すなわち自然法を創出し言表する実践理性の働きと構造をまず吟味したい。思弁理性が「存在」をまず了解するように、実践理性は第一に目的として善を了解する。その善了解は先述のように「善とはすべてのものが欲求するもの」と定義されたように、いわば内実のない無規定的了解であり、言いかえれば善の内実は、理性把握を超える無限な完全性を内包し、その内実の規定は様々なレヴェルと様式によって理性に任せられているのである。この善了解が実践的現場にあって展開すると直ちに「善は実行され追求されるべく、悪は避けられるべし」という自然法の第一命法が成立する。そしてこの第一命法に準じて実践的自然法的命法が形成されるのである。その形成は、目的としての善に人が自然本性的な傾向をもつ点に発する。すなわち、実践理性は人間の自然本性的な諸傾向・欲求に秩序・順序を見出し、それを自然の法自体の秩序の基準とするのである[39]。この秩序にあってまず人間の本性的傾向性は、根底的に「あらゆる実体存在(唯一的存在)と交流する本性的次元に即して」善に向かう。言いかえると、人間は「存在」の交流圏に善を欲求し、従って自・他共に「在ること」(esse)の維持を欲求する。そこから実践理性は、この唯一的存在欲求の内奥に、「人の生命を尊重すべし」という自然の法を見出すわけである。トマスは人間的実体生命の尊重にこの自然の法を限定しているようであるが、今日地球的生命の連帯が強調される時代に仏教のいう生類憐れみ・動物の生命の尊重さらにエコロジー的視点も容れて考えると、植物樹木の生命の尊重も、ある仕方で「自然の法」の補足項に加えられる可能性も検討されよう。

第二の自然本性的傾向は、動物との交流次元における善の欲求として現成する。その欲求の中に実践理性は「結婚・出産」や「子供の教育」に関する自然の法を見出すという。

第三の自然本性的傾向は、理性的本性との交流次元における善の欲求として現成する。その欲求の内奥に実践理性は「神に関する真理の知」や「社会生活を営むこと」などをめぐる自然の法を見出すとされる。「社会生活」上の善き習慣(mores boni)については、トマスは十誡の「道徳的掟」(moralia)(「殺すなかれ」「他人の所有物を奪うなかれ」など)を引用しており、また神に関する掟としては、神的啓示との交流次元において実践理性が見出す自然の法(「偶像を刻むなかれ」「神名を虚しく呼ぶなかれ」など)を挙げている[40]。

以上のような自然法の成立プロセスにおいて特筆すべき三点をさしあたり挙げておきたい。その第一点は、「存在」に基づく善の無限な客観的完全性の側面にふれる。すなわち、人間の善欲求と実践理性の協働によって見出される自然法は、人間とあらゆる存在との交流の圏域の広大深遠な射程を示している。それは実体的存在圏、動物生命圏、人間的社会圏、精神圏にまで及びそれぞれの圏域での共通善の性格を開示し、こうして人間の善への分有の無限な地平を拓いている。これと連動する第二点は、善を欲求する主体面にふれる。すなわち、善の分有に向かう指標たる自然の法は、実践理性によって構成され、人間の欲求を正しつつ様々な協働態的公共圏を成立させる公共善へと法や徳を通して人間を育成する。その育成において善への欲求の質は向上するのである。第三点は、以上のような自然法理解は、それが歴史的な善経験や善の思索を参照して成立する余地を残す以上、実定法と直ちに連関し、両者一体になってペルソナや社会的市民の形成に寄与し、様々な共通善の秩序に即した法的公共圏を創出するといえよう。

以上の三点をふまえて、次にペルソナや、市民の形成における徳の働きと構造を分析したい。

(4) 徳が披く共通善の諸相と人間の可能性

前述のようにトマスにあっては法との連関で徳が考察され、それが共通善の拓開と市民・ペルソナの成立に連動する重大な視点を示した。そこで今その視点を三種に分節化して考察してゆく。

まずその第一分節は、徳の圏域と自然法のそれとの相違に関わる。先述のように、法は人間の良心のフォーラムに根差すといえども専ら彼の外的行為を対象とするのに対し、徳は人間存在の可能性としての内的能力の完成化といえる。すなわち、人間的本性の可能性である知性・意志・情念(憤怒と情欲)の能力は、各能力の善き働きを通して善く態勢づけられ善き習性(bonus habitus)、つまり徳を獲得して完成されてゆく。例えば知性能力には知的徳や賢慮の徳が、意志には正義の徳が、情念には節制の徳が、憤怒には勇気の徳が能力の善き習性として形成され、各々の能力を完成するといった具合に。そうした有徳の人は内的自発的に、彼・我のペルソナに固有な善に対し、あるいは多数者の共通善に対してよく働きうるのである。実に勇気ある人は彼の友人の権利を守ったり、あるいは社会の安全維持のために身命をとすことができる。これに比して法は、専ら共通善に秩序づけられているので、共通善に関係する徳に対してのみ有徳な行為を命令することができる。その際、その徳の行為が直接共通善に向けて生ずることもありうるし、あるいは間接的に市民教育によって生ずることもありうる。後者の場合、注目すべきは市民の育成（informatio）が立法者など法体系によって目指されていることで、この法的育成によって人間は「正義と平和の共通善」（bonum commune pacis et justitiae）を志向する市民として育つのである。[41] ただしその場合でも法は、有徳な行為を市民に外から課するのであり、その内面にまで立ち入ることはできない。これに対し徳の圏域にあっては、有徳な人はその徳によって内面から自発的に有徳な行為をなすのであり、こうして徳に対する法の限界が明らかになってくる。[42]

次に、第二分節として法と徳が最も相互に交差し関係する正義の徳に着目しよう。徳は固有な対象に即して種別化される。節制は情欲のコントロールを、勇気は憤怒のエネルギーの中庸化を目指して種別化され、各々個人の情念に関わる。他方で正義は、対他関係においてものの公正な配分に関わる徳であるので、「各人に彼の権利分を分配する、絶えざる恒常的な意志である」と定義される。その徳から生みだされる正義の行為は、「各人に彼のものを返す行為」として示されるのである。[43]

ところで各市民は社会に対して部分―全体関係にある限り、部分の善は全体の善に秩序づけられうるので、各人の徳の善は共通善に向けられうる。そしてこの共通善を目指す正義が他の諸徳の働き・行為を統宰してその一切を共通善へと秩序づける限り、正義は「一般的徳」（virtus generalis）といわれる。[44] そして正義と諸徳は種類が異なる徳である以上、ここでいわれる「一般的」の意味は、類種的一般性ではなく、高次の原因が低次の結果に対してもつ一般性を意味する。さて法の根源的な働きは人間の徳のあらゆる行為を共通善に秩序づけるので、一般的正義は「法的正義」といわれる。[45] こうした社会の全体的秩序の枠組を決める法的正義に続いて、トマスは正義をアリストテレスに倣って（『エチカニコマケア』五巻1130 b 31）、「配分的正義」（justitia distributiva）と

「交換的正義」（justitia commutativa）とに分ける。[46] すなわち、社会的関係にあっては社会全体とその部分である市民たちの関係、そして市民相互の関係が認められる。前者は社会全体の共通善を個々の市民に配分する配分的正義を求める。その配分は社会全体にどれくらい各人が貢献したかという割合・比例（proportionalitas）に従ってなされる。例えば一時間千円の時間給の場合、八時間労働には八千円、三時間労働には三千円という具合に比例的配分がなされる。この配分は社会的交流全体の中で卓越性・優先権（principalitas）をもつ人ほど、共通善からそれに見合う割合で善が与えられる形で実現される。だからその卓越性は、現代の貨幣経済においては金に換算される業績であろう。トマスによるとその卓越性は、貴族制にあっては徳、寡頭制にあっては富、民主制にあっては自由（libertas）だとされる。

ところで後者の市民相互関係を律するのが交換的正義であって、それはいわば配分的正義の欠陥を補足する形で、配分の平等を求める。しかも現代は、いわば弱肉強食の自由主義経済であるので、能力の卓越した者（企業戦士など）が一層富を得、病や老いで働けない市民は貧困化する。だからある人に過分に九が、他の人に過少に一しか与えられないとき、一方から四を取り他方へその四を与え共に五の平等に落着させる算数的比例（arismetica）に従う配分的平等である。その具体は、福祉や生活保護、年金などを充実させた社会であろう。

以上のように法的正義は市民各人を共通善の追求へと促し、その枠組において逆に配分的正義が共通善を各市民へと配分する。にも拘らず生じてくる市民相互の不平等を交換的正義が匡して、そこに市民社会の公正な交流による平和的統一が実現してゆく。このように法的正義、配分的正義、交換的正義という正義の三位一体的構想がここに明らかになる。

最後に、第三分節としてペルソナと法および徳の関係に簡単にふれてみたい。

トマスは、上述のような自然法や人定法とは別に、新法（lex nova）について述べている。その法は、まさしく自同的な志向に自閉し他者に出会えない人間が、逆転志向を通して他者と出会い、そしてその出会いにおいて自己の内面が他者と自己との対話的空間（内的正義）に変容するというペルソナ成立を導く。この法は、自閉志向を破る他者による逆転志向であり、恩恵と自由との働きに関する道しるべであり、義化（justificatio）と呼ばれる。その場合の他者は、神のような超越的他者も含み、またその出会いの場が人間精神であり、こうして新法はまさにペルソナの圏域に働くわけである。その意味でペルソナは、社会的共通善の基盤でありつつも、それを超える共通善の次元を開示している。

他方でトマスは、上述のような正義に収斂する倫理的徳とは別に注賦的徳（virtus infusa）、すなわち、信・望・愛を徳論の中枢にすえている。

倫理的徳は人間本来の可能性である意志能力などの自発的働きの反復によって形成される善き「第二の天性」であるが、その限りそれの影響力の及ぶ範囲は、人間的自発性やその志向の及ぶ人間社会に限られる。そしてその社会は、人間的志向性の形成した政治体制や法体系や習慣、家族や市民社会などから成立している。これに対し注賦的徳とは、人間の能力とその自発的志向が直接達しえない超越的善に向けて人間を止揚する徳であるとされる。トマス的に言えば、信仰や希望によって未来の復活が、愛によって神との合一が可能になるというのである。こうして注賦的徳は、いわゆる宗教的神秘世界や後述する観想的生の次元、つまり人間的ペルソナが関与できる超越的共通善の次元を開示している。このように現代的倫理学や社会論が全く視野に入れない新法や注賦的徳の意義とは、それらへの開放を通して、Res Publica では充足できない地平、すなわち、ペルソナとその共通善の超越的地平が明らかになってくることである。

以上の考察により社会的公共的政体とそれに固有な共通善が示され、そしてそこに与りその範囲に生きるペルソナの育成さらに社会的共通善の実現に関わる法と正義などの視野が拓かれた。

三　宇宙的秩序としての共通善あるいは普遍的善（bonum universale）

これまでRes Publicaの共通善が、人間の欲求による探究と正義の徳との共振・協働によって洞察され創出されてきたことが考察された。ところがトマスはこれを包越する「全宇宙の秩序」をさらに大いなる善として示す。しかしこの歴史的終末をも含む全宇宙の善は、われわれ人間の欲求や欲求を方向づける徳のレヴェルをはるかに超越しているがゆえに、その善の性格やわれわれ人間との関わりについてほとんど考察し規定することもできない。というのも、われわれの世界に在るものごとは、その存在理由や善性を他のものごと（社会関係、道具関係さらには因果関係など）から指定できよう。しかし全宇宙丸ごとの創成に関して、それを理由づけ価値づける、さらに大いなるものごとを見出したり、関係性を示すことはできないからである。[47]とすれば、われわれはパスカルのように「この無限な宇宙空間の永遠の沈黙を前にして畏怖する」（『パンセ』二〇六）以外にはないのであろうか。こうした畏怖や驚嘆は、そのまま宇宙秩序に対して判断停止や盲目的な宇宙神化を迫るものではなく、むしろ宇宙秩序の善の探究にわれわれをかりたてる動因となろう。

トマスはこの宇宙秩序の善性について二つの視点から考察している。[48]一つは、その質料的な無数の数的区別と形相的完全性の無限な不等性の視点である。それから、無限な個物が各々の種に統合秩序づけられ、その種相互が完全性の無限な不等性によって段階をなして統一されているような普遍的善の側面が洞察されてくる。そしてこの宇宙的善に対して、個々の事物やあらゆる種は、その布置関係に従って全体に対する部分のような関係にあるとされる[49]。すなわち、そこには善のダイナミックな分有関係が見出されるのであろう。この宇宙秩序の善性が現代科学技術によって疎外され危機にさらされている点を指摘したのは、H・アーレントである。彼女によれば近代代数学の発達によって幾何学的世界、つまり「地球の測定《ジエオメトリー》」の世界から解放された現代科学は、アルキメデスの点を地球・太陽を含む宇宙のある一点に移し、そこから地球の自然と人間世界を観察し測定し定量的に法則化してその運動を予測できるようになり、制御・支配するに至った。それは人間中心の文明の利益のために自然を収奪する破壊的な「地球疎外」と連動する。こうして今日、地球倫理や宇宙倫理が説かれるわけであるが、トマス的思想も次のような視点を惑星倫理に提案できよう。

宇宙秩序を観る二つ目の視点は、知的存在者（天使も含まれる）の視点である。すなわち、人間はその知性と意志によって、宇宙秩序の普遍的善性に思いをはせ、人間の卑小さと尊厳とを自覚することができる。パスカルの「人間は弱い葦のようであるが、考える葦である」（『パンセ』三四七）の言葉のように。さらにその自覚に基づき、一層高次広大な宇宙的善に開眼して「国家」的政体の共通善とそこにおける生を絶対化せず、宇宙的善の相の下に各民族や個々人が相互に謙遜に尊重し合って生きるべきだという感情と洞察に生きうるのである[50]。またトマスは、この宇宙秩序の終末論的完成とそこにおける至福にも言及している。それによって一方で、宇宙的秩序をさらに超越する最高善としての共通善の次元が示されると同時に、他方で、宇宙的共通善が歴史的射程を含めて何らかの仕方で完成される動態として示されている[51]。

そのことはどんな善の次元を開示するのであろうか。ここに再度ペルソナが登場するのである。すなわち、トマスによるとペルソナが宇宙歴史的世界と同一の類の観点で理解されるときは、当然個別的な善き存在として天地創造の実である宇宙の善より小さなものとみなされる。例えば、身体的社会的存在として生まれ育って生き社会的役割を果たして老いて死んでゆく者として理解される限りは。しかし「一個人の恩恵の善は、全宇宙の善より一層大きい」という驚くべき視点が述べられる。[52] われわれはここにトマス共通善思想の核心を窺い知ることができるのである。つまり、ペルソナの成立における他者との恩恵的出会いとそこに現成する義化（justificatio）の次元こそ、全宇宙の善の重みに匹敵するどころか、それよりも大いなる善であるという主張である。というのも、この義化つまり他者との恩恵的出会いこそ、人間を人間として生かす社会的共通善とそれを包越する最高善である至福の根源となる次元だからである。そこでこのペルソナ的善の洞察を深めるべく、至福という善の次元に参入してゆこう。

四　至福（Beatitudo）的共通善

Res Publica における生活にあって人間は、一般にその理性と意志によって共通善を志向し創出し、正義に即して善を分配し生きている。他方で人間は無限善（神、仏、ブラーフマンのバクティ「信愛」的顕現など）を志向する不思議な生物である。しかしその無限善とは数学的無限でも非ペルソナ的存在でもなく、人間の知性と意志と交流しつつ、そこで彼をこよなく充足する意味で、やはりペルソナ的無限善といえる。だからアウグスティヌスもその『告白』において二人称を用いて「私たちの心は、あなたのうちに憩うまで決して安らぐことはない」と語ったのである。だが人がもしその無限な「汝」をその知的欲求的志向によって能動的主体的にからめとり規定し所有するとしたら、それは「汝」を三人称的な「彼」やものに還元しその他者性を奪うことになろう。従って

「汝」に出会うには無限に人の自己中心的志向が奪われてゆくのでなければならない。それは自己の志向が挫折し、そこに逆転志向的に「汝」がその「汝」の方から到来する、あるいはすでに到来して、わたしが社会や国家で志向的主体的に生きて在ることを支えているかもしれない。従ってこの無限善「汝」の到来は、恩恵として自覚されてくるのである(53)。

この他者との根源的出会いによって、それまで人間の内面で分裂し葛藤した自己中心的志向と他者を受容すべく自己開放を求める自己とが統合されて他者に向き直る（メタノイア）転換が生起する。それは言いかえると、自己分裂の虚無、罪悪が癒やされることであり、内的正義（justificatio）が成立することである。こうして絶対的無限善を他者として歓待し、その歓待を通じて多くの他者を迎え容れる協働的エネルギーが生じてくる。トマスは、そうしたことの生起する人間をペルソナと呼び、先述のように無限でペルソナ的な共通善とわれわれペルソナとの出会いを、宇宙の創造よりもある意味で重いとしたのであった。

こうしたペルソナにとってよろこびをもって志向される善き生とは、何よりも他のペルソナである「友と共に生きる」（convivere amico）ことに外ならない。というのも、ペルソナを充足・充溢するのは、ペルソナでしかありえないからである。そして人間が真理の認識と生活世界での実践行為に生きる限り、友との相生は思惟（ヌース）的知性によって真理認識を目指す観想的生活（vita contemplativa）と実践理性によって行為実践を目指す活動的生活（vita activa）に種別化されるといえる(54)。

そうするとトマスは、ここでペルソナを理性的視点からのみ理解しているのであろうか。もしそうであるなら、真理や行為も理性的志向のカテゴリーにからめとられ同化されることになり、ペルソナの恩恵的在り方は解消されることになる。そこでトマスも「観想的生活は、感情（affectus）に何も関与せず、専ら知性に全面的に関係するのであるか」との問いを立てている。[55] その問いに対する解答の論点は、そもそも真理認識への志向（intentio）にあって、志向とは意志的感情的働きである以上、真理認識の起動因は意志にある。これに加えて、真理認識は喜悦に終息するので、その終点も感情にあると述べている。また観想的生活の甘美さから脱け出して、神愛（カリタス）の必要に従って、その溢れから行為的生活世界における隣人愛の実践的生活に生きることの重要性も指摘している。[56]

こうしてトマスは、ペルソナにおける他者との出会いや交流を、真理認識として一方で理解しながら、他方でその認識志向全体が神愛に拠る意志に基づいていることを示している。従って友との友愛的生活の理想は、観想的生活あるいは実践的生活のいずれか一方にあるのではなく、両者の調和的生活にあるとされる。[57]

以上のように観想的生活は完全な至福の分有形態であって、[58] その先駆的な生活であるゆえに、観想を通して人間は地上だけでなく天上の市民となる。従ってペルソナの天上的市民性は、現実の政治体制や社会において、ペルソナがそこに内在的に生きる市民としてその共通善に参加すると同時に、現実社会を超え出て至福的共通善を求めるわけである。そこにペルソナが内在と超越との緊張関係を如実につきつける由縁がある。それでは次に、Res Publica が現実の社会としてどのように理解されるのであれ、そこにこの天上的次元と社会的次元との緊張関係が体現され、また問題として提起されるペルソナ的協働態が形成されうる以上、それはどのようなものか、というテーマが重要な関心事とならざるをえない。

政治的権力関係および社会的利害関係などを正義と公正によって調整し平和的共通善を求める市民や為政者が、他方で超越的善の次元を自・他共に意識化することも、世界内で充足し終える物質文明の還元主義や人間を非ペルソナ的手段に解消する全体主義をチェックし突破する意味で不可欠である。この超越的次元を開示する社会的単位の一形態としてまず大学に着目してみたい。

五　ペルソナ的小協働態——大学と宗教的協働態

トマスは自ら十三世紀パリ大学の大学教授でありながらも「大学論」を著してはいない。そこで、彼の時代に誕生した大学の超越的自由の側面を、トマスのパリ大学時代の活動を参照して考察してみたい。

西欧の大学は、十二世紀ルネッサンスの知的興隆の時代の真理探究を動力として十三世紀以降続々と各都市に成立した[59]。パリ大学に限っていえば、十二世紀前半の「ノートル・ダーム大聖堂学校」、「サン・ヴィクトール派修道院学校」、そして弁証論の天才アベラールの学校を一つの協働的法的独立態（consortium）として統合した歴史に端を発する。西欧のあらゆる地方や国から哲学的・神学的真理と知的探究の方法を求めて若者たち、そして教師たちが陸続として参集し大学は成立した。それは国家権力伸張を求め、そのためにその人材（官僚、技術者など）育成を動機として国家が制定した（日本のような）帝国大学では決してなかった。それはあくまでギルドを見倣って、そして真理探究を唯一の求心力として組織された協同組合（universitas）に外ならなかった。従って大学とは実学的現世文明の利ではなく、超越的神学的真理探究をその成立の動機としている点にまず注目しておきたい。その大学の自治に関していえば、大学はあくまで法組織である以上、法的体裁を具備する際に、王権や教皇権などとの法的関係を調整して自立しなければならなかった。パリ大学を例にとると、第一にパリ大学は、一二〇〇年に国王の裁判権の代わりに教会裁判権にのみ服するという学内司法権をえて国王から独立した。第二に、一二〇九年頃にはかつての司教座聖堂や教会付属学校にのみ認められた学位授与や教授資格権（licentia docendi）を得て人事権を飛躍的に広げた。その他納税免除も含めて一二一五年に教皇使節クルソンのロベールによって大学学則が認可された。こうして大学は教師と学生による協同組合協働態として自立し、自治権を保証されたのである。他の諸大学も、このように王や司教および司教座学校の支配から法的に自立する点では同様なプロセスをたどっている。この自治こそ、大学における精神の自由を保証する公共的空間であり、ある種の共通善なのである。

大学の教育や研究に関していえば、大学という真理探究と精神の自由を育成する公共的空間の性格を如実に示すのが、討論（disputatio）という協働的な真理探究の方法である。当時の教授活動には、聖書やロンバルドゥスの『命題論集』の解説をする講読（lectio）や学内説教（praedicatio）の外に、ここで注目する討論があった。討論では他の教授・講師および学生たちが参集する公開性が重んぜられると共に、それは正に記号・言語闘争としてアゴーン的にあるテーマを徹底的に論じ考究した。それには正規の授業としての「定期討論」（Quaestiones Disputatae）と「任意討論」（Quaestiones Quodlibetales）が挙げられる。そこで今、当時の「定期討論」を反映する『真理論』を例にとって、当時の討論の内実をスケッチしてみよう。『真理論』は、全体が第一問題「真理について」から第二九問題「キリストの恩恵について」に至るまで二九の問題（Quaestio）から成り立っている。そして各問題をテーマとして討論がくり広げられる。その討論の展開を理解するために、第二一問題「善について」の結構を紹介したい。「善について」の問題は、その問題一つが直接討論主題とならずに、問題がさらに六項（articulus）に分節化されて、その各項が討論の本格的テーマになる。従って例えば、第一項は「善は存在者に何かを付加するか否か」というふうに問いとして示される。以下順次に第二項「存在者と善とは、その基体において置換されるか否か」、第三項「善はその理拠に従えば真よりもより先なるものか否か」、第四項「すべては第一の善によって善なのであるか否か」、第五項「被造物の善は本質的に善なのであるか否か」、第六項「アウグスティヌスが述べるように、被造物の善は、様式と形相と秩序においてあるのか否か」と続き問題が提示される。それでは項はどのように構造化されているのであろうか。第一項を例にとってみよう。第一項はその問いに関して「善は存在者に何かを付加する」という異論的な議論が九つとその反対論が二つかかげられている。その後に教授による正式な問題に対する裁定（determinatio）が示され、その後に先に提出された問いをめぐる賛成論と反対論の各々に教授が解答を与えている。その結構で次の二点が注目される。第一点は裁定する教授は必ずアウクトリタス（auctoritas）を参照する点である。その際、アウクトリタス（権威）とは自分の意見を押しつける学説や先達でなく、それまでの歴史を通して共同の討論を通じて合意された協働的公共的言語表現であり、聖書や公会議の合意、ギリシア哲学や教父さらに文学者が参照される。つまり教授は勝手に裁定するのではなく、過去の公共的言説を手がかりとして対話する。さらに別の権威によって新たな公共の合意を創造しようとする。トマスがアリストテレスを権威とするのもその意味においてであった。第二に、上述のような『定期討論集　真理論』は実際の討論を反映した書として、当時の大学にあってどれほど議論が上下の別なく自由に全学的に交わされ、しかも論証的手続きをふまえて真理が探究されていたのかを如実に示してくれる点である。それはアゴーン的討論が当時コイノーニア（全的人間的交流）をもたらすようなコイノーニア的公共性に結実することを如実に示している。

最後に一言しておきたい点は、大学という公共空間は、また異文化との出会いの国際的交流の場であったことである。特にトマスの時代には彼の『対異教徒大全』が示すように、ギリシア・アラビア文化やそれが伴う人間論、世界観などが西欧にもたらされ、アリストテレス研究をめぐって賛否の激論が勃興したのであり、それは西欧がそれまで拠っていたアウグスティヌス流の人間論、世界観を逆転させる程の歴史的転回を促したのであった。この点は公共空間である大学の公開性を示して余りあるであろう。

以上のようにその起源からすると大学という協働態的空間の自治と真理探究は、政体や社会に対し人間のペルソナ的超越と真理の普遍性の次元を示している。それは今日のように物質文明の発展に資する学知探究や技術開発の場であったわけではない。この大学と並んで同様な在り方と機能を示すのが宗教的協働態なのである。

西洋のキリスト教協働態の本源は、集団的生活から始まったのではなく、三世紀以降のエジプトにおける隠修士の求道にある。その代表的人物は一連の図像「アントニオスの誘惑」で有名なエジプトのアントニオスであって、彼らは専ら現実社会を去って荒野の孤独の中で神的事物（divina）の観想に潜心した。その間これら隠修士の散居的集団生活が出現し、続いてパコミオスの生活にみられるような共住的修道制が成立し、五—六世紀には西欧にベネディクトゥスがその会則を通じて「主（キリスト）への奉仕の学校」として観想的修道院を建立したのである。従って西欧キリスト教協働態は、耕地を開拓し農村の建設を広めつつ、そこに定住し、一方で社会経済関係に身をおいているが、他方で如上の隠修士にみられるように社会関係を絶して神のことに潜心するというラディカルな超越的精神を核心にすえて在るわけである。そして上述の協働態はこの精神に基づいて、他者を受容し訓育し現世で生活する。

トマスは、この隠修士的孤独な生と協働態的社会的生との関係について論じながら、宗教的生の特徴を次のように考察している[60]。

「清貧」と同様に「孤独」は、人間的完成や完全性の本質的要素ではなく、そのための方策であり、またそれは活動的完全性の方策ではなく観想のための方策である。従って観想的生に潜心する人にとって孤独はふさわしい。ところで孤独は自己充足（esse sibi per se sufficiens）、言いかえるとペルソナ的内的対話空間の自足を意味し、その限りやはり完全性の性格をおびているので、誰もが孤独に生きうるわけではなく、成熟した観想者だけに授けられる在り方に外ならない。この成熟した観想者には、荒野に生きた洗者ヨハネのように神の恩恵によって生来孤独に生きうるよう恵まれたタイプの人と、有徳な行為の訓練によって孤独を生きうるよう成熟したタイプの人に分かれる。この訓練のために後者のタイプは、宗教的協働態によって（ex aliorum societate）支援され教育されるわけである。トマスはこのように宗教的協働態と孤独な観想的生の関係を示し、われわれの考究のテーマを提示する。

それではこの訓練によって孤独な生を生きることとは、どういう意義をおびるのであろうか。トマスは、まず人間が観想すべきことに関する教示という知的訓練をあげ、次に情念などが有徳な人の模範や訓育によって節度をうるという感情に関わる訓練をあげ、いずれの訓練にとっても社会的生活の必要性を説いている。こうした訓練を経て自足自律できるペルソナの孤独な生こそ、神的なことに潜心しうる神的な生であって一般の社会生活に優るとされる。逆に訓練を経ずに、修行の名目で他者と交流しない孤絶の生は最も危険で、畜生と変わらないとまで批判される[61]。こうしてトマスは、人間の生理的身体的さらに心理的精神的かつ社会的な諸条件を考慮して観想的次元を披こうとしているわけであるが、結論としては観想を核心として活動的社会的生をミックスさせた観想的かつ活動的生を理想として提案している。

それではそうした理想的協働態の具体的歴史的形態は、どのようなすがたをとりうるのであろうか。トマスの場合、それは正しく彼が属していたドミニクスの創建になるドミニコ会、つまり「説教者兄弟会」（Ordo Fratrum Praedicatorum）に窺うことができよう。そしてこの兄弟会は、その『会憲』（Constitutio）によってよく表現されているので、ここで簡潔にその内容にふれてみたい(62)。

『会憲』は『アウグスティヌスの規則』（Regula beati Augustini Episcopi）を基本的精神として示し、まず序にあたる「基礎的会憲」で協働態の理念を謳っている。続く全体の結構は前編「兄弟たちの生活」と後編「統治」（De ipso regimine）に大別される。前編はさらに第一部「キリストに倣って」、第二部「兄弟たちの養成」（formatio）に分別され、続く後編は第一部「一般的規則」、第二部「統治そのもの」、第三部「選挙」、第四部「経済的運営」に分別されている。

以上のような結構の形式や内容は、その後の時代に適応されてトマスの時代とはいささか異なっているにしても、会全体の精神と生活をよく表現しているといえる。そこで今本論と関係ある限り、兄弟会的宗教的協働態の特徴を「基礎的会憲」を手がかりにいくつか指摘したい。「アウグスティヌスの規則」は、その冒頭で「何よりもまず、最愛の兄弟たちよ、神が愛されるように。そして次に隣人が愛されるように」と述べられているように、神（観想的生活）と兄弟間の愛徳的実践（活動的生活）が協働態の二大根幹でありかつ目的であることを示している。「基礎的会憲」ではその目的が再録されると共に、この観想と実践を実現する「統治」に関して述べられる。その第七課が表明する「統治」を要約すると、この兄弟会のすべての部分（分肢的協働態やすべての兄弟）が、会の目的追求のために、調和して有機的関係をもって統治に参与（participatio）するというのである。兄弟会全体は、修道院的兄弟会やさらにその集合である管区的協働態との交流において拡がってゆく。そして全体総会と総長という頭に収斂する。その統治を運営する一切のリーダー（修道院長、管区長、総長など）は、会員の平等で自由な選挙によって選出され、その選出されたリーダーは、彼よりも一層高位のリーダーによって確証される。兄弟会は、この選挙制度を通して最終的に総長と総会に普遍的権限（potestas universalis）を委任すると同時に、その権限は各小協働態や兄弟によって分有される。こうして兄弟会は、交流的統治（regimen communitarium）と性格づけられる。実際にこの短い七課に限っても、交流（communio）が四回、分有的表現が三回も頻出している。この交流的統治の中で神学や哲学の真理観想、あるいは統治の外の異文化との交流や実践、また統治内部での兄弟的生の交流実践が、実に有機的に調整されてペルソナ的共通善の地平が拓かれている。それが選挙制と共に後世の民主主義のモデルとなったことなどが理解できよう。

選挙を基盤にするこのドミニコ会の交流的統治制について最後に一言したい。それはトマスが政治的社会体制の理想として提案した「混合的政体」との関係である。すなわち、トマスの「混合政体論」と「説教者兄弟会の統治制」とのパラレルな関係である。なぜなら、「混合政体論」における王的リーダーと寡頭制的貴族と一般人民との調和的統合は、その各々が兄弟会における総長と管区長および修道院長と一般の兄弟との関係に対応し、その統治や権能関係の構造が選挙によって支えられているからであり、王的リーダーさえ兄弟会総長に似て精神的共通善を自覚する者として示されているからである。このように考えると、トマスにあって「混合的政体論」は宗教的協働態や他の諸々の領域における精神的価値を核心とする協働態と共鳴し、国民国家や王制などを越境して各領域で広がりうる協働態論としても理解できようし、小協働態も、リーダーや委員会や一般的参与者の民主的に調和した形態をとる限り「混合的」といえるわけである。その際特に、トマス的宗教協働態が具備する法的すがた（会憲や教会法など）は、一般の法体系とは異なって、ペルソナの内面的交流のコイノーニア的空間を深め展開する契機であり、かつその精神の自由をまもるため、外的強権・全体主義的法に対するアゴーン的契機になっている点も強調しておきたい(63)。

以上われわれは、善と欲求する人間との間の緊張関係を通して、どのような共通善とそしてそれに対応するどのような協働態的公共圏が拓けてくるのかについて、その諸相を通過しつつ思索の旅を続けてきた。その際、西欧中世の思索家トマス・アクィナスを手がかりとして、彼の協働態論に関する思索の広がりと深さとを垣間見たのである。従って、そうしたわれわれの考究が、様々な時代的限界や逆に特異性を示してきたのも事実であろう。そこで次にこれまでの考究をふりかえりつつ、トマス的共通善・公共圏思想が、現代的コンテキストの中で示しうる協働論的意義について簡潔にふれて、本章の「むすび」とし将来への「ひらき」にしたい。

間奏

第一に、われわれは、共通善とそれに対応する協働態的公共圏の多様性および多層性を指摘しうるであろう。それら一切の基底をなすペルソナにおいてすでに自己分裂を克服し、他者と対話する共通善的な内的公共圏が洞察された。そのペルソナ相互が交響相生しつつ、徳の方位に共通善を追求し選挙を媒介に創出する協働態が、Res Publica 的公共圏である。その Res Publica の諸形態をさえ包越し、人類の歴史や自然史を含めた宇宙的公共圏が開示された。そしてペルソナの究極的共通善として超越的な至福（Beatitudo）が示されたのである。こうして共通善は、外的な政治社会的共通善と精神的超越的な共通善に大別されるわけであり、ペルソナはその境界と差異に在りつつ、両公共性を越境しつつ生きる社会的霊性的動物といえよう。そしてこのペルソナの超越的生を生きる場として、大学や宗教的協働態が示されたのであった。この多彩多層の共通善・公共圏のヴィジョンは、一切の多様な価値を自らに回収還元する現代の経済至上的物質文明とその善理解に対して、不断に異次元の公共圏を示しつつ批判的な言説として働きうると思われる。

第二に、瞠目すべきはペルソナ論である。およそ公共圏・共通善の成立を考究する際、人間の罪業深重性について社会科学や歴史理論はその学問の性格上これを本格的に問題にしない(64)。しかし、社会悪に限らず、この問題にまず立ち向かうのがペルソナ的公共圏考究の第一歩だといってよい。この問題と共にいかに他者が人間的自己の内面に対話相手として樹立されるかが問われ、そこに外に横溢する他者関係の公共圏が成立する。そうした対話的自己は、自由で自律的なペルソナとして尊重されるわけである。彼は国家社会が直接干渉できない孤独という成熟した超越的内的空間をもつといえる。以上の意味においてペルソナは、コミュニタリアン的協働とリベラリスト的自由の両性格をすでに具備した人格として、共通善を創出し、他方で全体主義に挑戦しうる根源的空間といえるであろう。

第三に、善の観念が「すべてのものが欲求するもの」という定義が示すように、それ自体の内在的定義ではなく欲求者との関連でその内実が決定されてくるという側面が特徴的である。それは決して善の相対主義を意味する思想ではなく、善の無限性とその存在に裏打ちされた客観的完全性を認めながら、人間の理性的意志的な善探究に対してその動的協働的創造的意義を認めたものといえよう。そこから共通善がペルソナ相互の協働的探究とその探究に際して徳がなす主導性とによって創出され、しかもその創出された共通善全体にペルソナ的部分が分有するという公共圏的交流が生ずるわけである。そこからまた共通善が無限な超越善に至る様々な種別と多層性が生じ、人間が歴史や他社会から法や徳を学びつつ共通善を追求するという探究の多様と無限なダイナミズムが生ずるわけである。

第四に、人間が本性的に社会的動物であるということが、アリストテレス的に人間が社会に媒介されなければ人間と成りえないということばかりではなく、実はその背景に伏在する独特の「存在論」を前提とすることが注目される。それは「無からの創造」論である。トマスによれば存在の無からの創造とは、存在の第一原因（神）と創られた被造物の間に全く「新しい関係」が生じたことを意味する。人間もその理性と意志によって、つまり本性的能力によって第一原因の「無からの創造」的働きを分有している。それは新しい他者関係を創り社会を構成することであり、その限り人間は「社会的」なのである。こうして歴史において人間はその社会的危機や旧習の縛りにも拘らず、新しい関係をその都度創りうる。しかも人間が被造物として万物との存在連関にある限り、新しい関係の創造は生物界、自然宇宙などにも及ぶと思われる。それは社会的共通善を超えたより広大な地球的共通善の地平である。

第五に、正に第四点と深く関連して「宇宙自然」の共通善・宇宙秩序的公共圏が開示される点に着目したい。ここでは宇宙自然的普遍善について余り論究できないが、それがエコロジー的意識を一層際立たせ、また民族国家をこえるコスモポリタニズム、国際法さらに宇宙法の現実性を緊急な課題となしうるであろう。そして驚くべき点は、ペルソナはある意味で全宇宙よりも重いという視点である。それはペルソナが超宇宙自然的公共圏を披きうるという可能性に基づく。その超宇宙的共通善の次元こそ、至福に外ならない。

第六に、第五点とも関連して、至福が究極の共通善として他の一切の共通善を収斂する点に着目される。それは個々のペルソナの死後においてだけでなく、歴史の終末後において到来するとされる。その意味でわれわれの能動的働きを離れた絶・対であり、われわれが理解し所有できないという意味では零でもあるが、今すでに観想的活動的生によって人間がある仕方で至福を分有しているのである。だから逆にそれは、他者の他者性とそこからの恩恵的一方的到来という地平を「今・ここ」に示している。いずれにせよ、至福論はペルソナに対して他のあらゆる公共圏・共通善の非絶対化、非実体化を迫り、かつ一層高次の共通善を不断に追求しようというペルソナの協働的投企を動機づける限界概念ともいえよう。

第七に、上述のような Res Publica 的社会性と観想的内面圏とを調和させて、そこでペルソナ的公共圏が実現する小・中の協働態に関する論究が注目される。西欧の歴史ではそれが大学やキリスト教的協働態として示されたが、今日ではどのような形態をとるのであろうか。女性解放運動、民主的エスニスティ、少数民族、文化的協働、ＮＧＯなどのアゴーン的協働とコイノーニア空間とが暗示的である。トマスにあっては説教者兄弟会の『会憲』が示したように、投票に基づくリーダーと少数の代表と一般の参同者相互のコイノーニア的な大・中・小の政体や宗教的協働態などが構想されうると思われる。

第八に、以上のすべての共通善と公共圏に向かう運動が、全体主義支配やその生成のチェックや批判の力に結集されうると思われる。その意味で、ペルソナの存在、小協働態や混合的政体の多様多彩な活動、宇宙的普遍善の視点、至福的超越などの開放的で他者歓待的な運動の重要性が強調される

われわれは以上のように諸々のアゴーンをかいくぐって成立する多層な共通善・公共圏域的コイノーニアをめぐって考究した。それは同時にペルソナ的人間が秘めると思われる諸可能性の探究でもあった。ただしこの考究および探究の手がかりはトマス公共哲学から得た(65)。その限り、本章にはいわば西欧中世的特殊性や限界が窺われようし、あるいは逆に今日見落とされている見識や洞察が見出されると思われる。そこで本章の最後に、様々な意味の全体主義に対して今日の政治哲学や社会思想などが最後の抵抗拠点とすることができるようなトマスの言

葉を引用してむすびとしたい。なぜなら、その引用における「善」や「神」の意味にはあらゆる解釈が今日可能であり、それに匹敵しうる他の表現や社会思想が要請されようが、もしそれが可能なら次の引用文が万年の化石的言句とみえても、やがて発見され発芽し開化した大賀博士の蓮の種子のように今日的生命力を宿し暴力的嵐の中に根強く花開くかもしれないのだから(66)。

宇宙の善は特定個人の善よりも大いなるものである。もし両者が同一の類に属すると理解されるならば。しかし、特定個人の恩恵の善は、全宇宙の自然本性の善よりも大いなるものである(67)。人間はそのすべてにおいて、そしてまた彼に属するすべてに従って政治的共同体に秩序づけられているわけではない。だから彼のどんな行為も政治的共同体との関連で功罪が決められてはならない。そうではなく人間の存在と能力と所有の一切は、神に秩序づけられなければならない。だから人間の善悪一切の行為は、行為の本質に関する限り、神のもとで功罪という性格をおびるのである(68)。

略号法

Summa Theologiae, Secunda Secundae, Quaestio IV, articulus 1, corpus & ad terrium. → S. T., II - II, 4, 1, c & ad 3.
Quaestiones Disputatae De Veritate. → De Veri.
Quaestiones Disputatae De Potentia → De Pot.
De Regimine Principum. → De RP.
Summa Contra Gentiles. → SCG.

（1）Communitas の一般的表記「共同体」を「協働態」と表記するのは、「共」が含意する複数上下関係（例えば、「私共」）に対し協力の「協」を強調し、「同」が含意する自同性・同化に対し動的エネルゲイアを示す「働」の方を選び、「体」が含意する実体性よりも一期一会的在り様の「態」を用いて動的開放的平等の一期一会的性格を強調するためであり、さらに他者に自己を開放する協働（synergeia）というギリシア教父の思想をもそこに加味したいからである。

（2）ペルソナを仮面や社会的役割の意味でなく、「per-sonare」（～を通して根源から声が響く存在）として理解する。拙著『存在の季節』（知泉書館、二〇〇二年）の第三章と四章とを参照されたい。

（3）De Veri., I, 1, C; bonum est quod omnia appetunt.

（4）S. T., I, 5, 1, C.

（5）Ibid.

（6）Confessionum I, 1, 1.

（7）力働的な意味で共通善の分有を強調する者として、沢田和夫『トマス・アクィナス研究』（南窓社、一九六九年）第二章を参照。イデアの分有でなく存在の分有である点については、S. T., I, 12, 4, C. 全体の部分による分有関係については、S. T., I-II, 90, 2, C; 91, 2, C.

（8）C. Fabro, *La nozione metafisica di participazione secondo S. Thommaso d'Aquino*, II ed., 1949. 山田晶『トマス・アクィナスの《エッセ》研究』（創文社、一九七八年）三四―四二頁に、ファブロ説の簡潔な要約がなされている。

（9）S. T., I-II, 109, 2, C.

（10）「自同」(le Même) は、E・レヴィナスのいう他者排除を媒介に自己に一切を還元する存在とその倫理を意味する。*Dieu, La Mort et Le Temps* (Éditions Grasset & Fasquelle, 1993), pp. 137-254（合田正人訳『神・死・時間』法政大学出版局、一九九四年）、一六三―三一八頁。そこでは自同と他者の関係が見事に論述されている。

（11）意志におけるこの内面的葛藤と癒やしについての生の具体的声を響かせている人物の代表者としてパウロやアウグスティヌスがあげられよう。『ローマの信徒への手紙』七章7―25節。『告白』第八巻第八章以下の回心のシーンを参照。

（12）この逆転志向論は、J・L・マリオンがレヴィナスから発展させている。Justice et Transcendance dans *Difficile Justice*, Éditions A. Michel S. A., 1998. p. 57: Qu'est-ce que exercer une contre-intentionnalité? C'est essentiellement éprouver cette impossibilité, je l'éprouve en ce sens précis que loin de céder à mon intentionnalité ... ce phénomène exerce sa propre intentionnalité contre la mienne. C'est lui qui me fait céder, reculer, ou au contraire marcher vers lui, car il le demande par un mouvement dont je ne suis pas l'origine ... Quels sont les phénomènes qui dans ce monde exercent une telle contre-intentionnalité ? La réponse est connue. Ce sont tous les phénomènes qui relèvent d'autrui.

（13）例えば、アウグスティヌス『告白』第十巻第二七章三八。

（14）*The Origins of Totalitarianism* (New York and London: Harcourt Brace Jovanovich Inc., 1966), pp. 474-478.

（15）S. T., I-II, 110, 2, ad 3: secundm hoc etiam gratia dicitur creari, ex eo quod homines secundum ipsam creantur, idest in nove esse constituuntur, ex nihilo, idest non ex meritis.

（16）Ibid., ad 2.

（17）ルソー『社会契約論』、ホッブス『リヴァイアサン』などに注目。

（18）*The Origins* ... pp. 267-302. G・アガンベン「人権の彼方に」（『人権の彼方に』以文社、二〇〇〇年に所収）参照。

（19）S. T., I, 45, 3, ad 3.

（20）プラトンの『国家』における魂の三部分の調和を正義と理解することもでき、そのトマス的なある理解が内的対話の統合的協働空間の成立としての義化といえよう。S. T., I-II, 113.

（21）De RP., Ib 1, cp 2-4.

（22）Ibid., Ib 1, cp 2: rex est qui unius multitudinem civitatis vel provinciae, et propter bonum commune regit.

（23）Ibid., cp 10: hinc etiam magnitudo regiae virtutis apparet quod praecipue dei similitudinem gerit, dum agit in regno quod Deus in mundo.

（24）S. T., I-II, 105, 1, C.

（25）このような中間的公共協働態は、今日も市民集団、芸能・芸術家集団、教会、大学、国境を超えて協働する医師やボランティア集団などのすがたに展開しうる。また、トマス的思想による世界国家の構想については、R. M. Hutchins, *St. Thomas and The World State*, Marquette University Press, 1949（『聖トマス・アクィナスと世界国家』柴田平三郎訳、未来社、一九八四年）を参照。また西洋中世の政治思想については、J. Canning, *A History of Medieval Political Thought, 300-1450*,

London, 1996.

(26) II Sent., d. 44, qu. 2, a2.

(27) この点の議論については、S. T., II - II, 42, 2, C et ad 3; 104, 6, C et ad 3.

(28) S. T., I - II, 90, 4, C: lex est aliud quam quaedam rationis ordinatio ad bonum commune, ab eo qui curam commnitatis habet, promulgata.

(29) S. T., I–II, 98, 1, C

(30) Ibid., 95, 4, C.

(31) Ibid., 96, 2, C.

(32) Ibid., 96, 4, C.

(33) Ibid., 97, 3, C.

(34) Ibid., 91, 2, C.

(35) Ibid.

(36) Ibid., 100, 1, C; 94, 2, C.

(37) Ibid., 90, 1, ad 2.

(38) Ibid., 94, 1, C.

(39) Ibid., 94, 2, C.

(40) Ibid., 100, 1, C.

(41) Ibid., 96, 3, C; 92, 1, C.

(42) Ibid., 96, 3, ad 2.

(43) II–II, 58, 1, C; 11, C.

(44) Ibid., 58, 5, C.

(45) Ibid., 58, 6, C.

(46) Ibid., 61, 1–2.

(47) De Pot., 3, 17, C.
(48) S. T., I, 47, 2, C
(49) SCG., 64.
(50) S. T., I, 93, 2, ad 3; 65, 2, C. 以上のようなトマスの宇宙善思想とアーレントのいう地球疎外との関係は、今後論究されるべきである。*The Human Condition*, University of Chicago Press, 1958（『人間の条件』志水速雄訳、ちくま学芸文庫、四一五—四三六頁参照）。
(51) Ibid., 73, 1, C.
(52) I - II, 113, 9, ad 2.
(53) Ibid., 2, 4 C et 8 C.
(54) II-II, 179, 1, C.
(55) Ibid., 180, 1, C.
(56) Ibid., 182, 2, C.
(57) Ibid., 179, 2, ad 2.
(58) Ibid., 180, 4, C.
(59) 中世大学の生々とした生活や研究交流などについては、横尾壮英『中世大学都市への旅』（朝日選書四五三、一九九二年）を参照。中世前期の教育・研究の詳細については、J. Verger, *Culture, enseignement et société en Occident aux* XIIe *et* XIIIe *siècles*, Presses Universitaires de Rennes, 1999. P. Riché, *Écoles et enseignement dans le Haut Moyen Age*, Richard-Editeur, 1989（岩村清太訳『ヨーロッパ成立期の学校教育と教養』知泉書館、二〇〇二年）。大学や知識人も含めた西欧中世期の知的協働態や文化的背景については、A・ド・リベラ『中世知識人の肖像』（阿部一智、永野潤共訳、新評論、一九九四年）および『中世哲学史』（阿部、永野、永野拓也共訳、新評論、一九九九年、第八—九章）が示唆に富む。トマス・アクィナスの思索的生産と大学生活との関連については、M. D. Chenu, *St. Thomas d'Aquin et la théologie*, Seuil, 1959, J-P. Torrell, *Initiation à st Thomas d'Aquin*, Editions Universitaires de Fribourg, Cerf, 1993 が格好の書である。また十三世紀から十六世紀に至る大学運動に関しては次の書を参照。

P. Glorieux, *Répertoire des maîtres en théologie de paris au XIIIᵉ siècle*, Paris, Vrin, 1933, t. 1.
J. K. Farge, Les dominicains et la faculté de théologie de Paris, dans *Les Dominicains en France devant la Réforme 1520–1563*, Cerf, 1998.

(60) S. T., II-II, 188, 8, C.

(61) Ibid., ad 5.

(62) *Liber Constitutionum et Ordinationum Fratrum Ordinis Praedicatorum*, jussu Fr. Timothy Radcliffe Magistri Ordinis Editus, Paris, 2000.

(63) ここで国家との関係で宗教的空間の維持を目的とした教会法の存在も示唆的である。

(64) H・アーレントのように内面的悪の問題を考えようとした人はそれ程多くはいない。『イェルサレムのアイヒマン』（大久保和郎訳、みすず書房、一九六九年）。そこでアーレントは根源悪を悪魔的というより無思想性という凡庸さに見出して衝撃を受けたと述べているが、無思想性をありうべき「言葉の欠如」と捉えるならば、危機的終末の日にヤハウェの言の飢饉を預言したアモスもまた、悪を同様に捉えたと思われる（「アモス書」八章11—12節）。

(65) 本論全体の論調にも関わるが、トマス政治哲学や人間論をさらに彼の存在論から根底的に考究した書として、Y. Cattin, *L'Anthropologie politique de Thomas d'Aquin*, L'Harmattan, 2001: pour Thomas, l'homme ne réalise son essence d'homme que dans une ouverture infinie à l'être ... pour se réaliser dans cette ouverture à l'être, l'homme est-il toujours renvoyé au monde et à son action dans le monde, p. 93. ヘブライ的存在から協働態成立を考察した書として、拙著『存在の季節』（知泉書館、二〇〇二年）、『他者の原トポス』（創文社、二〇〇〇年）。

(66) 「大賀ハス」は、千葉県検見川町遺跡で発見された二千年前頃のハスの実を大賀一郎植物学博士が開花させたことで名高い。

(67) S. T., I-II, 113, 9, ad 2.

(68) Ibid., 21, 4, ad 3.

第四章　身体を張る（extendere）アウグスティヌス

――『告白』における distendere, continere, extendere と協働態の誕生――

序

周知のようにアウグスティヌスは、時間を「精神そのものの分散」（distentio ipsius animi）とした(1)。すなわち、現実に未来のものはまだなく、過去の出来事はすでに過ぎて存在しない。にも拘らず、人は未来的な事柄や過去の出来事や現在に在るもの事について今語る。とすれば、非存在である未来と過去は、何らかの仕方で今現在に在るといわなければならない。だからアウグスティヌスは、「三つの時がある。過去についての現在（praesens de praeteritis）、現在についての現在（praesens de praesentibus）、未来についての現在（praesens de futuris）。実際、この三つは何か魂のうちにあるものです(2)」と結論づけ、上述の意味での過去を「記憶」とし、現在を「直観」とし、未来を「期待」とするわけである。こうしてアウグスティヌスにとって、「わたしの精神活動の生命的力」（vita huius actionis meae）は、精神の記憶・期待・直観を通して過去と未来と現在の方向に分散する（distenditur）とされる(3)。つまり、時間は、そして後に語られるようにアウグスティヌス自身の精神あるいは生・生命は、未来と過去と現在に向かう分散なのである（ecce distentio est vita mea）(4)。

このように自己＝時間ともされるような時間は、さしあたってわれわれが日常的に生きて数えている線状的時間や物理科学的な時間や編年史（クロノス）のように、そこから脱け出してそれを客観的に対象化できない。だからそれは厳しい問いをつきつけてくる。その問いはつまり、われわれが生きる生は、生の流れとして時間の流れであり、生の流れにおいて善くも悪しくも自分が変化してゆく以上、われわれは時間に生きて誰（何）になるのかという問いである。たとえ時間を対象化してそこから距離をとるとしても、そのような傍観的生そのものが、精神の時間におけるある有り様なのである。とすれば、クロノス的外的時間と異なる生という時間は、広義には人間的生とその成長の、狭義には精神的生全体の変容の構造と流れを創る分散なのである。[5] そこでわれわれは次に、この分散の秘義の考察に着手したい。分散（distendere）の真相はどういうことなのか。

一　アウグスティヌスにおける生の分散（distendere）と Continentia の女神

(1)　アウグスティヌスにとって精神の分散は、魂さらには生（vita）の分散であった。そうした分散は、直接倫理的善や悪あるいは存在論的な完成あるいは解体を意味するわけではない。ではそれは精神あるいは魂だけの分散なのであろうか。しかしその分散が、生の分散と語られている以上、それは意志・欲望の分散を含み、さらに欲望の分散を具体化する感覚や身体の分散をも伴うといえよう。このようにしてこの分散は、全的人間に関わるのである。それは言いかえれば、時間が全的人間に関わるという至極当然なことであるともいえよう。そうであってみると、分散においては人間の存在全体の変容が問題となってくる。その分散に在って刻々と人間は、自分の在り方の変容を創り、あるいは蒙るのである。だから分散における人の変容を表すため、われわれは述語的に「存在」という時間的含蓄の弱い静止的表現よりも、その出自は今さしおくとしても「脱在」という動的時間性を示す言葉を以後選択したい。そして「存在」をむしろ他者に自己を閉じる閉鎖的分散の意味で用いたい。[6] ところで分散は、価値中立的に用いられるが、他方で悪しき情欲による悪しき分散の意味でも用いられる。しかもこの分散は「その順序も知らない時間のうちに」起こる。つまり、人間の悪しき情欲的な分散にあって、時間の流れも秩序・順序（ordo）を失ってカオス的な流れとなっている。[7]『告白』の中では、全的人間とは最早いえず、カオス的時間に分散し解体しつつ、神なる他者に向かって脱在できずに、その存在の頽落に引きづられ、のたうちまわるアウグスティヌス自身の姿が物語られている。それは彼の回心直前の「庭園での苦悩」のエピソードにおいて典型的に語られているのである（第八巻、十章）。

(2)　第八巻、十章、24節の冒頭は、マニ教のいう善悪二元論に対する反駁から始まる。その反駁とはつまり、一人の人間のなかで、善と悪という二つの実体的意志が互いに争うわけではない。あるいはそれらが交互に一人の人間を支配するわけではない。ジギル博士とハイド氏のように二つの意志を実体的にもつ二重人格はない、という反駁である。というのも、そうした善悪二つの、あるいは善悪入り乱れた多数の意志の実体化を認めれば、そのとき人間は多数の本性に自己分裂してしまうからである。さらに唯一の生が分散状態に陥って、そのかけがえのない脱在性を失い、他者との一期一会の出会いや共生の地平やその出会いと共生とを語る物語りを永遠に断念しなければならないからである。アウグスティヌスの場合、彼は「わたしの物語り」を語れなくなり、従って『告白』も誕生しなかったことになる。むしろ一個の人間にあっては、「いくつかの異なる意志の志向が人間の心をいろいろ異なる方向にひっぱる」のであり、「そのうちの一つの〈善き意志〉がえらばれて、多数の対象に

分裂していた意志の志向が、その一つによって一つのまったき意志に統合されるまでは、互いに戦う」のである。(8)

第十一章、25~27節では、アウグスティヌスにおいて多数の悪しき意志の分散が活写され、回心、つまり意志志向の分散の統合への物語りがクライマックスを迎える。この物語りにおいて注目されるべきテキストの異化作用は次の三点である。第一点として、分散の統合としての回心は、「punctumque ipsum temporis, quod aliud futurus eram」と表現されている。これを邦訳すれば、「わたしが別人になろうとする時の一瞬そのもの」と表現できよう。それは古い自己から新たな自己への脱在の瞬間であり、分散していた自己と時間が一つに統合される一瞬を意味しよう。ここで如上の脱在と統合とが重なることを今は念頭においておきたい。

第二点として、なおもアウグスティヌスを回心から引き止めようとする過去の誘惑が「わたしの古い情人たち」としてメタファー的に表現されている点である。しかしその甘美な誘惑のささやきの内実は、「空の空」とも「虚しい中でも虚しいもの」と訳されるように虚無である。従ってアウグスティヌスにとって、また人間にとって、その時間的生の「悪しき分散」とは虚無への没落に外ならないといえる。そしてそうした「わたしの古い情人」である彼女たちの背後にあって、アウグスティヌスが旧い存在から脱在することを妨げていた敵は習慣であった。アウグスティヌスは習慣について、やはり回心直前の自己分析において次のように語っている。「敵は、わたしの意志を捉えて、わたしの意志からわたしを縛る鎖をつくり、それをもってわたしを縛りあげた。実際、意志は倒錯して情欲となり、情欲はそれに耽ることによって習慣となり、習慣はそれに抵抗しないうちに必然となった」(9)と。このような「倒錯した意志→情欲(libido)→習慣→必然」は、小さな輪となって連結し、アウグスティヌスをその鎖の中に閉じ込めたのである。ここで注意すべきは、この鎖とは彼自身の意志であり、習慣とはその自閉的存在の鎖に外ならない。しかし鎖という強力な存在の実体的束縛の本性は、虚無なのである。こう考えてくると、彼は虚無的な諸対象を意志することによって意志が分散し、自ら虚しくなっていった。それが回心直前の意志、つまり分散が一つにされる瞬間が現実化しないように虚無の方向に分裂する意志の在り様だったといえよう。そしてその意志は、自らと共にアウグスティヌスの魂、精神、欲望、感覚、身体などを含む全的人間を虚無へと分散させていたのである。特に古い情人たちのイメージは、情欲（libido）と重なって身体的分散の現実を際立たせる。

第三点は、この分散を一つに結ぶべく登場し、メタファー的に語るのが「Continentia」の女神である。ここでは「Continentia」を即「貞潔、貞淑」などと訳さないでおこう。なぜならこの語には重要な意味が含まれているからである。

でもその声はもう、ごく弱々しいものにすぎませんでした。というのは、私がそのほうに顔をむけながら、しかもそちらへとびうつるのをためらっていた方面から、きよらなか威厳にみちた「Continentia」が、すがたをあらわしてきたのです。彼女ははれやかで、快活でありながらいささかも放縦なところがなく、気高いすがたで、ためらわずにくるようにと手まねきし、私をうけとりかき抱くため、敬虔な手をさしのべましたが、その手は善い模範の群れでみちあふれていました。

そこには多数の少年少女たち、多くの若者、あらゆる年輩の人がいました。まじめな寡婦もいれば年老いた処女もいました。これらすべての者たちにおいて、「Continentia」自身はけっして石女ではありませんでした。それどころか、主よ、彼女はあなたを配偶として、多くのよろこびの子を産む、みのり豊かな母であったのです。

彼女はいたずらっぽいはげましの微笑をうかべながら、こういうように思われました。

「これらの男子や女子にできることが、あなたにはできないのですか。これらの男女は、自分の力でそれをすることができるのでしょうか。主である神においてはじめて、できるのではないでしょうか。この人たちの神である主が、私を彼らに与えてくださったのですよ。なぜあなたは自分にたのもうとして、たのむことができないのでしょうか。その身を、主に投げかけなさい。心配してはいけません。主は身を引いて、あなたをころばせるようなことはなさいませんよ。安心して身を投げなさい。主はあなたを抱きとめて、いやしてくださいますよ」

私は恥ずかしさで真赤になりました。まだあのくだらない者どものつぶやきに耳をかたむけ、ぶらぶらとためらっていたのですから。ふたたび彼女は、こういうように思われました。

「あなたの汚れた地上の肢体の誘いに耳をふさぎ、殺してしまいなさい。それはあなたに、いろいろとたのしそうなことを話しかけますが、主であるあなたの神の法には、とうていくらべられるものではないのですよ」

このような争論が、心のうちにおこっていました。それはほかならない、私の私自身にたいする争論でした。ところでアリピウスは、かたわらにぴったりと寄りそって、ただならぬ私の動きが結局どうなることかと、黙って見まもっていました。（八巻十一章27節[10]）

そして Continentia の女神が現われてきた方角とは、アウグスティヌスが「その顔を向けながらも、そこへ飛び移るのを恐れていた方角から」（ab ea parte, qua intenderam faciem et quo transire trepidabam[11]）なのであった。そこにはアウグスティヌスの回心を志向する顔と彼の方に身を張り出して（extendere）彼の志向を受け止め、自らに向け変える女神の手とのいわば啐啄《そったく》同時的な出会いが示唆されていよう。

このことを念頭において、今は邦訳せずにおいたContinentiaの意味を考究してみたい。この大文字は擬人化された女神を示すが、アウグスティヌスにあって小文字continentiaは一般的に、貞潔、つつしみ、節制などと邦訳されて道徳的有り様を意味する。だが大文字Continentiaもそうした道徳的意味に尽きるのだろうか。しかし、continentiaは、con（一つにする集中、とり集めの意）とtenere（保持の意）から成ることが示すように、本来は分散を一つに取り集めて保つ脱在論的働きを意味する。次のテキストは如実にその「取り集め」の働きを示している。

それゆえ、すべての希望はただひたすら、真に偉大なあなたのあわれみにかかっています。御身の欲することを命じたまえ。

御身はつつしみを命じたもう。「もし神がその賜物をくださらないならば、何人もつつしみを保ちえないことを私は知っている。それゆえ、この賜物がだれに由来するかを知ること自体、知恵に属するのだ」と、ある人はいっています。

まこと、私たちが、そこから多へ分散していたもとの一なるものへ、集められひきもどされるのはつつしみによります。あなたのゆえに愛するのでない何かほかのものをあなたとともに愛する人は、あなたへの愛がそれだけ少なくなります。

おお、いつも燃えてけっして消えることのない愛よ。愛よ、わが神よ、われを燃えたたしめたまえ。御身はつつしみを命じたもう。御身の命ずるものを与えたまえ。御身の欲するものを与えたまえ。（十巻二十九章40節）[12]。

アウグスティヌスの場合、分散を一つにするその力は、どこから到来するのかが問題であった。言いかえると、回心前の状況では、彼の意志が過去と未来の諸善にばらばらに執着し志向し分裂していたが、今や一なる神に向けてどのように取り集められるかが問題であった。それは自由意志と恩恵に関わる脱在的な問題であり、また人間論的恩恵論的次元の問題であったといえる。だからContinentiaは、何よりも分散の「一への取り集め」の意味で理解されなければならない。このようにして、以上の時間論的、道徳的、人間論的、恩恵論的、脱在論的「取り集め」において大文字の、女神であるContinentiaが理解されるのである。そのことの重大性は、上述のテキストが「つつしみ」の語によって括られて一つの文学単位となっている点からも窺えよう。しかし第四点として、このContinentiaが示す、協働態性にも注目しなければならない。実際この女神がアウグスティヌスに手をさしのべる時、その手は少年少女や老若男女の善い模範、つまり分散の統合が体現された諸々の具体的模範にみちあふれている。そこに女神が彼を招く。従って回心とは個人的次元で了ってしまう出来事ではなく、そうした母なる女神と主なる神から生まれた人々との相生と協働態への参入という出来事であるといえる。とすれば、個人のcontinentiaとは、分散していた個人が協働態的共生へと一つに取り集められると同時に、大いなるContinentiaの協働態性に参入することをも同時に意味するのである。われわれはそこに大文字のContinentiaの協働態的実相を窺うのではあるが、この問題は後にとりあげることにしたい。

以上の四点から、われわれは一応、本論文のタイトルの中のdistendere, continereの意義を概観した。それでは次に extendere に関わる諸問題を考究し、distendere-continere-extendere の連関において、アウグスティヌスがどのように身を張る（extendere）のかをさらに深読したい。

二　回心（continere）の実相——霊的感覚による「愛」の体験

（1）大いなる Continentia を機縁とした自らの回心について、アウグスティヌスは本質的な表現を用いて次のように語っている。「あなたはわたしの心（cor）を御言（verbum tuum）をもって貫かれましたから、あなたを愛してしまいました（amavi te）[13]」と。

ここから extendere に関するわれわれの考究を始めよう。そのためまず予備的に、次に重要な点を指摘しておきたい。第一に「あなたを愛してしまった」というアウグスティヌスの愛の表白が現在完了形でなされている点である。それは一方で、回心の体験が知的観照の次元よりも一層意志的欲求的さらには身体的次元で生起したことを示そう。というのも、回心直前のアウグスティヌスの分散は、まさに時間的存在たる人間の意志の分裂状態であったからである。そしてそれは他方で、この神的汝への愛の体験が、アウグスティヌス自らの現在にも生きているということを示すのである。第二点は、この愛の体験は、イエス・キリストという御言に拠らなければ生じなかったという点である。それではこのキリストを根拠とする回心体験とはどのような出来事であり、現実であるのか。この問いは、本論にとって核心的な問いとなる。この問いと共に第三点は、「あなた」が御言をもって彼の心を貫いたということの内実が問題となる。この点については様々な解釈も可能であろうが、中でもわれわれの distentio-Continentia 連関の考究にとって最も関係する考察は、加藤信朗氏のアウグスティヌスの回心をめぐる周知の論文である、「cor, praecordia, viscera――聖アウグスティーヌスの『告白録（confessiones）』における psychologia 又は anthropo logia に関する若干の考察――」である。

今は少々その概略を辿ってみたい。氏によればアウグスティヌスの回心のプロセスは、御言に拠る精神と身体を含む全的人間の変容である。つまり御言が精神身体的な語で表わされる viscera（はらわた、食欲や性欲の座）から praecordia（胸もと、情念の座）にへばりつき、ついには cor（心臓、愛情の座、意識の深層）の我執を砕き（cor contritum）、占領してしまう。我執が砕かれてしまった時、神の言葉への愛の体験が生まれる。そうして cor がそこにおかれている、いわば cor の体である viscera と praecordia は、御言および御言への cor の愛によってひたされる。さらに内なる身体 cor = praecordia = viscera にあふれる愛の流れは、外的肢体（membra）＝体にまで浸透する。こうして「肉体という状況におかれている自己の意志」の自己転換（conversio）が成立する。だから回心とは、身体性も含めた全的人間のある種の高揚的変容を意味するのである[14]。しかし、われわれはさらに、時間論的分散との関連でこの身体的分散の高揚的変容の内実と、そこに働く「汝」あるいはその御言に関して、少々考察を重ねなければなるまい。

アウグスティヌスはこの回心における愛の体験を述べた後、次のように何度も問うている。「あなたを愛するとき、わたしは何を愛しているのだろうか[15]」と。

主よ、私はあなたを、疑念をいだきながらではなく、確信をもって愛しています。あなたは私の心を御言をもって貫かれましたから、あなたを愛してしまいました。
それにしても、あなたを愛するとき、私は何を愛しているのでしょうか。物体の美しい形ではなく、過ぎゆくもののおびる魅力でもありません。肉眼に親しまれる光の輝きではなく、あらゆる種類の歌曲がもっている甘美なメロディでもありません。花や香油や香料の発するよい香りではなく、マナや蜜の味でもなく、肉の抱擁にこころよい肢体でもありません。神を愛するとき、私はこれらのものを愛しているのではありません。

それにもかかわらず、神を愛するとき私は、一種の光、一種の声、一種の香気、一種の食物、一種の抱擁を愛しています。わが神は、わが内なる人間にとっての光であり、声であり、香りであり、食物であり、抱擁なのです。そこでは、いかなる場所にもとられない光が心を照らし、いかなる時にも奪いさられない音がひびき、いかなる風にも吹き散らされない香りがただよい、食べてへることのない味わいと、飽きてはなれることのない抱擁とがあります。神を愛するとき、私が愛しているのはまさしくこのようなものなのです。

（十巻六章8節(16)）

そこでまず第一に注目されることは、神的な「あなた」とは、われわれの身体的五官に与えられる感覚的印象（視覚に対する形や光、聴覚に対するメロディ、嗅覚に対する香り、味覚に対する蜜のような味、触覚に対する抱擁など）であることが否定される。そしてこれと対比的に、「あなた」「汝」は「内なる人間」にとって把握されるある種の感覚的な対象であるとされる。ここで「内なる」の意味を「精神的」「霊的」と理解すれば、それらの言葉と「感覚的」という言葉は、通常の認識図式からすれば矛盾した表現である。しかしそれらを束ねた「精神的感覚的」という表現とその経験は、恐らく神を霊的身体の五官によって受容するいわゆる霊的感覚（sensus spiritualis）の経験を示していると思われる。この霊的感覚の経験は、『フィロカリア』やニュッサのグレゴリオスなど東方教父にも顕著にみられる。アウグスティヌスの場合、彼が愛した「汝」とは、通常の身体的感覚ではなく、また通常の精神的「内的人間」の体験でもなく、霊肉の融合統合された霊的感覚によって、あるいはまた恐らく霊的に感覚しうるまでに高揚された身体とによって体験されることを示しているのであろう。しかも彼の愛する「汝」とは、人間のこのような霊的感覚の自力的能動的力によって把握されるわけではない。実は神を愛するとき、すでに愛される神が逆に愛する者として到来しているのである。その到来の場は「内的人間」であるが、結局その到来を蒙るのは、加藤論文のいう cor = praecordia = viscera = membra に至るまで御言とその愛によってひたされた全的人間といえるであろう。そうした内的で全的な人間でなければ、次のような霊的感覚による経験は生じないであろう。すなわち、その全的人間においては、霊魂が光を見るのでなく、場所空間を超えた光が輝き出（fulget）、時間を超えた音が響き（sonat）、風の流れを超えて到来する香りが芳香を放ち（olet）、食べても食べても減らない食物の味がし（sapit）、抱擁は決して引き離されることがない（haeret）。アウグスティヌスが神を愛するとき、このように霊的感覚に到来する者を愛するのである。ここで到来と表現したのは、そのような到来者が「輝き出、響き、芳香を放ち、味を与え、抱擁する」と語られるように、御言自身の方からアウグスティヌスの日常的感覚をゆるがして到来し、彼にある種の身体的地平での出会いをもたらすからである。言いかえれば、アウグスティヌスの愛の体験とは霊的センスにおける御言の身体的現前であり、その蒙りであるといえよう。そこにアウグスティヌスの身体を張ったことの一位相が洞察できるのであるが、彼はさらに、この霊的センスで受容した者の正体とその住居を求めて、外界から始まり記憶の無数の領域に分け入る探査に着手する。それはどういうことか。

(2)　彼は『告白』第十巻、八章、12節から記憶の諸領域に「汝」なる者を探究してゆく。すなわち、感覚的事物の心象の宝庫としての記憶野、学問的概念や知識の記憶野、数学の記憶野、感情の記憶野、忘却の記憶野、至福の生の記憶野などを次々と吟味しながら、真理のよろこびである至福の生の記憶野に神の現存を求めるのである。二四章35節～二五章36節では、空間的道行きのイメージを伴ってその消息が語られている。「主よ、わたしはあなたを尋ね求めながら、まあ何と長い間自分の記憶の中を歩きまわったことか（quantum spatiatus sum）。そしてあなたを自分の記憶の外には見出さなかった」と。だから「あなた」はアウグスティヌスの記憶の中に留まり、その想起が彼に聖なる快楽（sanctae delictae）を与えるというのである。しかし神を想起できる記憶は、「あなた（真理）を知るようになってこのかた」と六度も反復されるようにあくまで条件つきなのである。ここでは、想起されずに忘却された無意識野における神の現存については、ふれないでおくとしよう。(17) だから探究の問いは、二六章37節へと続いてゆく。それは「汝」を知ってからでなく、知るようになる以前には「すでにわたしの記憶の内にましましたはずはない」のだから、「ではどこで汝を見出し、知るようになったのか」という問いである。そしてそれに直ちに答えるかのように、有名な「わたしを超えて、あなたにおいて」（supra me in te）と語られるのである。しかし「において」は、単に静止的場所ではなく、人間が「汝」たる神から遠ざかったり近よったりする動態である。それは言いかえれば、神が不動でありながらも、その永遠の高みから人間の許に不断に到来するという矛盾的脱在的動態とそれに呼応あるいは離反する人間の動態の間のドラマということ（事即言）でもあろう。あるいは分散が一に収斂される場（西田哲学の場的）ともいえよう。この点は後述することにして、上述の「わたしを超えて、あなたにおいて」あなたに出会うこととその「あなた」に遠ざかり近よる自己自身の在り様との二つの動態に呼応するかのように、二七章38節において突如余りにも有名な詩が響きわたるのである。

古くして新しき美よ、おそかりしかな、
御身を愛することの余りにもおそかりし。
御身は内にありしにわれ外にあり、
むなしく御身を外に追い求めたり。
御身に造られしみめよきものに誘なわれ、
堕ちゆきつつわが姿醜くなれり。
御身はわれとともにいたまいし、
されどわれ、御身とともにいず。
御身によらざれば虚無なるものに捕えられ、
わが心御身を遠く離れたり。
御身は呼ばわりさらに声高く叫びたまいて、
わが聾せし耳を貫ぬけり。
ほのかに光りさらにまぶしく輝きて、
わが盲目の闇をはらいたり。
御身のよき香りをすいたれば、
わが心は御身を求めてあえぐ。

御身のよき味を味わいたれば、
わが心は御身を求めて飢え渇く。
御身はわれにふれたまいたれば、
御身の平和を求めてわが心は燃ゆるなり。
（十巻二七章38節[18]）

この詩は、sero te amavi「余りに遅くしてあなたを愛した」から始まり、それが反復されている。だから反復される sero「遅く」はまた詩の冒頭にあるだけに、それだけ一層アウグスティヌスの後悔の気持ちを深く示す。何を後悔したのかは、te amavi「あなたを愛した」ことの遅さである。この現在完了形 te amavi は、アウグスティヌスの回心を表白した六章8節冒頭の「あなたはわたしの心を御言をもって貫かれましたから、あなたを愛した」に呼応するであろう。殊にこの8節は、直にアウグスティヌスが「あなた」を霊的感覚で感受した体験を描き、またこの38節の詩も同様に「あなた」との霊的感覚による出会いを歌い上げていることから、両節は重なって同じ回心体験を表現するのだと考えられよう。

次にこの詩で注目される点は、アウグスティヌスが回心前（そうして恐らく現在も）、外的な美しい事物（formosa）の間をさ迷ったことである。しかも彼はずっと「あなた」と共に居らずに、それら美しい事物を「あなた」の代わりにいだいていたのだから、それら事物も「あなた」から離れて、いわば非存在化した虚しいものだったのである（quae si in te non essent, non essent）。こうしてアウグスティヌスは、虚無の中に堕ち込み分散迷走していった（irruebam）。神から離れていったのである。

これに対し「あなたは内に在った」（intus eras）、「わたしと共に在った」（mecum eras）のである。この「在る」の不完了過去動詞は、「あなた」なる永遠なる神が不動な仕方でアウグスティヌスの近みに存在した静態的な状態を意味するのではあるまい。というのも、アウグスティヌスは神から遠ざかるのだから、その割合に従って何らかの仕方で神が彼の近みに脱在・到来するのである。そのように語ると、一人の人が相手から遠ざかる程に、それだけその相手がその離れる人に近づくという至極日常的な遠近の動態を意味すると解釈されるかもしれない。しかし事はそう単純ではない。一方で、永遠なる神が物理的な距離を超越してアウグスティヌスと精神的に共に居ることでもなく、他方で、神と彼とが日常的な遠近の時空内に身体的に近接しているわけでもない。それでは、その神の近みとアウグスティヌスの去来との遠近法はどのように理解されうるのか。その問いに対する手がかりが、次にこの詩において描かれている、霊的感覚における回心体験なのである。

それはどういうことか。

まずこの経験は、アウグスティヌスの全身体・全感覚の自閉性を引き裂くように働く点に注目される。すなわち、アウグスティヌスの聴覚の不感受性の開放を示す動詞は、vocasti, clamasti, rupisti であって、「あなた」の畏怖すべき雷鳴が響き、彼の存在を裂く。視覚の盲目性の開放を示す動詞は、coruscasti, splenduisti, fugasti であって、殊に盲目性の追放を描く fugasti を通して彼の存在に光がきらめき入る。嗅覚の自閉を破って、神的脱在を呼吸するように働く動詞は、fragrasti であり、その結果、アウグスティヌスは「あなた」の霊的気（spiritus）を吸いこみ（duxi）、「御身を求めてあえぐ（anhelo tibi）」。こうして「あなた」の到来に遭って、彼も今に至るまで「あなた」の近みに近づく。味覚の感受の鈍感を破る動詞は、gustavi であって、それによってアウグスティヌスは「あなた」の甘美へわが身を抜き今日も近づく（esurio et sitio）。触覚あるいは身体全体の自閉は、「あなた」の抱擁に包まれて開かれる（tetigisti）。その結果、アウグスティヌスは平和を求めて燃え立ち脱在する（exarsi）。

これらの表現は、単に詩的メタファー的表現には尽きない。この霊的感覚的表現が単なるメタファーでないという意味は、メタファーが言語内での意味関係の指示にとどまる意味論的次元におわらないということである。ここでわれわれのいうメタファーは、言葉の「外」を披く意味で用いられる。それはどのようなことか。先の六章8節の霊的感覚のテキストも含め、ここではいわば象徴的メタファー的表現で御言との出会いが語られている。アウグスティヌスのしるし論によれば、比喩的しるしは字義的しるしと異なっていて、それを超えるものをしるしづける。例えば「雄牛」は比喩的しるしとして「福音史家ルカ」を示すように（『キリスト教の教え』二巻十章15節）。だから比喩的しるしを字義的に解釈してはならない。「文字は殺し、霊は生かすのである」から（三巻五章9節）。如上のしるし論をさらに言いかえれば、メタファーは自らを超えて「外」・「他者」を指す。その時、メタファー言語としてその役割を終えるのである。

さてわれわれの「霊的感覚」を語るメタファーは、アウグスティヌスの回心体験が字義的に叙述されるような時空内の出来事でなく、ある非日常的、超越的出来事であるゆえに用いられているといえよう。ではそれはどのような出来事なのか。まずそのメタファーが、身体的な比喩言語で語られている点が注目される。それはどのような比喩的内実を指すのか。A. Solignac の注解を参照してみよう（*Les Confessions*, OEVRES de Saint Augustin, 14, Études Augustiniennes, 1996, pp. 569–572）。彼によるとこのメタファーは、神がアウグスティヌスの魂に乱入した内実を示すという。すなわち、感覚的表現の中の声と光は、突如とした暴力的な神の到来を表象し、香りや味そして抱擁は次第にやさしくなる神の到来を喩える。このプロセスは、言いかえると感覚的に遠いところから呼ばわる者が（声）、次に視覚に現前し（光）、もっと近くに香り（香り）、その存在を味わえるほどに近づき（味）、やがて抱擁にいたる（触）。このような「遠みから近みへ」を表象する身体的感覚的メタファーは、言語内の表象におわらず、自らしるし（signum）として、一方で御言がアウグスティヌスにダイナミックに到来することを示し、他方でそれによってその自同的我執存在を破られ脱在するアウグスティヌスを示し、このようにして御言とアウグスティヌスとのある身体的な出会いの出来事（res）や地平を披き示していると思われる。例えば、アウグスティヌスにおける上述のような御言の身体的な近みの体験が音から始まるという点については、回心時の「取りて読め」という子供たちの声を暗示しようし、さらにオステイアにおけるモニカとの御言の体験にもふれてこよう（Solignac, J. O'Donnell, *Augustine Confessions* III Commentary on Books 8-13, Oxford, 1992, P. 198）。

以上のようにこのメタファーは、メタファーであるゆえにその外に通常的時空を超えた出来事と同時にその身体的表現を通して精神的内的次元の外に超出することを示しているわけである。従ってこのメタファーの「外」なる次元には、御言がある身体的仕方で全アウグスティヌスに到来する現実が語りだされていよう。それは何度も言うようであるが、アウグスティヌスの自閉的な在り方、すなわち高慢と身体的情欲とを裂き、彼を全的に転回させる到来なのである。このようなアウグスティヌスと御言との霊的身体的出会いは、アウグスティヌスの自己探求の道行き— distendere＝ extendere＝ continere とそれを転回させ到来する御言の到来 Extendere-Continere との文脈において思索する時にいっそう明らかとなろう。特に大文字の Continere については、われわれが女神 Continentia のメタファー解釈においてその内実を明らかにした。女神 Continentia の Continere とは、分散したアウグスティヌスを一つにする御言のある身体的到来、つまり「私をうけとり抱くため、手をさしのべる」Extendere の働きだったのである。

いずれにせよ、この二七章38節におけるアウグスティヌスの我執の砕れを示すメタファーは、彼の回心における唯一回的な愛の体験（amavi te）が、霊的感覚において生じたことを示そう。そしてアウグスティヌスの存在論的な自閉を破る先述のような感覚的動詞の表現は、二人称単数完了形によって「あなた」のほうからアウグスティヌスに向かう強烈な存在炸裂の働きかけを示すといえる。すなわち、「あなた」は全的人間のアウグスティヌスに身体的に現前し到来したのであり、ある意味で現在も到来しつつある脱在的働きなのである。その「あなた」の脱在的到来においてアウグスティヌスは、一なる脱在者として回心する。そのことが「あなたにおいて」といわれる神の近みであって、霊的精神的身体の次元で「わたしをこえて」生起する動態なのである。だから先に提出された神の到来の近みと身体を張って志向するアウグスティヌスとの出会いの次元は、日常的身体的距離の遠近法を超えた霊的な次元であると同時に、静態的な永遠の超越的次元のみには属さないある身体的な次元なのである。このような意味で「あなた」は、いわば刻々と寸断なく人間に到来し、彼の分散を continere にもたらすように働きかけつつ常に全的人間の足下に現前するといえよう。

以上から「わたしを超えて、あなたにおいて」の「～において」の意味は、時間的、意志的、身体的な分散を一に集める霊的身体の遠近法的地平であるといえる。またその場合の「あなた」とは永遠に不動なる神でも、詩的表象・メタファーとしての神でもなく、身体的に到来する脱在なのである。

しかし、それでもこの世に生きる生身のアウグスティヌスは、身体を張り続けなければならない。

それは一体どのようなことか。

三　三種の欲望の吟味から身体的 continere

アウグスティヌスの「神と自己の探究」は、いわゆる記憶論を通して「わたしを超えて、あなたにおいて」に至った。そしてこの記憶論は、彼の回心における霊的感覚を通しての「あなた」との甘美な体験に関する語り（第十巻六章8節）と詩（第十巻、二七章、38節）とによって括られ、一つの文学単位（inclusio）を成していると思われる。とすると、続く二八章以降、殊に三種の欲望の吟味にあてられる三〇章〜三九章64節の「告白」テキストは、十巻全体の文脈の中でどのような意義を示すのかが問われよう。その問いに予示的に答えれば、通常は「記憶論」研究から除外されるこのテキストこそ、アウグスティヌスが今なおかかえている分散の苦悩と他方ですでに全身全霊で与った一なる「あなた」への愛との中間状態を示し、そしてその分散状況の吟味とそれによるさらなる continere および extendere の探究を示す言語行為であるといえよう。なぜなら彼は、自己の中間状態の悲惨さとその吟味とを一応「三種の欲望」吟味の後のレジュメの箇所（四〇章〜四一章）で次のように語っているからである。「そこでわたしは、三種の欲望のうちにあらわれてくる自分の罪の病を考察し、いやしのためにあなたの助力を乞い求めた。わたしは傷ついた心であなたの輝きを見た（愛の回心体験）。しかしうち退けられてしまった（中間状態の苦悩）」（四一章66節）と。

それではわれわれは、順次、持続する分散を示すこの中間状態の内実を吟味していこう。

三〇章に入る前に、二八章39節においてアウグスティヌスは、彼の内に悪しき悲しみと善き喜びとが争い（contendere）、また人生そのものが順境というよりむしろ逆境であるという意味で、人生は試練（tentatio）であると悲歎し，医者なる「あなた」に病人としてあわれみをしきりに乞うている。第二九章では，神のあわれみとは，如上のように分散した自分に continentia を授けることにあると語られる。しかもこのテキストでは，continentia が「節制」などの道徳的意味よりもむしろその脱在的統合の意味で示されているのである。「まこと，わたしたちが，そこから多に分散していたもとの一なるものへ，集められ引き戻されるのは continentia による」と。そして愛こそが，continerem の根底に根源的に働くことが示唆されている。

このcontinentia 祈願の二九章が，三〇章から始まる三種の欲望吟味の直前に位置することは，continentia が三種の欲望に直接かかわることを示そう。実際に三〇章の冒頭は端的にそのことを語るのである。「確かにあなたは肉の欲と目の欲と世間的野心とから，continere するように命じたまう」（Jubes certe, ut contineam a concupiscentia carnis et concupiscentia oculorum et ambitione saeculi）と。だから人間の身体的欲望やそれに起源する世間的野心などが，どのように continere されるかということこそ，人間の成熟にとって根本的契機であることが踏まえられて，三〇章以下の考察が始められるのである。

以上の点を念頭において，まずアウグスティヌスの「肉の欲」（concupiscentia carnis）の吟味に大略追従したい。三〇章41～42節では，かつての女性との肉体的接触の心象が幻影となって彼の「魂と肉体との間で暴威をふるう」ことが語られている。例えば，こうした感覚的心象が，睡眠中のアウグスティヌスに「肉の流出」をもよおさせるからである。ここでは五感中の触覚が吟味されていると思われる。同様にして，続く三一章では味覚が，三二章では嗅覚が，三三章では聴覚が，三四章では視覚が吟味されている。いずれの吟味においても，日常生活におけるアウグスティヌスの五感を通しての分散状態が調査分析され，それらが continere されるべく，神のあわれみが祈願されている。この五感における分散とその統合は，殊にアウグスティヌスの分散的身体からその霊的精神的な身体への continere、止揚変容を意味するのである。次に三五章で吟味されるのは、第二の欲望である「目の欲」、すなわち好奇心である。それは知識欲であり、「諸感覚の中で認識という点で首位を占めるのは目であるから」「目の欲」と呼ばれる。そしてこの好奇心である知識欲は、神との交流に向かわず、殊に魔術や宗教的しるしや奇跡や星占い、亡霊の返答を求める宗教的儀式を演出する悪魔との交流に向かう点に注意しなければならない（56節）。その点で「目の欲」は、続く三六章で吟味される第三の欲望である「世間的野心」「あるいは傲慢」の準備段階ともいえる。というのも、人に畏敬されたい賞賛されたいそして自己満足したいというこの欲望は、「〈あなたのため〉にでなく、むしろ〈あなたの代わりに〉」（59節）、自分が神のように、畏敬され愛されることを欲望するからである。それはまさに高慢であり、正に「悪魔に似た者」になることだからである。

それではアウグスティヌスは、「悪魔に似た者」と悪魔とを、どのように考えていたのだろうか。

「悪魔に似た者」とは、繰り返すようであるが、悪魔がまきちらす「えらい、えらい」というほめ言葉をがつがつとひろい集め（colligimus）、神の代わりに神になるかのように思う偽りの虚無的自己同一性を追求するものであろう。というのも、「えらい、えらい」とは当人の真の在り方をいつわる仮幻的賞讃であり、そこに集められる「えらい」の束は幻想に外ならないからである。それでは、そういう幻想的演出を働く敵（Adversarius）・悪魔とは、どのようなものなのだろうか。それは「〈あなた〉を転倒しゆがんだ仕方でまねる者」（te perversa et distorta via imitans）なのである。この「転倒した仕方で〈あなた〉をまねること」こそ、傲慢に外ならず、58節では「typhus, jactantia, superbus, ambitio」（自我肥大、自慢、傲慢、野望）などの言葉によって表現されているが、その内実は根源悪を解釈した「梨の実の盗み」のエピソードにおいて実に明快に示されている（第二巻六章）。というのも、「梨の実の盗み」のエピソードは、解釈学的に「エバとアダムによる園の実の捕食」のエピソードを下敷きにして原罪を考察しているからである。すなわち、アウグスティヌスが梨の実の盗みにおいて愛したのは、盗みそのものであり、しかも盗んだ実をそのまま食べずに放り棄てたのだから、「盗みは虚無である」というわけであった。しかも、仲間を組んで共謀しなければ一人では盗めなかったのであり、一緒に盗んだ仲間も、悪行そのものを愛した以上、「仲間を組むこともやはり虚無」であった（八章）。こうして正義の法をふみにじり、盗みの違法行為と仲間を組むこととを逆に至高の目的あるいは法としたアウグスティヌスは、正義と盗み、友愛と共謀を転倒させ、転倒的虚無の中に陥って、しかも依然としてその虚無自体を実体化し自己目的として志向したのである。これこそ「〈あなた〉から遠ざかり、〈あなた〉に背いて高ぶるものはすべて、転倒したかたちで〈あなた〉を模倣することなのである」（六章14節）ということの典型的行為であろう。だからそこでは、その転倒のもっとも典型的な例が次のように語られている。「たとえば〈傲慢〉（superbia）という悪徳は、高さをまねている。けれども万物を超えて高くましますのは、ただひとり、神なる〈あなた〉だけである。〈野心〉（ambitio）という悪徳は、ひたすら名誉と栄光とを追い求めるが、万物に優ってほめられ、永遠に栄光に輝くのは、〈あなた〉ひとりである」（同、13節）と。

以上のように第三の種類の誘惑（tertium tentationis genus）は、第二種類目の欲望である好奇心とともに、悪魔という虚無的な転倒、つまり自己神格化である傲慢に極まるのである。

このようにして三つの欲望の分析は、アウグスティヌスの生きた悲惨な分散の現実とその原因を根底的に暴露している。つまり彼の分散は、五感とそれが根差す身体性の分散であり、かつこの根拠である神と人間との秩序の分裂であり、結局彼の生の虚無的転倒・意志の虚無化としての分裂だといえよう。

それではアウグスティヌスは、如上の分散と転倒的分裂の苦しみの只中で、なおかつ Continentia の女神に向かう中間的状態から、どのように「一」へと超出してゆくのであろうか。

四　Continereする「仲介者」キリストと身を張って生きる（extendere）アウグスティヌス

三種の欲望吟味の直後に、第十巻四〇章65節で、アウグスティヌスは記憶論・欲望論を要約しながら、一方で、「あなた」が彼を尋常でない心の状態において、えもいわれぬ甘美さを味わわせてくれるかと思うと、他方で、彼が自分の「習慣の重荷」に引かれて再び悩み多い生活にとらえられるという中間状況を報告している。われわれはその報告の語りの中に、如上の超出に関わる手がかりを読み取ることができる。

……（この光にむかって私は、）すべてのものについて、それらは存在するか、それらは何か、どの程度に評価すべきかをたずね、その光が私に教えたもうのを聞いたのです。

そのようなことを私はよくいたしますが、それは自分にとってたのしみです。ですから私は、しなければならない仕事から解放されたときにはいつも、この快楽のうちに逃げこむのです。私はあなたの助言をもとめながら、これらすべてのもののあいだを駆けまわりますが、これらいかなるもののうちにも、あなたにおいてのほかは、魂の安全の場所を見いだすことができません。あなたにおいてはじめて、分散していた私は一つに集められ、自分に属するいかなるものも、あなたからはなれなくなるのです。

そして時々、あなたは私をまったく尋常でない心の状態にひきいれ、心の奥底において、えもいわれぬ甘美を味あわせてくださることがありますが、その甘美が自分のうちで極致に達すると、それは何かしらこの世のものではないようになりましょう。しかし、なやみの多い重さにひかれてふたたび現実の世界に落ちこみ、ふたたび通常の生活にひきずりこまれ、とらえられてしまいます。私はひどく涙を流しますが、ますますとらえられてしまうのです。習慣の重荷というものは、何とまあ力の強いものだろう！

いることのできるこの状態には、いたくない。いたいと思うあの状態には、いることができない。いずれにしても、私はみじめだ。（十巻四〇章65節）[19]

その手がかりは、次のようなテキストに窺えるのである。「〈あなたにおいて〉の外は、魂の安全の場所を見出すことはできない。〈あなたにおいて〉はじめて、分散していたわたしは一つに集められ、自分に属するいかなるものも、あなたから離れなくなるのだ」（invenio tutum locum animae meae nisi *in te, quo* colligantur sparsa mea nec a te quicquam recedat ex me）と。この「あなたにおいて」は、先述の「わたしを超えて、あなたにおいて」と連動し、そこでこそアウグスティヌスの分散分裂が一つに集められる。それは真実に魂の安全の場所なのである。勿論ここで語られる場所は、先述のように、空間的な意味ではなく、そこで分散と一なる統合が生起するContinentiaたる御言の到来とアウグスティヌスの脱在が出会う契合的動態を意味しよう。

こうした一つに集めることは、彼によって別様に表現される。つまり「自分と〈あなた〉とを和解させるために、誰を見出すことができたであろうか」（四二章67節）と。continereとは和解なのである。

そのcontinereからはるか遠くに生きる彼は、自己の分裂が転倒した意志から生じた習慣の只中で、いやし難いことを経験し悲嘆する。彼はcontinereに対し、まったく無力である。だからその無力な只中で、つまり身体的に分裂し傲慢な意志を以て分散するアウグスティヌスを、その身と心にまたがって一に引き上げ神と和解させる仲介者を求めざるを得ない。四二章から仲介者が考究される由縁である。仲介者とは言いかえれば、分散したアウグスティヌスの許に到来する神の代理者であり神の意志の体現者あるいは人間にとっては神に通ずる具体的な道であろう。この体現者は、身体的五感的に分散し、意志の傲慢によって転倒し分裂したアウグスティヌスの全的人間を、身体的にかつ謙遜によって一に集めうる者でなければならない。このことはこれまでの考察によって明らかであろう。それでは、彼はどのような仲介者を求めたのか。まず彼は天使的な媒介者・仲介者に助けを求めたのである（四二章67節）。

彼のいう天使的な仲介者は、「エフェソ書」二章2節に即して「この空中に勢力をもつ支配者ども[20]」とも言われている。彼らは空中に住み、天上の神と地上の人間の間を仲介するよう見せかける。だから人間はこの仲介者に祈りや秘儀（sacramenta）や魔法の力を通して関わり、その魂が神の許に上昇するように熱望する。その秘儀は神働術（theourgia）や民間的秘教のようなものだったと思われる[21]。しかし、その仲介者の正体は、アウグスティヌスによれば悪魔なのである。そもそも神と人間との仲介者である以上、「何か神に似たものを有するとともに、何か人間に似たものを有しなければならない」はずである。けれども悪魔は全くその逆なのである。すなわち、悪魔は一方で、神の有する人間への愛や身体的地平にまで人間と関わるケノーシス的な脱在を有しておらず、そればかりか神に反逆して傲慢であり人間を陥れようとし、他方で、堕天使であるので人間のように身体を有していないのである。従ってアウグスティヌスのかかえる身体的五感的分散と転倒した傲慢な意志の分裂は、このような仲介者によっては癒されるどころか、彼の見せかけの身体性と本質的傲慢によって、ますます分散分裂してゆく。この分裂を癒し一つに集めうる（continere）真実の仲介者こそは、ケノーシス的謙遜を体現して人間の許に受肉したイエス・キリストだというのである。

それでは、次に真の仲介者性の意義を考察することにしよう。われわれの考究は、時間と distendere と continere さらに extendere の連関を語る十一巻二九章～三一章のテキスト解釈に向かう。

まず二九章39節でアウグスティヌスは、自分が「順序も知らない時間のうちに散らばり」「魂の内なるはらわた（viscera）ともいうべきわたしの思い（cogitationes）は、様々の騒々しい事柄によって、ずたずたに引き裂かれている」と告白している。接頭辞（di→dis）をもつ動詞「散らばり」（dissilvi）、「引き裂かれている」（dilaniantur）がその分散をよく示している。またそれは時間的、身体的（viscera）分散であることが同時に述べられている。

それでは、この分散は、どのように一つに集められるのだろうか。同じテキストを辿っていこう。

しかしあなたのあわれみは、多くの生命にもまさる。どうです。いくつかの方向への分散状態が私の生命なのです。しかしあなたの右手は、一なるあなたと多なる私たち――じっさい私たちは多くのものにより、多くのものにおいて多になっています――との仲介者である人の子、わが主において、私をうけとってくださいました。それは、この仲介者をとおしてあの方を、そのうちに私がもうとらえられてしまっているあの方を、自分自身でとらえるためです。また、一なる方に従いつつ、古い日々のうちに分散されていた自分が一つに集められるためです。私は過去のことを忘れ、来たりまた去りゆく未来のことに注意を分散させずに、まのあたりに見るものにひたすら精神を集中し、分散ではなく緊張によって追求し、天上に召してくださる神の賞与をわがものとする日まで続けます。その日、私は讃美の声を聞き、来ることも去ることもないあなたのよろ

こびをながめることでしょう。（十一巻二九章39節[22]）

ここで注目すべき第一点は、「あなた」なる神と、アウグスティヌス個人もそこに入る多なるわたしたち、その両者をむすぶ仲介者という三つのものが語りだされていることである。それはこの仲介者において、つまり「わが主において」一なる「あなた」と多に分散している「わたし」さらに「わたしたち」が一つに結ばれることを意味する。

第二点は、この仲介者において過去や未来に分散せず一つに集められることである（colligor）。われわれはこの時間的な分散が、アウグスティヌスにあって、意志・欲望の分散として五感的身体的分散に連動することをすでに明らかにした。その仲介者の continere する到来こそ、霊的感覚という仕方で身体的に突如現成する到来だったのである。

第三点は、「仲介者」のとり集めの働きと共に、アウグスティヌスおよび彼の「告白」に聴従する人たちの「主」なる仲介者に対するある志向（intentio）、つまり extendere が語られている点である。この extendere は、「前なる事物」（ea quae ante sunt）に向けられた志向であるが、『告白』のこの表現は、その前後の表現と共に「フィリピ書」三章13～14節からとられている。[23] その際、アウグスティヌスの extendere は、「天上に召して下さる神の賞与をわがものとするまで続く」のである。従ってこの extendere は、分散を一つにもたらす能動的働きである愛そのものである方の continere ともいえるであろう。実際に「わたしたちが、そこから多へ分散していたもとの一なるものへ、集められ引き戻されるのは continere による。……おお、いつも燃えて決して消えることのない愛よ。愛よ、わが神よ。われを燃え立たしめたまえ」（第十巻二九章40節）なのであるから。こうして仲介者において「あの方」へと全心身で愛に燃え立つ continere、extendere は、「仲介者たるキリスト」へと身体を張ることである。この身体を張る extendere が、通常的生の分散をその都度 continere する意味で、われわれの日々の時間における神探究の生の道行ともいえるが、それがその歩みの都度、永遠なる垂直的次元に絶えず先駆的に与っていることは、三〇章40節のテキストが示す通りである。「彼らも前にある物事に extendere し、あなたがすべての時間の前にすべての時間の永遠の創造主であることを洞察するがよい」（extendantur etiam in ea, quae ante sunt, et intellegant te ante omnia tempora aeternum creatorem omnium temporum esse...）。

第四点は、この人間的な日々の身体を張って生きることが、回心という根底的な continere の体験にいたるのであるが、それはまさに、「仲介者」の身体的な到来・現前に拠るという点である。回心はわれわれが解釈したように、日常的な三種の欲望とそれによる存在全体の分散、殊に身体論的分散が、霊的感覚の次元において一つに止揚される愛の体験となって現成する（amavi te）。その回心は、人間の分散的生と extendere の道行きに、いわば垂直的に拓ける continere といえる。アウグスティヌスが回心直前に意志的に分裂しつつも、自分の顔をそこに向け志向していた（extendere）側から（ab ea parte, qua intenderam faciem）、女神 Continentia が突如現われ出たように。そのさい、Continentia が大文字であるのは女神を詩的メタファー的に表現する修辞ではあるとしても、彼女の決定的 continere をも表現しえたという点は見逃せないのである。つまりそれはアウグスティヌスの日々の分散を取り集める多くの continere の道行きを、カイロス的に転換する Continere だからである。彼は、そのように回心において唯一回的に体を張ったのだが、しかし日々彼は分散する時間に抗して身体を張りつつ生きたのである。

第五点は、仲介者にしろ、Continentia のメタファーにしろ、神にしろ、分散している者を一に集めるという時、その一は、すでに多くの回心者を含む共働態的内実を有しているということである。従ってアウグスティヌスの回心は、決して単独者的（キルケゴール）転回でもなく、またプロティノス的一者との神秘的合一ではありえない。

間奏

われわれはアウグスティヌスの『告白』中のテキストを解釈しながら、まず彼が時間の分散においてどのように時間的、意志的、欲望的、身体的な分散状態（distendere）に生きて苦しみ、何よりもその傲慢な、転倒した存在全体において「あなた」なる神と分裂していたかに耳を傾けた。そして彼がそこから回心すべく、どのように自ら神探究に挫折しながらも神を志向し身を張って生きたか（extendere）にふれた。それと共にその生の道行きにあって多くの人々（母モニカ、友人たち、恋人、師アンブロシウスなど）の援けと出会いを通して extendere = continere しつつ、どのように最後に身体的に現前するキリストにおいて根源的な霊的身体的な転回を過越したのかを読解した。その転回は、時間の distendere-continere-extendere 連関を含み完成する大文字の瞬間的 Continere とも言える。そこにおいて霊的な身体を張って到来する「身体的なあなた」とやはり身体を張ってその到来を蒙るアウグスティヌスとの出会いが洞察されたのである。以上のような洞察に基づいて今やわれわれは、extendere-continere によって特徴づけられる彼の回心の内実と意義をいささか指摘して自らの道の標としたい。

まず否定的に語れば第一に、アウグスティヌスの回心は、その「身体的なあなた」の到来に拠る身体的総合と止揚を含むところから、決定的にプロティノス的な一者との合一とも異なり、また『国家』篇の洞窟の比喩[24]で主張される回心、つまり生成流転の非実在的世界から一転して実在的世界へ〈魂全体が向きを変える〉「向け変え」（periagōgē）とも異なる。

第二に、この回心や日々の extendere-continere は、ブルトマンのような、聖書の非神話的解釈作業を通して聴取される原始教団の使信（ケリュグマ）に対する応答的で実存的な決断とも異なる[25]。というのも、霊的感覚の次元に到来する御言は、聖書的ケリュグマやエクリテュールの〈外〉に愛として身体的に体験されるからである。勿論その霊的感覚における愛の体験は、聖書の言葉への参照によって解釈され、ある新しい意味の地平を披くとしても、である。

次に肯定的に語れば第一に、アウグスティヌスの回心的体験は、「わたしを超えて」霊的身体として到来する仲介者「あなた」において、線状的時間を上から垂直的に切断する「今・ここ」で一つに集められる（contineri）ことだといえよう[26]。

第二に、continere は如上のいわば脱在的次元に基づき「節制」「つつしみ」として徳論的モラル的次元でも語られよう[27]。

第三に、女神 Continentia はアウグスティヌスを回心へと励ます時に、多数の少年少女や老若男女の群れをいわば彼の学ぶべき模範として示し、その群れと共に彼を新しく生もうとしたのである[28]。また仲介者は、一なる「あなた」と多に分散している多くのわたしたちを結ぶ。その意味で仲介者は、人々に到来するのであるといえる（第十一巻二九章39節）。あの聖霊降臨の日のように（「使徒言行録」第二章）。この意味で回心的体験は当然、協働態の地平に参与するのであり、あるいは身体的イメージによって捉えられるエクレーシア的「キリストの神秘体」形成の契機となるのである。その協働態的意味において、extendere-continereは、キルケゴールの単独者的決断やハイデガー的な孤独な死への先駆的企投とは異なる協働態的地平に脱在するのである。

アウグスティヌスの協働態的在り様は、次のような点に示唆されよう。まず第一に、彼の回心時に、シンプリキアヌスからウィクトリヌスの回心の話を聞き、ポンティキアヌスからアントニウスの回心とその生涯について聞き、またアンブロシウスが育てた修道院の話を聞いたことが回心の間接的な動機になっている。第二に、彼の回心が不思議にも親友アリピウスと同時的にかの庭で生起したことが回心の共働性を示唆する（以上、第八巻）。第九巻では、カッシキアクムのいわば哲学的な修道生活やさらにその第十章以下における母モニカとの永遠の生命との共働的接触とがそれを物語る。『告白』以外でわれわれは司教アウグスティヌスがアフリカでの修道院制の典型的創立者であったことを忘れてはなるまい。彼自身がカテドラルに住まず、人々と協働生活に生きた。その内実は『アウグスティヌスの規則』（Regula Sancti Augustini）に今日も窺うことができる。われわれは、注(29)に簡単な抜粋を示そう。

第三に、回心は未来に復活する身体を何らかの仕方で現在に先取りするといえる。すなわち、未来の終末的栄光の身体において現在に到来し、現在と過去の身体的分散を霊的な身体として一つに集める「あなたにおいて」こそ、分散する「わたし」の身体は霊的身体を今ここで先取りしうるからである。

第四に、「あなたにおいて」の「において」が空間的場所ではない以上（第十巻二六章37節）、そしてその「において」が不断の「あなた」の到来の近みと「わたし」の近み遠みの遠近法的運動とが交錯する啐啄同時的動態である以上、この回心とその道行きは、ex・tendere〈自己の〈外〉へ志向すること〉としての脱在なのだといえよう。そしてその脱在は、西欧的存在神論を超出して、ヘブライ的エヒイェ（わたしは在りて生成する）（一人称単数未完了形）に根ざしていると思われる[30]。

以上のすべての意味において、アウグスティヌスは身体を張って生き（extendere-continere）、そしてContinentiaを蒙ったのである。その蒙りに通底するアウグスティヌスの身体の張り様は、彼が『告白』を書くということに凝縮されており、その意味でそこでの日々の「告白」的言語行為は正しく、distendereからextendereを通すcontinereなのである。

（1）第十一巻二六章33節（以下、巻章節は、XI, 26, 33のように記す。）「分散」は精神の分裂という悪しき意味を示すが、ここでは「延長」という山田晶訳もあるように悪しき分裂を意味しない。

（2）XI, 20, 26.

（3）XI, 28, 38.

（4）XI, 29, 39.

（5）自己が時間の傍観者でなく、自己の志向的脱自的かたちこそ時間であるとして、神との関わりの動的構造を説く論文として次のものを参照されたい。谷隆一郎「時間と志向」（『アウグスティヌスの哲学』創文社、一九九四年に所収）。物理的時間のモデルは、「時間とは前後に関して数えられた運動の数である」アリストテレス『自然学』第四巻、第十一章、219b 1-2。

（6）この「脱在」は、不断に他者に向けて自己超出するヘブライ的存在（エヒイェ、一人称単数未完了）に基づいて発想されている。「脱在」と「存在」の対比に関しては次の拙著を参照されたい。『他者の甦り――アウシュヴィッツからのエクソダス』（創文社、二〇〇八年）。教父にあってこの脱在は、ニュッサのグレゴリオスのエペクタシスに対応する。（同書、第三章を参照）。

（7）X, 29,40, XI, 29, 39.

（8）VIII, 10, 24.

（9）VIII, 5, 10.

(10) sed iam tepidissime hoc dicebat. aperiebatur enim ab ea parte qua intenderam faciem et quo transire trepidabam casta dignitas *continentiae*, serena et non dissolute hilaris, honeste blandiens ut venirem neque dubitarem, et *extendens ad me suscipiendum et amplectendum pias manus* plenas gregibus bonorum exemplorum. *ibi* tot pueri et puellae, ibi iuventus multa et omnis aetas, et graves viduae et virgines anus, et in omnibus ipsa continentia nequaquam sterilis, sed fecunda mater filiorum gaudiorum de marito te, domine. et inridebat me inrisione hortatoria, quasi diceret, 'tu ncn poteris quod isti, quod istae? an vero isti et istae in se ipsis possunt ac non in domino deo suo? dominus deus eorum me dedit eis. quid in te stas et non stas? proice te in eum! noli metuere. non se subtrahet ut cadas: proice te securus! excipiet et sanabit te.' et erubescebam nimis, quia illarum nugarum murmura adhuc audiebam, et cunctabundus pendebam. et rursus illa, quasi diceret, 'obsurdesce adversus immunda illa membra tua super terram, ut mortificentur. narrant tibi delectationes, sed non sicut lex domini dei tui.' ista controversia in corde meo non nisi de me ipso *adversus me ipsum. at Alypius affixus lateri meo inusitati motus mei exitum tacitus opperiebatur.*

(11) VIII, 11, 27.

(12) et tota spes mea nisi in magna valde misericordia tua. da quod iubes et iube quod vis: imperas nobis *continentiam*. 'et cum scirem,' ait quidam, 'quia nemo potest esse *continens*, nisi deus det, et hoc ipsum erat sapientiae, scire cuius esset hoc donum.' per continentiam quippe conligimur et redigimur in unum, a quo in multa defluximus. minus enim te amat qui tecum aliquid amat quod non propter te amat. o amor, qui semper ardes et numquam extingueris, caritas, deus meus, accende me! continentiam iubes: da quod iubes et iube quod vis.

(13) X, 6, 8.

(14) この回心のプロセスは『告白』のテキストによって辿れば、次のような順で語られよう。

一、御言（パウロの手紙の言葉）がはらわたにしみ込んでいった（haec mihi inviscerabantur miris modis）（VII, 21, 27）。

二、回心直前には、御言がアウグスティヌスの胸もと（横隔膜）にへばりついて、心の城が四方八方から御言によって包囲されていた（Inhaeserant praecordiis verba tua）（VIII, 1, 1）。

三、回心直後に、御言がアウグスティヌスの心を愛の矢で貫いた。その愛がはらわたを変容させる（Sagitaveras tu cor nostrum caritate tua, et gestabamus verba tua transfixa visceribus）（IX, 2, 3）。

(15) X, 8, 8.

(16) non dubia sed certa conscientia, domine, amo te: percussisti cor meum verbo tuo, et amavi te. quid autem amo, cum te amo? non speciem corporis nec decus temporis, non candorem lucis, ecce istis amicum oculis, non dulces melodias cantilenarum omnimodarum, non florum et unguentorum et aromatum suaviolentiam, non manna et mella, non membra acceptabilia carnis amplexibus: non haec amo, cum amo deum meum, et tamen amo quandam lucem et quandam vocem et quendam odorem et quendam cibum et quendam amplexum, cum amo deum meum, lucem, vocem, odorem, cibum, amplexum interioris hominis mei, ubi fulget animae meae quod non capit locus, et ubi sonat quod non rapit tempus, et ubi olet quod non spargit flatus, et ubi sapit quod non minuit edacitas, et ubi haeret quod non divellit satietas. hoc est quod amo, cum deum meum amo.

(17) 無意識野における神の現存については、次の論文を参照。加藤敏「アウグスティヌスにおける抑うつと信仰、創造——メランコリー性語りとパラノイア性語り」（『日本病跡学雑誌』第七六号、二〇〇八年に所収）。

氏はアウグスティヌスを「フロイトに先立つ無意識の発見者」として、彼が神を記憶内の「奥の奥までつきとめる」と語る場合に、その深奥とは「通常の内部ではなく」「通常の内部を突き抜けた外部としかいいようがないトポロジー的な場所」、すなわち神の現存とは「自己想起の作業の限界点で出会う、言語、思考では到達不可能な場所」だとされる。そこでは「神が自己の内に座し、私は外に出されてしまう」（「御身は内にありしに、われ外にあり」X, 27, 38）という自他逆転が生起する。それは「絶対的他者（l'Autre）としての神が私に対する絶対的な先行性をもった真の〈主体〉であり、これにひきかえ私は、実に神に従属する〈臣下〉である」という事態なのである。

以上氏の解釈するような自他逆転の自覚こそ、アウグスティヌスの転倒した自己神格化と傲慢を破り、彼の受動的他力的謙遜において分散を一つに continere する回心なのであろう。この自覚のさらなる深化と他者との交わりのため、彼は「告白」という身体を張る「extendere」の言語行為を実践するのである。

(18) sero te amavi, pulchritudo tam antiqua et tam nova, sero te amavi! et ecce intus eras et ego foris, et ibi te quaerebam, et in ista formosa quae fecisti deformis inruebam. mecum eras, et tecum non eram. ea me tenebant longe a te, quae si in te non essent, non essent. vocasti et clamasti et rupisti surditatem meam; coruscasti, splenduisti et fugasti caecitatem meam; fragrasti, et duxi spiritum et anhelo tibi; gustavi et esurio et sitio; tetigisti me, et exarsi in pacem tuam.

(19) quam de omnibus consulebam, an essent, quid essent, quanti pendenda essent, audiebam docentem ac iubentem. et saepe istuc facio. hoc me delectat, et ab actionibus necessitatis, quantum relaxari possum, ad istam voluptatem refugio. neque in his omnibus quae percurro consulens te invenio tutum locum animae meae nisi in te, quo conligantur sparsa mea nec a te quicquam recedat ex me. et aliquando intromittis me in affectum multum inusitatum introrsus, ad nescio quam dulcedinem, quae si perficiatur in me, nescio quid erit quod vita ista non erit. sed recido in haec aerumnosis ponderibus et resorbeor solitis et teneor et multum fleo, sed multum teneor. tantum consuetudinis sarcina digna est! his esse valeo nec volo, illic volo nec valeo, miser utrubique.

(20) περιεπατήσατε κατὰ τὸν ἄρχοντα τῆς ἐξουσίας τοῦ ἀέρος.

(21) 神働術に関しては次の論文を参照されたい。熊田陽一郎「カルデア神託とユングの元型論」(『プラトニズムの水脈』世界書院、一九九六年に所収)、堀江聡「〈カルデア神託〉と神働術」(『ネオプラトニカ――新プラトン主義の影響史』昭和堂、一九九八年に所収)。神働術は、人間的魂の浄化の儀式を通して、神を誘い、あるいは魔術的に神を強いて働かせて、魂をイデア界に上昇させる術である。しかし、そこには受肉の神が恵みとして儀式や呪術を通さずに身体的に到来し現前するという仲介者の発想はない。

(22) sed quoniam melior est misericordia tua super vitas, ecce *distentio* est vita mea, et me suscepit dextera tua in domino meo, mediatore filio hominis inter te unum et nos multos, in multis per multa, ut per eum apprehendam in quo et apprehensus sum, et a veteribus diebus conligar sequens unum, praeterita oblitus, non in ea quae futura et transitura sunt, sed in ea quae ante sunt *non distentus sed extentus*, non secundum *distentionem sed secundum intentionem* sequor ad palmam supernae vocationis, ubi audiam vocem laudis et contempler delectationem tuam nec venientem nec praetereuntem.

(23) 「フィリピ書」のラテン訳ウルガータを引用しよう。Fratres, ego me non arbitror conprehendisse; unum autem: ...ad ea quae ante sunt, *extendens* me ad destinatum persequor ad bravium supernae vocationis Dei in Christo Iesu, この extendens は、ギリシア語原文では、ἐπεκτεινόμενος となり、教父の「エペクタシス」思想の根拠となっている。われわれの extendere も、この思想と連動、共鳴するわけである。

(24) 第七巻4章518C-E

(25)　『イエス』（川端純四郎・八木誠一共訳、未来社、一九六三年）。この書に典型的にブルトマンのいう「イエスの言葉」に応える決断が際立たせられている。外に、熊沢義宣『ブルトマン』（増補改訂版）、日本基督教団出版局、一九八七年を参照。

(26)　この点に関連して大貫隆『イエスという経験』（岩波書店、二〇〇三年、殊に第八章）、「全時的〈今〉の系譜」（『中世思想研究』第四四号、二〇〇二年に所収）を参照。すなわち、「神の国」の未来が、現在に到来し、その現在は「それまで意味不明であった過去を読解可能とする〈今〉」であり、「一般の線状的時間の連続性を破って〈向こう側から〉」到来する。この「今」は過去と未来を一つにする「全時的今」で、そこでこそ、アウグスティヌスの時間内への分散が「凝縮」（continentia）され、そこに回心と癒しが生起する。以上のような時間性理解は、本論のそれとも共鳴しよう。

(27)　倫理的レヴェルの論述については、De continentia（『禁欲』今義博訳「アウグスティヌス著作集」第二七巻、教文館、二〇〇三年）を参照されたし。

(28)　女神 Continentia の手に宿る少年・少女（pueri, puellae）が、八巻十二章29節で「取りて読め、取りて読め」と歌う pueri, puellae であると解釈し、この回心の場面に Continentia のある種の介入を説く論文として、P. Courcelle, "Le《Tolle, lege》: fiction littéraire et réalité," dans *Recherches sur les Confessions de Saint Augustin,* Éditions E. De Boccard, 1968.

(29)　『アウグスティヌスの規則』補講を参照。

(30)　前掲、『他者の甦り』第四章を参照。

補講　アウグスティヌス文学のヘブライ的地平

――『告白録』第一～九巻における「キアスムス（交差対応的配列法）」構造――

＊アウグスティヌスの全心身が、ラテン語の聖書の記憶にみたされている以上、そこにヘブライ的文学のキアスムス（交差対応的配列法）が響いているはずである。この「はず」を窺うために、『告白』第一～九巻のテキストにおいてその検証を試みた。

加藤信朗氏は、その著『アウグスティヌス『告白録』講義』において、『告白録』の「自伝的部分（第一～九巻）」に対し独特な解釈法を示唆した。(1)

従来の自伝的部分の解釈は、第一巻、幼少年期の悪業、第二巻、青年期の放蕩、第三巻、真理へのめざめ、第三～第五巻、マニ教徒時代、第六巻、懐疑主義、第七巻、知的回心、第八巻、意志的回心という具合に読解した。その解釈法によれば、「これは一つの心理主義的な内省文学として『告白録』を読む読み方であり、哲学的彷徨型の読解(2)」なのである。これに対して氏は構成的解釈を提案する。すなわち、自伝的部分は回心の過程であって、「神から離れてゆく〈離向（aversio）〉の過程と神に帰ってくる〈帰向（conversio）〉の過程から成る。(3)」という具合に構成されているという。離向の過程は、第二～四巻に幼少年期の悪業からマニ教への転落として描かれている。これに対し帰向の過程は、アンブロシウスとの出会も含め庭園における劇的回心に至る過程として第五～

八巻に描かれている。そして、神のもと（＝母モニカの信仰）を起点とする第一巻と神のもと（＝母モニカの信仰）にあることの喜びと平安を描く終点の第九巻とは、起点と終点として第二〜八巻をサンドウィッチのように挟み包み、第一〜九巻を一つの文学単位として構成するわけである。[4] こうした文学的括り構造自体は、ヘブライ文学によく見られる括り（inclusio）であるといえる。

さてわれわれは、以上のような加藤氏の構成的解説に基づきそれに示唆を与えられつつ、この自伝的部分の文学的構造全体に、ヘブライ的文学でよく用いられるキアスムスを洞察したいのである。

それではキアスムスとは、どのような文学的手法あるいは構成法なのであろうか。

まず形式的に、その文学的表現構造を簡単に図示し解説してみよう。A、Bなどアルファベットはある文章単位を表わす。

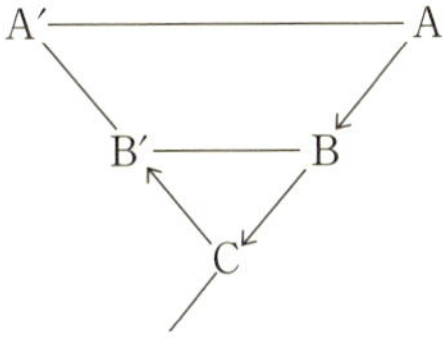

上の図において、表現の筋は、A→B→C→B′→A′と流れてゆく。その際、A→Cの方向の筋立ては、A′→C方向の筋立てとCで交差する。そしてAとA′、BとB′は、表現や内容の点で対応あるいは逆対応する。そして全体の表現はAとA′で括られて一つの文学単位をなす。そして多くの場合、物語りの筋の核心や中心的意味は、Cに収斂して表現されるのである。これがキアスムス、つまり、Cを中心としてCでAB方向とA′B′方向が交差し、AとA′などが対応し、一つの文学的物語り的構造をなす交差対応的配列法である。

われわれは、紙幅の都合から新約の例[5]を省いて、旧約文学からキアスムスの一範例を示したい。テキストは、ノアの洪水物語り[6]（「創世記」六章九節〜九章一九節）である（以降章節は、六・9〜九・19のように表記する）。

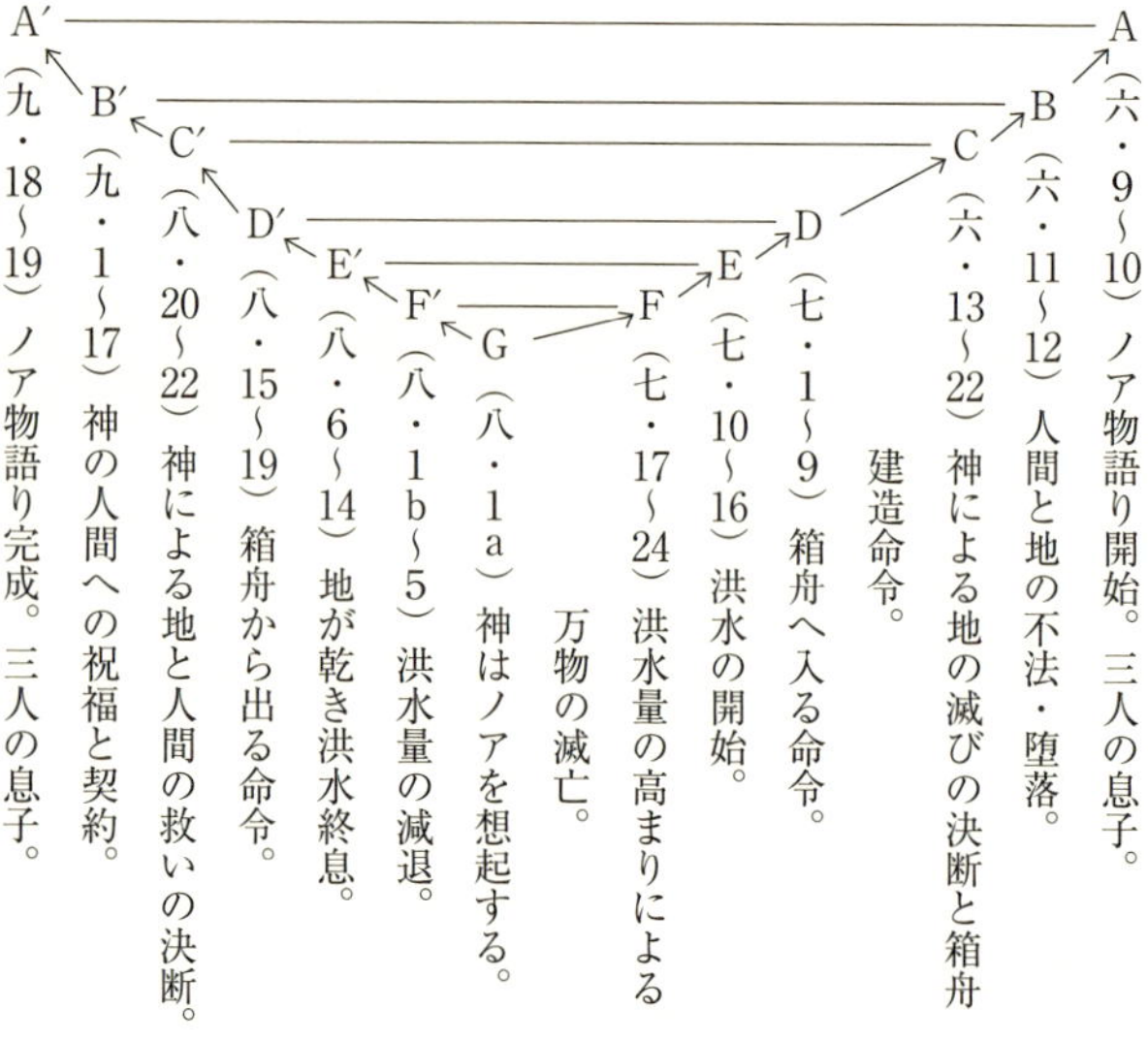
A（六・9～10）ノア物語り開始。三人の息子。
B（六・11～12）人間と地の不法・堕落。
C（六・13～22）神による地の滅びの決断と箱舟建造命令。
D（七・1～9）箱舟へ入る命令。
E（七・10～16）洪水の開始。
F（七・17～24）洪水量の高まりによる万物の滅亡。
G（八・1a）神はノアを想起する。
F′（八・1b～5）洪水量の減退。
E′（八・6～14）地が乾き洪水終息。
D′（八・15～19）箱舟から出る命令。
C′（八・20～22）神による地と人間の救いの決断。
B′（九・1～17）神の人間への祝福と契約。
A′（九・18～19）ノア物語り完成。三人の息子。

ノアの洪水物語りは、AとA′で括られて一つの文学単位を成し、上図のように展開する。その全体構造や対応・逆対応関係は、先述のキアスムス解説を参考にして読者子が点検していただきたい。ただしこの物語りで核心的な点は、Gにおける、神によるノアへの想起である。神による想起（ZIKKARON, anamnēsis）こそ、旧約の歴史のカイロスを創る（たとえば、「出エジプト記」二・25、一三・3など）。なぜなら、洪水物語りの場合、この神の想起によって万物滅亡への危機が転換され、そして神がノアと契約を結び、こうして人類の新時代（B′）が始まるからである。

洪水物語の説明には今は立ち入れないが、われわれは『告白録』の自伝的部分に、上述のようなキアスムス構造を読み取る時にいたった。そこで加藤氏の離向と帰向の構成的解釈を参照しつつ、まず結論的に自伝的部分のキアスムスを図示してみたい。その際、各アルファベットの下の漢数字は、この自伝的部分の巻数を表示する。その下には、各巻の主要テーマが大略記されている。それでは次に『告白録』第一～九巻におけるキアスムス構造図を見てゆこう。

前頁の図において自伝的物語りの筋立ては、A↓A′に即して明らかであろう。そこで次に対応関係について説明したい。

A（第一巻）では、アウグスティヌスの幼・少年期が語られ、弁論術や修辞学の勉学が出世のために親に強制されたこと、モニカの信仰の下にあったが、まだ信の成熟には程遠かったこと、受洗の延期、『アエネイス』物語などの文学的幻想に夢中になり、「神の御顔」から離向し始めたことが語られている。これに対してA′（第九巻）では立身出世のための修辞学教師の辞任、逆にカッシキアクムでの討論と哲学的著作において修辞学、文法

A（一）一～一五歳（幼・少年期）。弁論、修辞学の虚しい習得。受洗の延期。モニカの信仰。離向（一八章）。

B（二）悪しき仲間と犯した「梨の木の実」の盗みと倒錯（perversitas）（四～一〇章）。原罪（六章13～14）。「欠乏の国」。

C（三）一七～一九歳。カルタゴでの情欲の生。ホルテンシウス（知恵への目覚め）。聖書への失望。悪への問いとマニ教。母の涙。

離向（aversio）

D（四）一九～二八歳。マニ教時代。親友の死（四～一二章）。物体的なものへの囚われ。『美と適合』『カテゴリー論』。

E（五）二九歳。ファウストゥス（カルタゴ）→ローマへ→ミラノ・アンブロシウス。聖書の霊的解釈、マニ教と絶縁。洗礼志願者・帰向への転換。

D′（六）三〇歳。アリピウス。女性との同棲と別離。アンブロシウスの説教「文字は殺し、霊は生かす」。

帰向（conversio）

C′（七）三一歳。悪の起源。新プラトン派。ミラノ体験。聖書研究。新プラトン主義と聖書との比較研究。受肉。

B′（八）新しい善い仲間。シンプリキアヌス、ウィクトリヌス。庭園での回心、「いちじくの木」の下で。

A′（九）カッシキアクム。哲学的協働生活。弁論、修辞学の開花、詩編四。受洗（三三歳）、母モニカと共なる神秘体験（オスティア）。母の死。

学などの過去の習得が生かされたこと、詩編四により神への立ち返りの深化、受洗、そしてオスティアにおける母モニカとの信仰の交わりとその深まりの極みとしての「知恵そのもの」の体験が語られ、AがA′において止揚されたこと、つまり離向から帰向への還帰とその成就とが描かれている。こうして自伝的物語りは、AとA′とによって括られ、一つの文学単位を成していることが読みとれるのである。

B（第二巻）では、悪しき仲間との交流と「創世記」の善悪の木の実の盗みを解釈学的下敷きにした梨の木の実の盗みが描かれる。そして、その盗みの倒錯的性格の分析とその倒錯が正しく「神のごとくになる」（「創世記」三・5）という原罪的転倒であること、その結果「欠乏の国」で悲惨な生を送っていることが述べられる。これに対してB′（第八巻）では新しき善き師や仲間（シンプリキアヌス、ポンティキアヌス、アリピウス、ネブリディウス）との交流、根源悪の分析（転倒した意志が情欲を生み、その情欲が習慣化されて必然と化すこと、五章10）、その根源悪からエデンの園を示唆する「庭園」で、善悪の木を思わせる「いちじくの木」の下で回心したことなどが語られ、Bの離向が帰向に転換止揚されているのである。

以下、C〜C′の離向から帰向への筋立てとそこにおける対応関係については、これ以上詳細に解説する必要はないであろう。その作業は、読者子にお委ねしたい。

ただ離向から帰向へ転換する筋立ての収斂点であるE（第五巻）について簡単に言及しておこう。第五巻一〜三章では、離向と帰向の構造が告白的言語行為を媒介にして表白されている。その構造をアウグスティヌスの言葉を引用しつつ示したい(7)。こと（帰向の事・言）は次の言葉を以て始まる。

一、わが告白のいけにえを、わが舌の手よりうけとりたまえ。……わが魂は、御身を讃えんために、そのかずかずの憐れみを告白せよ。……かくてわれらの魂は、無気力の状態（離向の悲惨）から御身にむかって起きあがり、御身にむかって上昇してゆくであろう（帰向）。二、心さわぎ不義なる人々は御身から逃げさってゆくがよい。……彼らは逃げていった（離向）。そのために彼らは、自分を御身に見られながら、御身を見ずに盲目となり、御身につきあたった――御身はその造りたもうた何ものをもすてさることがないから――。それゆえ彼らはたち返って、御身を探さねばならない。そのとき御身はまさしくそこに、彼らの心の中にましますのうちにましますのうちにまします。……彼らはますますはげしく泣きながら、その嘆きのうちによろこびを感ずる（帰向）。

こうした離向→帰向を語る、いわば「序」に続いて五巻では、アウグスティヌスが、カルタゴからローマに到り、そこからミラノに落着するという地理的転換が語られる。その転換は、アウグスティヌスの意志だけに拠らず、むしろ「魂の救いのために地上の住所を変えるべく、私を棒でつき動かしたのは〈あなた〉」（八章14）に拠ったのである。このことは、彼が情欲のサルタゴ（大鍋）であるカルタゴから懐疑に満ちるローマを通過し、ミラノに達した地理的転換は、彼の回心にとって決定的摂理的であることを示す。それは次の二点において、であったと思われる。一つは、カルタゴにてマニ教の代表的な教師ファウストゥスと出会ってマニ教に幻滅しやがて離教したという点である。というのも、アウグスティヌスは、マニ教の教える物体的表象の世界に閉じ込められていたので、聖書の文字通りの世界に囚われて霊的意味の解釈に至らなかったからである。第二点は、その解釈的限界を開け放ってくれたのが、ミラノでのアンブロシウスとの出会いだったのである。「文字は殺し、霊は生かす」という解釈法を通して、彼は聖書の世界に入ることができ、洗礼志願者として残りえたのである。とすれば、Eにおいて聖書の象徴的解釈がその後のアウグスティヌスの帰向の生に決定的な出発点をなしていることが示されているといえよう(8)。

以上が『告白録』の伝記的部分に関するキアスムスの洞察であり解説である。としても、人はラテン人アウグスティヌスの文学に、なぜヘブライ的文学用法をうかがうのかということを依然不審に思われるかもしれない。しかし、われわれはアウグスティヌスが、旧新約全聖書をほぼ暗記に近いほどに熟知し、聖書の言葉が彼の身にしみこみ彼の身体（のリズム）そのものに受肉していることを知っている。とすれば、身体を張って生きたアウグスティヌスが、聖書的ヘブライ的言語用法を『告白録』の著作において、その身体的行為として表すのも自然なことなのである。その意味で、アウグスティヌスの言語表現において、今後ヘブライ的用法が洞察されることが期待される。われわれ自らの帰向の歩みにおいて。

（1）本論は、二〇〇七年一〇月に聖心女子大学で開催された『アウグスティヌス『告白録』講義』（以降「講義」と略記する）書評会を念頭においている。
（2）「講義」八九頁。
（3）同右。
（4）「講義」九〇～九一頁。
（5）新約の一範例として「ルカ福音書」二四章一三～三五節の「エマオの弟子たち」のキアスムス・テキストを挙げておこう。詳細は拙著『いのちの記憶――受難と甦りの証言』新世社、二〇〇七年、三二五～三三二頁を参照。Sœur Jeanne d'Arc, *Les Pèlerins d'Emmaüs* Les Éditions du Cerf, 1982.
（6）このテキストのキアスムス的解釈は、二、三あるが、われわれが参照した論文は次のものである。Anderson, B. W., "From Analysis to Synthesis: The Interpretation of Gen. 1-11," in *Journal of Biblical Literrature* 97, (1978) pp. 23-39.
（7）全文を山田晶訳を用いさせていただいた。
（8）聖書解釈が即自己変容の道行きであることに関しては、拙著『愛の言語の誕生』新世社、二〇〇四年を参照されたし。

第Ⅱ部　神の似像「男・女」の協働と根源悪——暴力にも拘らず

第Ⅰ部では、全体主義的志向性が、自同保持の理性的志向とそのための私有独占の意志的志向として示され、その全体主義の温床が存在神論という自己システムによる他者支配の思想として解明された。

そうした根源悪の志向性に対し、トマスやアウグスティヌスは、各々反＝志向的理性および反＝志向的意志の地平を拓いた。その拓けに基づきわれわれは、この理性と自由意志を備えた人格が披く協働態の諸相を考察した。この第Ⅱ部では、第Ⅰ部で語られた人格や協働態に関して、特に聖書のテキストや教父の聖書解釈を通して、男・女協働態を核として別の光を当てていきたい。

第五章では「創世記」一～三章のテキストが「神の像」である「男・女」一対を焦点にして解釈される。すなわち、男も女も各々が準主体・準「神の像」として相互に協働する処に基礎的協働態が成立する。しかも、この「男・女」は身体的一致を核心とするので、そこからさらに子供が生まれ、協働態が増える。「創世記」にはこの基礎的男・女協働態に加えて、「神と人間」「男・女」と子供、「人間と自然宇宙」という三つの関係が開示され、この諸関係の調和において、いわば宇宙論的協働態の風光が拓けてくる。

第六章では、ニュッサのグレゴリオスの『雅歌講話』が解釈され、そこでも「創世記」の男・女論を承けて男・女、花婿と花嫁との関係が焦点となる。

その関係は一方で、神人キリストと人間との超越的関係であり、そこで人間が神の像へと変容してゆく。この関係は同時にまた人間相互の関係へと展開する。その際、人は隣人の中に神の似像に通底する超越性と汝の近さを見出し、隣人をあくまで自分の志向性に還元し支配しえない他者として交流しうる。

この『雅歌講話』で注目されることは、乙女・花嫁が個として霊魂でありかつ教会協働態として解釈されていることである。これは人間が、個的でありかつ場的である特別な在り様をするということで、謎という外はない。

それは恰も、光が同時に粒子であり、かつ波長であるということに類似していまいか。

第七章では、グレゴリオスの『モーセの生涯』が取り上げられ、神の像が修徳的な道行き・エペクタシス（無限の向上）を辿って「神の僕」「神の友」へと成熟してゆく過程が、モーセのシナイ山登攀のメタファーに重ね合わせて解釈される。この場合、神の像としての人間の成立が「フィロソフィア」（愛智）として説かれ、この人間が形成する関係が「地上の幕屋」として、倫理（エチカ）的あるいは教会協働態の成立として示されてくる。グレゴリオスにおける「花婿・花嫁」協働態、「教会協働態」は、トマスにおける民族や国家の枠に捕われない超越的共通善およびその協働態と通底していると言えよう。

以上のように、第Ⅱ部では、「神の像」としての男・女の基礎的協働態から出発して、その雅歌的脱在的変容とエチカ的協働態の成立、さらに宇宙論的協働態の地平などに関する洞察が深められ、第Ⅲ部へ根源的ヴィジョンを開示する。

第五章　神の似像としての「男・女」協働態

――「創世記」（一～三章）の物語り論的解釈――

序

人間とは誰かという問いは、「男・女」とは誰かという問いを抜きにしては、問いの資格を失うであろう。というのも、人間を根源的に（起源《オリジン》において）成り立たせるのが「男・女」だからである。しかも、われわれは人間論を樹立する目的で、人間とは何か、男・女とは何か、というふうな本質論的な問いを立てない。むしろ人間を、ペルソナと男・女が形成する協働態との視点で考察し、その真相に近づこうとして、誰かといういわばペルソナ的な問い[1]を立てようとする。以上のようなペルソナとペルソナ的協働態の探究に応える「誰」を示すために、われわれは物語り論的方法[2]を採用しよう。そして人間、殊に男・女を媒介にペルソナを考究するために、アダムとエバのドラマを描く「創世記」一～三章の物語りを解釈してゆきたい。従って、その解釈学的方法論に関して言えば、今日の聖書学の歴史的方法、つまり様式史や編集史などを含む伝承史的方法を参照するにしても、それを主軸にはしないことになる。従ってわれわれは「創世記」の一～三章を、歴史的に祭司的関心の強い祭司資料（主に一章）、神名ヤハウェ中心のヤハウェ資料、神名エローヒームを用いるエローヒーム資料などに分解して意味づけない。それよりも、あくまで統一されたテキスト内で各々特徴を持つ文学単位として解釈してゆく。その際、まず一章1節～二章3節（以下、カッコ内は一・1～二・3と略記）のテキストを引用して物語り論的に解釈する。その次に、二章4～25節、三章1～24節の他の二つの文学単位についても同じ手順で運びたい。それぞれの文学単位としての特徴は、その都度指摘しよう。

一　神の似像（イマゴ・デイ）と男・女（一・1～二・3）

一章　初めに、神は天地を創造された。地は混沌であって、闇が深淵の面にあり、神の霊が水の面を動いていた。

神は言われた。「光あれ。」

こうして、光があった。神は光を見て、善美とされた。神は光と闇を分け、光を昼と呼び、闇を夜と呼ばれた。夕べがあり、朝があった。第一の日である。

神は言われた。

「水の中に大空あれ。水と水を分けよ。」

神は大空を造り、大空の下と大空の上に水を分けさせられた。そのようになった。神は大空を天と呼ばれた。夕べがあり、朝があった。第二の日である。

神は言われた。

「天の下の水は一つ所に集まれ。乾いた所が現れよ。」

そのようになった。神は乾いた所を地と呼び、水の集まった所を海と呼ばれた。神はこれを見て、善美とされた。

神は言われた。

「地は草を芽生えさせよ。種を持つ草と、それぞれの種を持つ実をつける果樹を、地に芽生えさせよ。」

そのようになった。地は草を芽生えさせ、それぞれの種を持つ草と、それぞれの草を持つ実をつける木を芽生えさせた。神はこれを見て、善美とされた。

夕べがあり、朝があった。第三の日である。

①神は言われた。

「天の大空に光る物があって、昼と夜を分け、季節のしるし、日や年のしるしとなれ。天の大空に光る物があって、地を照らせ。」

②そのようになった。③神は二つの大きな光る物と星を造り、大きな方に昼を治めさせ、小さな方に夜を治めさせられた。神はそれらを天の大空に置いて、地を照らさせ、昼と夜を治めさせ、光と闇を分けさせられた。

④神はこれを見て、善美とされた。⑤夕べがあり、朝があった。第四の日である。

神は言われた。

「生き物が水の中に群がれ。鳥は地の上、天の大空の面を飛べ。」

神は水に群がるもの、すなわち大きな怪物、うごめく生き物をそれぞれに、また、翼ある鳥をそれぞれに創造された。神はこれを見て、善美とされた。神はそれらのものを祝福して言われた。

「産めよ、増えよ、海の水に満ちよ。鳥は地の上に増えよ。」

夕べがあり、朝があった。第五の日である。

神は言われた。

「地は、それぞれの生き物を産み出せ。家畜、這うもの、地の獣をそれぞれに産み出せ。」

そのようになった。神はそれぞれの地の獣、それぞれの家畜、それぞれの土を這うものを造られた。神はこれを見て、善美とされた。

神は言われた。

「我々にかたどり、我々に似せて、人を造ろう。そして海の魚、空の鳥、家畜、地の獣、地を這うものすべてを支配させよう。」

神は御自分にかたどって人を創造された。

神にかたどって創造された。

男と女に創造された。

神は彼らを祝福して言われた。

「産めよ、増えよ、地に満ちて地を従わせよ。海の魚、空の鳥、地の上を這う生き物すべて支配せよ。」

神は言われた。

「見よ、全地に生える、種を持つ草と種を持つ実をつける木を、すべてあなたたちに与えよう。それがあなたたちの食べ物となる。地の獣、空の鳥、地を這うものなど、すべて命あるものにはあらゆる青草を食べさせよう。」

そのようになった。神はお造りになったすべてのものを御覧になった。見よ、それは極めて善美であった。夕べがあり、朝があった。第六の日である。

二章　天地万物は完成された。第七の日に、神は御自分の仕事を完成され、第七の日に、神は御自分の仕事を離れ、安息なさった。この日に神はすべての創造の仕事を離れ、安息なさったので、第七の日を神は祝福し、聖別された。

以上のテキストの構造を大略指摘しよう。テキスト全体は、一章冒頭の天地の混沌と七日目における神の安息に括られた括り構造をもつ文学単位となっている。また各創造の業はだいたい、①言葉による神の創造、②創成の定式（そのようになった）、③創成実現の描写、④被造物の善美への賛嘆、⑤日数の表示に分節化されている。その例示として、四日目の創造の業に番号をふっておきたい。ただし①のヘブライ語原文および七十人訳は、文字通りには、「言われた、神は」の順で神の発語が強調されている。以上のテキストの構造は、リズミカルで力働的に展開しつつも、①～⑤の順序や調和には、驚くべきものがある。そのことを今は踏まえておきたい。だが、このテキストにおいて、男・女およびペルソナに関し、それらを解説する直接的な詳細な描写はない。それではどのように、その「誰」について、その特徴について手がかりを得ることができるのであろうか。その手がかりは、人間がいわゆる「神の似像」として造られたという語り（一・26～27）であろう。従って、似像である人間について知ろうとすれば、彼の原像（オリジナル）である神とその創造にかかわる振る舞いや言語行為の特徴を調べれば、そこから推察できるわけである。それでは、神（エローヒーム）による創造の描写について大略観察して、その性格特徴を考究しよう。

(1)　言葉による創造。神の創造行為は、上述の構造分析による①〜⑤から明らかなように、プロローグで描かれた混沌の分節化であり、三節の「光あれ」から順次「言葉」によって分節化が始まり、言葉の力を通して遂行される点が顕著である。その際、フォン・ラートも指摘するように、無から混沌（宇宙的深淵テホーム）が創造され、その混沌から言葉を通して順次被造物が形成されたという三段階（無→混沌→分節的秩序）に着目したい。[3] しかし他方で、三節の創造的言語行為の直前に如上の混沌のただ中において、神の気・霊風・霊（ルーアッハ）が原始のカオス的暗黒の大洋の上を、“MRḤPT”していると語られている。それは暗黒の淵に吹きすさぶ暴風にすぎないのであろうか。この「メラヘフェト」は「新共同訳」では「動いていた」と訳されるが、鳥が卵を孵化させるように巣を抱いているという生命的働きの意味を持つとも解釈されうるのである。[4] その直後に「光あれ」（一・3）との声が響き、続々と天・地・海などの、いわば生命の場が現成し、やがてそこに生命（鳥、獣、魚）が生成し増殖してゆく。従って創造行為において、すでにエローヒーム神とその生命的潜勢力であるルーアッハと言即事としてのダーバールが、三一的に働いているとも解釈できよう。[5] そこには気・霊から息吹き、音声として響く「美しい」世界創造への強い意志が洞察され、それら気・言・意志からエローヒームのペルソナ性が読み取れると言える。従って創造は、プロティノス的な一者（善）からの、世界のいわば自動的な流出（emanatio）でもなく、また混沌からの生成（バビロニアのエヌマ・エリシュ神話や『日本書紀』冒頭など）でもなく、美しい（トーヴ、一・4、10、12、18、21、25、31）世界の創造を意志して言葉を用いるペルソナ神の働きなのである。そしてフォン・ラートによれば、この神の意志こそ、混沌と深淵の上で被造物を支え、それが無に転落することから護っているエネルギーなのである。

(2)　無からの創造。神が無から世界を創造したという考えは、七十人訳ギリシア語聖書を読解し、他方で「存在」という言葉にギリシア哲学を通して出会ったギリシア教父において明示された。それは単に神の全能性を語るためだけではない。それはH・アーレントによれば、一方で「絶対的な始まり」の中に、新たなことを始める力としての自由意志を基礎づけるためである[6]。また、他方で必然的法則や宿命が支配する世界の展開、つまり時間的斉一的な進行の中に、無からとも言えるまったく新しい出来事が生じ、それが本来的な意味で歴史とその時(カイロス)を造る、という歴史(観)を語り出すためなのである。実に神の言葉は、歴史をも創造するのである(イザヤ九・7、五五・10以下など)。

さて、以上のことの内実はさらにどういうことか。まず創造行為は、六日間続けられ、七日目は安息日として語られている。その際、この各々の日は、原理主義的な文字通りの解釈が主張するように二十四時間なのであろうか。そうではあるまい。というのも、人類が太陽暦や月歴を作って、一年、月、日、時間を今日のように区別し決定する根拠となる天体(太陽、月、星など)と、その運行が造り定められたのは、第一日目ではなく、後の第四日目でしかないからである。従って「創世記」テキストの日数の挙示は、われわれが暦や時計で測りうるようなクロノス的で線状的時間ではなく、まったく別な時を示していると思われる。それでは、その内容とはどのようなことであろうか。それこそ、無からの創造と関わる。それはつまり、それら暦的日々を超える日々に、何か新しいことが創造されて出来《しゅつらい》するということである。しかも、エローヒームがその出来事に出会って「美しい」と賛嘆する。だから一日一日とは、エローヒームと自然や動・植物および人間などの新しい創成者と出会う出会いの「美しい」時、つまりカイロス的な一期一会なのである。こうして日々が展開し、いっそう創造世界が生命的に豊かに多様多彩に現成し、それが刻々歴史を形成する。人間はもはや、他文化の神話が神々として仕えるように定めた太陽、星々に従属する必要はない。むしろ神の定めた時を洞察し、自らの自由意志によって創造の業とその時々《カイロス》にコミットする。そこに全生命が相生する開闢《かいびゃく》的歴史が実現してゆく。

(3) 創造世界、殊に人間との原契約。創造におけるエローヒームと人間との歴史的出会いは、原型的な意味で原契約と考えられる。つまり神は、人間が世界内で植物を食物としながら養われ繁殖して、さらに動物たちを治め、創造に参与するように、彼（男・女）を選び、祝福するのである。その際、人間は、原型である神の愛と生命的創造のリズムに従って全面的に彼に聴従してゆく。たとえ人間が神に背反することがあっても、再び和解と共生の地平が拓かれるのである。この救済史的物語りは、イスラエルの契約思想の構造の原初史となっている。カロル・ヴォイティワ（後の教皇ヨハネ・パウロ二世）も、「創世記」の中にこの原契約の歴史を洞察し、そこから始まる契約の歴史（ノア契約、アブラハム契約、シナイ契約、ダビデ契約、新しい契約など）を示している。(7)

以上が人間の原像である神の特徴の概要である。それではその原型から人間および男・女にかかわるどのような物語り論的特徴が推察されうるのであろうか。

① 一つの神の似像としての〈男・女〉

如上のような原像である神の振る舞いから、その似像として人間が創造されるわけである。しかし神が霊的存在であるからといって、その似像である人間の身体性が除外されてはならない。というのも、似像の決定的な特徴は、子孫を生む両性、つまり男と女から成立するのだからである（一・27）。この点を明示するため、以降〈男・女〉という表現で一つの神の似像を表そう。この〈男・女〉は根源的ペルソナである神の似像として一つのペルソナ、あるいはカロル・ヴォイティワに依拠して、加えて公共性開闢の意も含めて「公共主体」と呼ぶことにしたい(8)。

②　一つの公共主体・ペルソナが〈男・女〉である以上、男と女は各々それだけでは主体・ペルソナではなく、あくまで準主体・準ペルソナである。しかも男と女は、相互に異なる準主体なのであるから、〈男・女〉における「・」のしるしは、両者の間（あわい）、距離を語るわけである。その間に生命をもたらすルーアッハ（気・霊）が息吹き、その息吹きはまた音声となり言葉となり、やがて両者間の対話が成立する。こうして〈男・女〉は対話を特徴とするペルソナである。その間は、先述のルーアッハとダーバールを両脇侍とする神の三一的構造（ペルソナ・ルーアッハ・ダーバール）を映じているともいえる。以上のようなペルソナ理解は、ボエティウスの「理性的本性をもつ個別的実体」（substantia individua rationalis naturae）という、個別性に傾くペルソナ理解よりむしろ、前述のように三位一体論において、例えばトマスの言う「関係にして、しかも実体的関係」（relatio substantialis）の理解に近接すると言えよう。

③　さてこの〈男・女〉の差異的間《あわい》にルーアッハが生命の潜勢力として息吹くと述べたが、それはその間から別な準主体である子どもたちが誕生するという世界をも披くのである。その将来世代の誕生は、カロル・ヴォイティワに従うと、「創造主に参与する者」（particeps Creatoris）の行為の実りであって(9)、こうして次々と準ペルソナ・準主体が生まれ、彼らが〈男・女〉となって、相互に相生的な協働態を成し、未来を将来し、歴史を革新開闢してゆくのである。

④　この〈男・女〉は、被造界、殊に動物界を治め、彼らと植物や樹の実を分かち合って（いわば一つの食卓で）食す。人間は、被造界の統治を神から委任され、かつ被造界を神に向ける媒介者となる。それは人間が被造

界を神に向けて神的尊厳性に参与させる責任者であるということを意味しよう。

二　一つの肉（バーサール）としての〈男・女〉と神の掟（二・4～25）

これが天地創造の由来である。

主なる神が地と天を造られたとき、地上にはまだ野の木も、野の草も生えていなかった。主なる神が地上に雨をお送りにならなかったからである。また土を耕す人もいなかった。

しかし、水が地下から湧き出て、土の面をすべて潤した。主なる神は、土（アダマ）の塵で人（アダム）を形づくり、その鼻に命の息を吹き入れられた。人（アダム）はこうして生きる者となった。主なる神は、東の方のエデンに園を設け、自ら形づくった人（アダム）をそこに置かれた。主なる神は、見るからに好ましく、食べるに良いものをもたらすあらゆる木を地に生え出でさせ、また園の中央には、命の木と善悪の知識の木を生え出でさせられた。エデンから一つの川が流れ出ていた。園を潤し、そこで分かれて、四つの川となっていた。（中略）

主なる神は人（アダム）を連れて来て、エデンの園に住まわせ、人（アダム）がそこを耕し、守るようにされた。主なる神は人（アダム）に命じて言われた。

「園のすべての木から取って食べなさい。ただし、善悪の知識の木からは、決して食べてはならない。食べると必ず死んでしまう。」

主なる神は言われた。

「人（アダム）が独りでいるのは良くない。彼に合う助ける者を造ろう。」

主なる神は、野のあらゆる獣、空のあらゆる鳥を土で形づくり、人（アダム）のところへ持って来て、人（アダム）がそれぞれをどう呼ぶか見ておられた。人（アダム）が呼ぶと、それはすべて、生き物の名となった。人（アダム）はあらゆる家畜、空の鳥、野のあらゆる獣に名を付けたが、自分に合う助ける者は見つけることができなかった。

主なる神はそこで、人（アダム）を深い眠りに落とされた。人（アダム）が眠り込むと、あばら骨の一部を抜き取り、その跡を肉でふさがれた。そして、人（アダム）から抜き取ったあばら骨で女を造り上げられた。

主なる神が彼女を人（アダム）のところへ連れて来られると、人（アダム）は言った。

「ついに、これこそ
わたしの骨の骨
わたしの肉の肉。

これをこそ、女（イシャー）と呼ぼう
まさに、男（イシュ）から取られたものだから。」

こういうわけで、男は父母を離れて女と結ばれ、二人は一体となる。

人（アダム）と妻は二人とも裸であったが、恥ずかしがりはしなかった。


この第二とそれに続く第三の文学単位は、第一のそれと比べると非常にドラマ性に富んだ物語りに仕立て上げられている。この文学表現は、エデンという人間（アダム）の生の場と、男・女の創成を描くことによって、一つの単位となっている。しかし、この物語りは、そのドラマ性から多様な解釈の可能性を秘めている。それがまず次のような問題を抱え込み新しい意義を示すようになる。

(1) アダムは、人間全体を表現する集合名詞であるのか、あるいはドラマの主人公としての人物（男、の意味も含めて）の固有名詞を表すのだろうか。

(2) いずれにせよ、まずアダムの誕生において「命の息」（ニシュマト　ハイーム）が、その顔に吹き入れられて生ける者になった（二・7）。そしてエデンの園で労働・耕作しつつ、動物に命名する。このアダムの言語行為は、神の創造的言語行為と同様、動物との共生的生命圏を創成させる。さらに父性愛に満ちる神の掟への聴従によって、新たな未来を披く幸福な境涯を生きてゆく。[10] このような人の命名行為（二・19～20）や神の掟への聴従（二・16～17）ということから、アダムは気（息・プネウマ）と言葉によって世界を創成して生きる準ペルソナであることは明らかであろう。

(3) しかし、アダムが独りでいるのは、善く美しい姿ではない（ロー、トーヴ）ので、女が彼のあばら骨の一部から造られたというドラマが展開される（二・21～22）。それが以前フェミニズムによって男尊女卑思想の根源だと批判されたが、これに対して次のような解釈も成立しよう。すなわち、まず、骨が人間的実存の最も深い、神との接点を意味しうる以上（エレミヤ二〇・9における神の御言にふれる全人的実存）、骨は現代的に考えうるような身体部分ではなく神の似像の性格を帯びると考えられる。つまり男と女が語り合うことではじめて一つの神の似像を成すことが開示される。次に集合名詞としての人間アダムが差異化されて、そこにイシャー（女）とイシュ（男）が成立した、というふうに解釈されうる。そう解釈すると、やはり男という準主体と女という準主体が合わさって初めて人間が成立することになろう。この思想は決して男尊女卑ではない。むしろ、人間は本来的に対他存在であり、かつ協働態であることを示しているのである。

(4)　以上の点は、男と女が父母から離れて一つの肉（バーサール）に成る（二・24）という物語りからも洞察できよう。まず父母から離れることは、当時の部族共同体の血縁・地縁関係から離れて、極めてペルソナ的で協働的な、しかも自律した一体を立ち上げることを意味しうる。[11]とすれば、この一つのバーサールは、一つの公共主体であり、ペルソナにほかなるまい。しかも、「バーサール」（肉）と言われる限り、そこに身体的性格の重みが強調されており、こうして人間の差異である〈男《イシュ》・女《イシャー》〉の間《あわい》から子孫が誕生し、将来世代の協働態の広がりと充実が望まれてくるのである。

(5)　さらにこの〈男・女〉の相生的協働について語る重大な表現に注目したい。それは、女が「エーゼル・ケネグドー」（二・18、20）として造られたという表現である。その場合、「ネグドー」は、「彼に対して、彼と顔と顔を合わせて、彼の前に」を意味し、「エーゼル」は、「助け、助ける者」を意味する。従って男にとって女とは、顔と顔を合わせて協働する者の意味なのであり、その〈男・女〉の間から、対面性、言語性、生命の創成などが働き出されると言えよう。[12]

(6)　最後にこの〈男・女〉が神愛の配慮によってエデンの園という諸関係（神と人、男と女、人と自然）の場、つまり理想的な調和と働きの場に置かれたことに注目したい。まさにそこで人間に将来世界へ向けての創造的な生命活動を果たすための唯一の決定的な条件が与えられたのである。すなわち、それは、園のあらゆる木の実で生命を養うことを勧められながらも、善悪の知識の実を食することは禁止されている、ということである（二・16〜17）。しかもこの神命の違反は、死をもたらすと語られている。このヘブライ語の善・悪という対表現は、相生をもたらす倫理的行為とその領域の全体を表現しよう。ちょうど、天・地が存在者の全体を示すように。だからこの禁止は、〈男・女〉が世界を美（トーヴ）に向けて協働的に創造するときに、相生的領域で自ら善悪を決定して、神のような支配を行うことの禁止であり、むしろ神の万物を生かす気と言葉を受容し、彼に聴従してゆくことの要請である。言い換えるとそれは、まさしく人間〈男・女〉だけによる世界の全体主義的支配という、人間中心主義に対する警告なのである。

しかし、次の第三の文学単位は、この人間中心主義出現を示す悲劇のドラマとなっている。

三　根源悪とその超克の可能性としての〈男・女〉

三章　主なる神が造られた野の生き物のうちで、最も賢いのは蛇であった。蛇は女に言った。

「園のどの木からも食べてはいけない、などと神は言われたのか。」

女は蛇に答えた。

「わたしたちは園の木の果実を食べてもよいのです。でも園の中央に生えている木の果実だけは、食べてはいけない、触れてもいけない、死んではいけないから、と神様はおっしゃいました。」

蛇は女に言った。

「決して死ぬことはない。それを食べると、目が開け、神のように善悪を知るものとなることを神はご存知なのだ。」

女が見ると、その木はいかにもおいしそうで、目を引き付け、賢くなるように唆していた。女は実を取って食べ、一緒にいた男にも渡したので、彼も食べた。二人の目は開け、自分たちが裸であることを知り、二人はいちじくの葉をつづり合わせ、腰を覆うものとした。

その日、風の吹くころ、主なる神が園の中を歩く音が聞こえてきた。アダムと女が、主なる神の顔を避けて、園の木の間に隠れると、主なる神はアダムを呼ばれた。

「どこにいるのか。」

彼は答えた。

「あなたの足音が園の中に聞こえたので、恐ろしくなり、隠れております。わたしは裸ですから。」

神は言われた。

「お前が裸であることを誰が告げたのか。取って食べるなと命じた木から食べたのか。」

アダムは答えた。

「あなたがわたしと共にいるようにしてくださった女が、木から取って与えたので、食べました。」

主なる神は女に向かって言われた。

「何ということをしたのか。」

女は答えた。

「蛇がだましたので、食べてしまいました。」

（1）以下では蛇の女への誘惑を中心に物語り論的見地に立って、解釈を続けたい。まずエデンの園における神の戒命「善悪の木の実を食することの禁止」（二・17）の意味をおさえておく必要がある。つまり、この戒命は

〈男・女〉、ペルソナ的公共主体に向けられたのである。それは人間が、神と人間、男と女、人間とエデンの園〈自然〉の創造的な美しい関係を全体主義的に支配せずに生きるようにという道標である。従ってその背反は、人の死と彼の他者関係一切の破壊とをもたらすという警告になる。

(2) 如上の点を前提にして蛇の誘惑について解釈に着手しよう。この蛇に関して、中東の神話や歴史から蛇の意味を探索するさまざまな研究がある。加えて「智恵の書」二章23〜24節は、この世に死をもたらした「サタン」と解釈し、新約でも、「竜」、「サタン」と理解される箇所がある（黙示録一二・9、二〇・2など）。われわれとしては、この蛇を歴史的意味で実体化・客観化し、従って悪を人間以外のものに還元するよりも、むしろ蛇の真相を物語り論的視座に立ってアダムの物語り自体から解釈する以外にない。そうすると、物語りにおいて蛇は何の前触れもなく突如として三章に登場する。彼は、出自不詳なのであり、それは自分の誕生、つまり自己同一性の成立、自分は誰かを語る物語りを他者に語れないということである。だから物語り的自己同一性の根拠を持たない。この「ない」がある種の空虚、あるいは虚無的性格を示している。であるから、彼の発する言葉は、その虚無に由来すると理解される。ところで、この蛇は不完全な準主体である女に語りかける。女は蛇と会話するうちに、蛇を自分のパートナーである男と見誤ってしまったのではないか。そのとき、〈男・女〉の創造的間《あわい》が、〈蛇・女〉という虚無的間に変化したのである。とすれば、公共主体の虚無化、ペルソナの破綻において根源悪が、この美しい創造世界に現れると考えられよう。それでは根源悪とは何であるのか。それは次に述べるように、言語用法、つまり蛇と女との会話に不気味な顔をのぞかせる[13]。

(3) 蛇と女との会話で際立つ特徴は、蛇が二章で語られた神の語り、さらに文法をまったく逆の語りと意味に転じてしまうという点である。その一つは、神はどんな木の実も、善悪の木の実以外は食してもよいと語ったのだが、蛇は逆に神が「どの木からも食べてはいけない」（三・1）と語ったと言って女を試す。さらに善悪の木の実を食べても死なないと言って神言をまったく否定する（三・4）。加えて「神のように善悪の法を知って」人が一切を統治支配できるかのような幻想を与えてそそのかす。こうして(1)にふれたように、蛇は神とアダム間の戒命と聴従という創造的関係と文法を逸脱し、反神言によって否定し、倒錯・虚無化するわけである。そこに人間の自己神化の倒錯、つまり神の戒命を傾聴しない倒錯とそれに由来する自己中心的世界の構築および一切の私物化の端緒が生まれる。それがヒュブリス（傲慢）なのである。その帰結として、神とアダムの他者関係、〈男・女〉の公共主体・ペルソナ的関係、さらに自然とペルソナ〈男・女〉との関係、以上の三つの根源的他者関係が破綻する。従って、根源悪とは他者関係を破綻させるように、根源的な対話の文法を虚無化し、倒錯化する働きであり、人間にあってそれは自力的自己神化というヒュブリスなのだと言えよう。

(4)　こうした蛇による言語の混乱は、同じ「創世記」のバベルの塔の物語り（一一章）にもうかがわれるところであるが、そのような人間中心の言語使用による世界征服の歴史は、第二次世界大戦の根源悪である「アウシュヴィッツ」、そしてギリシア神話が語るプロメテウスの火に続く現代の第二のプロメテウスの火（原子力）による世界操作に至るまで続いている。その歴史の必然的とも言える根源悪のプロセスにあって、〈男・女〉はその間に秘めたルーアッハ（気）とそこから響き働き出るダーバールによって、一体どのような希望に満ちた使信を発し、そして創造的行為と将来世代を育んでゆくことができるのであろうか。これが「創世記」解釈上の最後の問いとなる。

(5)　さて、新約は〈男・女〉のまったく新しい姿を示している。それはイエスとその母マリアの協働であり、あるいはイエスとマグダラのマリアとの協働などである。[14] モニカとアウグスティヌスの協働もその系譜に入ろう

（オスティアにおける神秘体験など）。

われわれにとっての今日的な一つのモデルは、ヨハネ・パウロ二世とマザー・テレサとの協働であろう。というのも、現代は創造以前の混沌が支配するサタン的暗黒の時代であるが、その暗黒を「霊の暗夜」に再逆転して、暗夜の霊性を生き抜いた現代の聖者たちがいる。(15)その中の典型が、マザー・テレサであり、カロル・ヴォイティワであったヨハネ・パウロ二世だと思われるからである。

マザー・テレサは周知のように、文字通り「母」として一九四八年からカルカッタ（現コルカタ）のスラム街で身体を張って生き、多くのホームレスや貧しく棄てられた女性たちに手を伸べ、その働きの分枝のような諸施設を創立していった。その姿を外面からうかがえば、大聖テレジアやシエナのカタリナのような内から輝く太陽あるいは女丈夫の聖者と一般の人々には見えたわけである。しかし彼女の死後、出版された手記“Come Be My Light”によれば、彼女は現代の人間中心主義の犠牲者を助けながらも、実際にはその犠牲者の心の暗黒を全身に集め取るかのように、現代の暗黒を生きていたのである。ここで邦訳文から彼女の告白を引用させていただこう。(16)

「私の魂の神の場所は空白です。私の内に神はいません。神をこれほど望んでいるというのに、そんな風に感じるのです。神は私を望んでおられない。天国、魂、これらの言葉は私にとって意味がないのです。私自身の人生は矛盾に思えます(17)」。

この現代の、いわばアウシュヴィッツ的な暗黒を生きることは、彼女にとって神からさえ遺棄されたと見えたイエスの十字架の暗闇に限りなく参与してゆくことであったであろう。その自己無化の間《あわい》に、ルーアッハ・プネウマが吹き抜ける。それがどこに向かって吹き抜けるのかは誰も知らない（ヨハネ三・8）。しかしこの霊風が、世界の開闢以前の暗黒の大洋の上で、卵からひなを誕生させようと巣の上に羽を広げる鳥のように息吹いていたことをわれわれはすでに知っているのである。それが光と生命を生み出す潜勢力であることを。

他方でヨハネ・パウロ二世もポーランド人として、アウシュヴィッツの暴力の暗黒を生き抜いてきた人である。ナチス・ドイツの支配とそれに続くスターリンの全体主義的支配の下における人々の苦悩と死を、身をもって体験した人なのである。このヨハネ・パウロ二世とマザー・テレサとが協働して在るかのように映されている写真がある。その写真を見て、その中に現代のペルソナ〈男・女〉の協働の姿に感じ入らない人はいないであろう。

間奏

現代はペルソナ的〈男・女〉にとって暗黒の時代である。あのサタン的な反他者の言語用法の虚無化とそれによるヒュブリス的文明（エコノ＝テクノ＝ビュロクラシー）の構築とによって、男と女は支配・服従の関係に引き裂かれ、その間から生まれ出る準主体としての子どもたちは、親の世代と対立し、また自らの将来を創造しえずにいる。その関係の分裂と死に至る病（ヒュブリス）との超克に向けて、われわれは創世記解釈を通して、いわば本来的なペルソナ〈男・女〉像とその開闢的働きの地平を瞥見したように思える。そしてその〈男・女〉の今日的回復の姿を、ヴォイティワとマザー・テレサとの関係と彼らの生涯に垣間見たのであった。今日この〈男・女〉の協働は、一つには結婚という形態をとりうるであろうし、そこに生ずるさまざまな問題に向けてヨハネ・パウロ二世は著書を著してもいる。他方で〈男・女〉の姿は、友情関係、霊的次元での関係（例えば、大聖テレジアと十字架のヨハネ、良寛と貞心尼など）、その他無数のかかわりの姿に見られるであろう。その多くは、日常的生のただ中にあって傷つきながらも、関係を復原しつつ、何とか保たれている〈男・女〉であり、あるいは巨大な全体主義支配の言語用法の乱用と強制にもめげず、その間から発する気・霊風（ルーアッハ）に息吹かれて健気にも対話する〈男・女〉なのである。

いずれにせよ、今日の破綻した関係を担っている〈男・女〉に対して、自分たちの間に息吹くルーアッハ、つまり創造以前の暗黒に息吹く生命の潜勢力への開眼に向けて、「霊の暗夜」をたどる途が示唆されている。だからそれは美しいペルソナ的協働態や宇宙論的協働態に拓ける途なのである。暗夜において「光あれ」と新たなダーバールが響く途が。

（1）西欧思想においてペルソナ概念は、一方で三位一体論に基づき、端的に「実在的関係」（relatio realis）として「関係」的に考えられているが、他方でボエティウス『二つの自然本性論』に基づき、「理性的本性をもつ不可分の実体」（rationalis naturae individua substantia）として「個別的自立的に」考えられてきた（S. Thomae de Aquino Summa Theologiae, Pars I, Q28-29 参照）。けれどもペルソナにとって、やはり関係性が根本的規定である。というのも、ペルソナは、ボエティウスにあっても理性によって自己を世界に開放するように、脱在論的に他者に開かれた超出性によって成立しているからである。ペルソナ概念については、K・リーゼンフーバー「人間の尊厳とペルソナ概念の発展」（『中世における自由と超越』創文社、一九八八年に所収）を参照。本論はペルソナを「神の似像」としてとらえ、関係的に考察する。「神の似像」の人間論的徳論的展開としての人格については、K・リーゼンフーバー「人格の理性的自己形成」（『中世における理性と霊性』知泉書館、二〇〇八年に所収）を参照。

（2）哲学的な「わたし」の探究は、「何か」（what）の問いに基づく「記述の束」として規定される。これに対して物語りこそ、「誰」（who）という生の物語りを語り、他者に開かれた自己超出的な物語り的自己同一性として「わたし」を示しうるのである。P・リクール『時間と物語Ⅲ』（久米博、新曜社、二〇〇六年）を参照されたい。

（3）G. J. Wenham, *Word Biblical Commentary v. 1, Genesis 1-15*, Nashville, 1987, pp. 11-15も参照。以下、ＷＢＣ1と略記。

（4）*La Bible de Jerusalem*, Les Éditions du Cerf, 1956, p. 9, note (c): Comme l'oiseau qui vole au-dessus du nid où sont ses petits. 申命記三二・11参照。ＷＢＣ1は、鳥が卵を抱いていることは否定するが、カオスの上に創造に向けて動く神の現臨を強調している（pp. 16-17）。

（5）Ａ・ネエル『予言者運動の本質』（西村俊昭訳、創文社、一九七一年）、九四～一二二頁参照。

（6）Ｈ・アーレント『精神の生活　第二部　意志』（佐藤和夫訳、岩波書店、一九九四年、第一章）。さらにこの点については、フォン・ラート『ＡＴＤ旧約聖書註解1　創世記』（山我哲雄訳、ＡＴＤ・ＮＴＤ聖書註解刊行会、一九九三年）、六二～六三頁参照（G. von RAD, *Das Erste Buch Mose/Genesis*, ATD 214, 10, Durchgesehne Auflage, 1972）。以下、ＡＴＤ1と略記。

（7）カロル・ヴォイティワ『反対をうけるしるし』（小林珍雄訳、エンデルレ書店、一九八〇年）「第三章　契約の神」参照。ヴォイティワは、後の教皇ヨハネ・パウロ二世であるが、われわれは彼をトミスト（トマス主義者）として、その思索を引用する。創造を救済史と結びつけた点については、フォン・ラート『旧約聖書神学Ⅰ』（荒井章三訳、日本基督教団出版局、一九八〇年）、第二章、特に第一節（原初史）を参照されたい。他に和田幹男『創世記を読む』（筑摩書房、一九九〇年）、特に九四頁。フォン・ラートは、神の安息に契約の「しるし」を見て、捕囚時代にイスラエルで安息日（および割礼）が本来の「契約のしるし」と考えられ、異教世界との区別の強い表現となったとしている。これはまた、創造・契約・救済史の結びつきを示すものであろう（ＡＴＤ1、八六～八七頁）。

（8）カロル・ヴォイティワ『愛と責任』（石脇慶総訳、エンデルレ書店、一九八二年）、二九五～三〇二頁。他に、ＡＴＤ1、七八頁以下を参照。

（9）同書、三一七～三一八頁、三四五～三五一頁。

（10）この点については、ＡＴＤ1、一二〇～一二二頁を参照。

（11）ＷＢＣ1、pp. 70-71参照。

（12）U. Cassuto, *A Commentary on the Book of Genesis*, part one, trans. by I. Abrahams, The Hebrew University, 1978, p. 134.

（13）蛇の虚無性とその言語用法について、フォン・ラートは次のように語っている。「人間のこの敵役はほとんど定義しようのない匿名性（Incognito）の中に身を潜めており、正体を現すことはない。……われわれが取り組むべきは、蛇が何であるかということでなく、それが何を語っているかということである。蛇は用心深い仕方で、会話の端緒を開く」。ATD1、一三四頁。神の役割が人間の働きに帰されるという倒錯、人間のヒュブリスについて、WBC1、七五頁を参照。Actions hitherto characteristic of the creator are now ascribed to the woman. She "saw that the tree was good", clearly echoing the refrain of Gen 1, "God saw ... that it was good".

(14) 新約におけるイエスと女の出会いについては、共著『聖書の言語を超えて』(東京大学出版会、一九九七年)を参照。

(15) この点についての好著として、吉満善彦『神秘主義と現代』(『著作集第四巻』みすず書房、一九五二年)を参照。

(16) この両義的「暗夜」の中の「あけぼの」にかかわる証言として、次の論文を参照されたし。片山はるひ「〈暗夜〉を照らす炎――マザー・テレサ、リジューの聖テレーズ、十字架のヨハネ」(『危機と霊性』宮本久雄・武田なほみ編著、日本キリスト教団出版局、二〇一一年に所収)。工藤裕美「マザー・テレサの生涯」(『イエス・キリストの「幸福」――キリスト教の原点を見つめて』光延一郎編著、サンパウロ、二〇〇八年に所収)。

(17) 片山、前掲書、三二九頁。

第六章　花婿と花嫁との無限な協働
――ニュッサのグレゴリオスの『雅歌講話』から――

序

グレゴリオスが講話をした旧約の「雅歌」は、ヘブライ語原語では「歌の中の歌」であり、最上級を表す。邦訳「至聖所」が「聖所の中の聖所」という最上級を表すのと同様に。この「雅歌」は旧約諸書中、何ら神名を含まない花婿と花嫁との祝婚歌あるいは男・女の非常にエロチックで情熱的な相聞歌である。だからどうして旧約正典に編入されたのかという疑問が生ずる。一説では、八章6節後半の語「シャルヘヴェトゥヤー」（新共同訳では、「炎」）の「ヤー」が「主ヤハウェ」の短縮形と見なされたからだとされる。しかし、結局疑問は解けずに残る。(1) 但し人間の男女愛だけが、人間的生の最上級の現実にふれるのだとすれば、至聖所だけが神が現存する聖域であると同様に、愛の歌「雅歌」が殊に何か神と呼ばれる無限者を内包すると考えてもさしつかえがない。否、さしつかえがないどころか、愛の畏怖すべき情熱こそ無限者を示し、彼にふれ彼を引きよせ、遂に彼との交流の地平を披《ひら》くといえるのであろうか。実際、今日の聖書釈義学者たちは、「雅歌」八章6b節―7節（以下、八6b―7のように記す）の愛において神が暗示されているという。それはどうしてであろうか。次の引用文には、神名は直接現われないのに。

「6b　愛は死のように強く　熱情は陰府《よみ》のように酷い。火花を散らして燃える炎（シャルヘヴェトゥヤー）。

7　大水も愛を消すことはできない。洪水もそれを押し流すことはできない。愛を支配しようと　財宝などを差し出す人があれば、その人は必ずさげすまれる」。

というのも、「申命記」（四24）には「あなたの神、主は焼き尽くす火であり、熱情の神だからである」（別に「申命記」三二21―22）および「イザヤ」（四三2）には「水の中を通るときも、わたしはあなたと共にいる。大河の中を通っても、あなたは押し流されない」とある。「雅歌」の愛・熱情と「申命記」の熱情および火の神、「雅歌」の洪水も押し流せない愛と「イザヤ書」の人を支えて大河も押し流せない神には並行的意味や類似的表現が見出され、そこでは愛こそが神となっているからである。それは「雅歌」で神が暗示されている端緒といえよう。

いずれにせよ、「雅歌」は愛が無限な現実に高まり広がることを歌い上げている点は看過ごしにできまい。実にその無限に続く愛の運動を示すのは、「雅歌」物語りが未完で、そこにはエピローグさえもなく、むしろ乙女が若者との別れを再度歌って未来に開いている点にも窺えるであろう。「恋しき人よ　急いで下さい。かもしかや子鹿のように　香り草の山々へ」（八14）と。

このようにして「雅歌」にあっては、若者と乙女の間に、呼びかけと応え、沈黙と対話が無限に続く。その意味でこの最上級の歌は、視覚的な彩りを含むと共に一層聴覚的な声と沈黙の文学であると言える。

ニュッサのグレゴリオスは、このような旧約の「雅歌」を人々に注釈講話したのである。それは復活祭（再生の象徴）に先立つ四旬節（受難と死の象徴）の時だったとされる。従って今日われわれが読む彼の『雅歌講話』の基調は、やはり「雅歌」の声に聴従し声を合わせ深まってゆく聴覚的世界である点を忘れてはなるまい。と同時に、四旬節と復活祭に関わる講話は、当然死と再生のテーマを中核としているのである。このテーマは、後述するように没薬（死）と乳香（再生）の象徴によってその解釈が深められてゆく。そこでグレゴリオスが「雅歌」を講話する時の解釈方法は、アレゴリー的解釈と呼ばれる方法である点に注目する必要がある。というのも、現代の聖書解釈学は、アレゴリー的方法と全く異なる歴史的批判的方法を用いて、テキストを解釈するからである。われわれにとってアレゴリー的方法と歴史的批判的方法との関係は調和止揚されるべき問題として後に考察することとして、さしあたってグレゴリオスのアレゴリー的な方法の特徴とその方法による「雅歌」解釈の実践をまず概観してみたい。

一　アレゴリー解釈の特徴とグレゴリオスによるその実践の結実『雅歌講話』の思索

(1)　グレゴリオス以前にアレゴリー解釈は、ホメロスの叙事詩に登場する神々や英雄たちの文字通りの不道徳な在り方を別の意味に読みかえて緩和するため、象徴的精神的に解釈したり、アレクサンドリアのフィロンにおけるように旧約のテキストを寓意的に理解したりする仕方で用いられ、その伝統が形成されていた。フィロンの場合、文字通りの現象の彼方にイデア的精神的世界を根拠として指定するプラトン主義的二世界論の影響が顕著であって、一般にギリシア教父におけるアレクサンドリア学派のアレゴリー的解釈の原型とされるのである。しかしそれは果たしてそうであろうか。

そこでグレゴリオスによるアレゴリー的解釈の特徴を吟味するため、グレゴリオスも参照している聖書のアレゴリー的解釈の典型、パウロの方法を考察しよう。

パウロがアレゴリーの呼称を用いて解釈を遂行している箇所は、「ガラテヤ」（四21〜31）である。そこではアブラハムの二人の妻と彼女たちから生まれた二人の息子が一対一対応で寓喩をうけている。すなわち、自由な正妻サラは新約を、その子イサクはキリスト信徒と信仰による自由を象徴し、他方で側室ハガルは旧約を、その子イシュマエルはユダヤ教信徒の律法の下における奴隷的生を寓喩するというのである。これはいわば文字からそこに隠された霊的意味へ垂直的超越的に向かう解釈である。

他方でパウロは、「一コリント」一〇1〜11において、予型論として予型（typos）の言葉を用いて別の例を示している。すなわち、イスラエルの出エジプトの際に、民が経験した歴史的諸事件はみな新約のキリストの予型・前表として解釈される。例えば、イスラエルによる紅海渡河は洗礼を予示し、彼らに水を与えた岩はキリストを予示し、砂漠の食物マンナやオアシスの水はエウカリスティア祭儀のパンとぶどう酒を予示し、モーセに反逆し炎の蛇にかまれた瀕死の民がそれを仰いで助かった青銅の蛇（「民数記」二一）は十字架の救い主キリストの予型であるというふうに、旧約の出来事が新約を予型として喩えているとされる。こうして予型論は、様々な関連でキリストに収斂する。これはいわば歴史内にあってある事件が後の未来の事件を前兆・予型的に示す意味で水平的な時間的方位を帯びる解釈である。

ところが、少々吟味してみると、上述のアレゴリー的解釈の場合にも、ハガルやイシュマエルという旧約・律法がサラやイサクという新約・信仰の自由（＝キリスト）の予型となる方位が窺われ、旧約的事例がキリストの直接的あるいは間接的前兆となっていることが解る。逆に予型論の場合も、岩がキリストを、マンナがエウカリスティアのパンを一対一対応で寓喩しているのである。従って、パウロの解釈法の場合、アレゴリーは予型論を、予型論は逆にアレゴリーを含んでおり、単純に両者を対立させる図式は成立しない。そしてまさにグレゴリオスの場合にあっても、後述するように、彼のいうアレゴリー的解釈は、予型（歴史的内在）と寓喩（超越）を兼備するのである。

今日の聖書釈義学においては、教父のアレゴリー的方法は、比較宗教史や歴史的資料批判などに基づかない、かなり主観的な想像的解釈であるとか、詩的文学的方法であるとして評価されていない。その点もふまえてわれわれは次に『雅歌講話』の考究吟味においてグレゴリオスによるアレゴリー的方法の実践を辿りながら、その解釈的意義を解明したいのである。

⑵　グレゴリオスの解釈を通して「雅歌」の若者・花婿が、神人キリスト（神の子であるロゴス・言）を、乙女・花嫁が個々の霊魂あるいは教会協働態を喩えるとされる。その若者と乙女、両者の関わりのドラマ・プロットの中で、霊魂ないし協働態が変容してゆく倫理的霊的な出会いと別離、そしてまた再会というプロセスが際立たせられている。そのように「魂」の背反や回心、そして変容を強調する解釈は、「雅歌」の若者が乙女に対し呼びかけ顕現すると共に隠れ去り沈黙するという現れと退去、出会いと別離のプロットに支えられている。例えば、五2〜6を抜粋引用してみよう。

花嫁

五2　眠っていてもわたしの心は目覚めていました。恋人の声が扉を叩いています。

「開けておくれ、愛しい姉妹よ、愛しい近き人よ。わたしの鳩よ……」

3　私は衣を脱いでしまったのに、どうしてまた身にまとえましょうか……

4　恋人は、扉の隙間から手を差し伸べ、わたしの心は、あの方を求めて、奥底から波立ちました。……

6　わたしは、恋人に扉を開きましたが、恋人は立ち去った後でした。あの方の呼びかけに応えて、わたしの霊魂は外に出ていきました。
探し求めても、あの方を見出せませんでした。呼び求めても、応えてくださいませんでした。

どうして乙女の前から恋人である若者は隠れ去ってしまうのだろうか。それにはさしあたって二つの理由が考えられよう。一つは、若者が無限な善美・神人キリストを意味し、乙女がこの無限な善美を分かち与えられ、どんなに善美を分有してもそれを所有しあるいは観照・把握し切れないという無限者と有限者を隔てる差異の無限を示すためである。この点は、後に⑷エペクタシス（魂の無限な変容の道行き）論において考察する。二つ目の理由は、如上で暗示したように霊魂・人間性がはらむ虚無性ないし罪業性に関わる。つまり、人間はロゴスたるキリストに聴き従うことができないのである。われわれは、この点からアレゴリー解釈の実際を辿ってゆこう。

⑶　グレゴリオスによれば、人間の根源的罪業は不聴従（parakoē）に存する。このギリシア語は、para＋akoē に分解でき、akoē（聞くこと、聴従）からの para（否定的ずれ）、すなわちわれわれの生を根拠づける根本的な言葉・根本語（例えば、真、善、美、福音、脱在など）を正しく聞かない「不聴従」を意味する。それは根本語に正しく聞き従うことの虚無的否定に外ならない。従って当然ロゴス（言）そのものである若者は、人間・乙女の不聴従によって排除され退去するわけである。そこで乙女の言葉「エルサレムの娘たちよ、わたしは黒い」（一5a）は、人間本性のこの罪業の深さを示すと解釈される。グレゴリオスは、この人間の虚無性の原因をさらに探るべく、一6b「わたしの母の息子たちが、わたしのうちで争い……わたしは自分の畑の見張りもできなかった」をアレゴリー解釈する。その際「わたしの母の息子たち」とは、乙女である霊魂を生んだ同じ神から生

まれた者たちを意味し、「わたしのうちで争い」とは、この者たちが自由意志によって幻想的な善を欲求し選択して無限善から背離し、無限善を欲求する霊魂の中に内的葛藤を引き起こしたことを喩えているとされる。また「わたしの畑」とは、「神のぶどう畑」が喩える不死、アパテイア（不受動心）、神的類似・共生における安息を意味し、「畑の見張りもできなかった」とは、自由意志の内的葛藤による虚無志向によって、実在的無限善との共生を喪失したことを象徴する。

このようにして、人間が善美に聴従しない parakoē（不聴従）は、自由意志の分裂と虚無化に外ならない。この虚無志向によって人間本性（ピュシス）は、幻想的善を選び、選びとった幻想に類似してゆき悪徳（高慢、自堕落、憤怒など）に満たされ醜怪なすがたに変化し、冬のように他者との関わりに無感動になり氷結する（二10の冬）。

ところでこの氷結は、未来永劫の自閉・無感動なのであろうか。その氷結がほころびとけることができるのであろうか。その問いに対してグレゴリオスは「見よ。冬は過ぎ雨は遠ざかり止んだ。地には花々が咲き乱れ、はや花摘みの季節となり、この地にもきじ鳩の声が聞こえる」（二11～12）というテキストを軸に解釈を進め始める。「人間本性は、その自由意志で選んだ映像に従って変容するので、真に鏡に似ている」（第四講話）と語って人間本性を鏡に喩える。その上で、「人間本性は、自分の欲することを受容でき、また自由意志の傾向が導くがままに変化する」（同）という驚くべき発想を示す。というのも、ここでは自由意志と連動して人間本性の可変性が語られているからである。それは鏡のように、平和や希望を映ずればそのように変容し、逆に増悪や絶望を映せばそのように変化する。であるから、人間のもつ質料的可変性が有徳な形相にも転ずるという積極的性格を帯びてくるわけである。この思索は、質料という変化やはかなさの原理を否定的に評価し、かつ本性（physis）

の不変性を説くギリシア哲学的発想を転換し、不変不動性よりも変化を重要視する新たな存在超出という脱在論的視点を披く。グレゴリオスはその思索に基づき次のように語る。「鏡が、何か美しい形を映し出さなければ、どうしてそこに美しい映像が生ずるであろうか。人間性という鏡も同様であって、以前には美しくなかったのに、神の美に近づきその似像に変容したとき美しくなったのである。……彼女が見る対象とは、美の原型に外ならない」（第五講話）。

さてここで人間本性が鏡に喩えられている点をいささか考究しなければならない。なぜなら、それが自発的能動的に自由意志を動かして自らの力に拠って善美に志向し、悪徳の無感動から脱自してゆくことはできないからである。できるとすれば、人間は善悪の絶対的制御者、支配者となって神の如くなり、そこでは善も悪も、美も醜ももはや存在しなくなってしまうだろうからである。

鏡の喩えは、霊魂の本性が他者である何か外部からの逆志向（contre-intentionnalité）を蒙り、外の善美なる原型を受動的に映ずる性格を如実に示す。すなわち、魂、人間本性の絶対的受動性を象徴するといえる。であるから、魂の変容とは魂とその外の他者との相互的志向関係を表現するのではなく、人間の主客的対他関係以前の、つまり志向的働きをなす能動性以前の対他関係を表現するわけである。その関係は自己無化（ケノーシス）の場である。というのも、人間本性が受動的に対面する他者とは無限な善美だからであり、彼に対し有限的存在は無であるほどの差異の淵におかれているからである。このような根源的受動性に在って始めて、魂・人間性は無限な善美を受動、受容できる。後述するように、この魂・人間性の受動的で垂直的な対他関係は人間的他者との水平的な関係にも及びうる。なぜなら、人間もこの無限者の似像（エイコーン）である限り、ある意味で人間的他者への無限志向を秘めるからである。

以上のように、鏡の比喩は、人間性が他者関係において根源的に受動的であることを意味し、さらにこの根源的受動性において他者を贈りものとして受容歓待するためには、自我の構成的理性の他者把握や意志的所有欲を放棄するケノーシス（自己無化）を経なければならないことを示唆する。

この人間性のケノーシスが生起するのは、他者との出会いがもはや人間能力の操作や制御を超える以上、他者の側からの働きかけをまたなければならないであろう。現代哲学であれば広義の意味でこの働きかけを「もの自体」（カント）や「知覚する身体」（メルロ＝ポンティ）や「存在」（ハイデガー）や「顔」（E・レヴィナス）などにおいて探るであろう。グレゴリオスの場合は、この働きかけは若者の到来が喩えるロゴス（言）・無限者の愛（philanthrōpia）であり、それは一般にロゴス、神の子キリストの受肉（incarnatio）と呼ばれることである。

グレゴリオスは、ピロアンスローピアを「雅歌」五10「わたしの恋人は、色白で赤みをおび、幾万の人の中から選ばれた方」に基づいて考究する。10ａの「色白で赤味をおびた」ロゴスとは、歴史内に現実的身体をもってナザレのイエスとして生まれた言・キリストの受肉を指す。問題は、10ｂ「選ばれた方」の意味である。グレゴリオスは、この選ばれた在り方を、キリストの特別な出生、つまり世界超越者たる聖霊による処女降誕と理解する。それには重要な二つのヴィジョンが含まれている。一つ目のヴィジョンは、通常の誕生の場合、子は、父親がもたらす血縁地縁的人間関係の中におかれてそこに縛られるわけである。しかし、地縁・血縁を超える聖霊が働きかける以上、処女降誕によって、その束縛から各々の子が解放される。従って子にとって人間としての人間の兄弟姉妹的協働態を創ることへの可能性が拓かれるわけである。これは「雅歌」の乙女が協働態の象徴と解されるときの、その基本的性格を決定づける。つまり、この協働態は、義理や地域的権力や親類縁者などの関係から超越し、そこに縛られない人間的兄弟的関係であるという性格をもつ。二つ目のヴィジョンは、ピロアンスローピアと直接関係する。すなわちグレゴリオスは、処女分娩による誕生について次のように語るからである。「彼〔言たるキリスト〕は、どれほど度々誕生したことであろうか。新しく創られるすべての者の長子として（「コロサイ」一15）、多くの兄弟の中の長子として（「ローマ」八29）、また彼は、死者の中からの長子として（「コロサイ」一18）、最初に死の苦しみを解き放った方である。あるいはすべての人々のために、復活によって死者の中から出生の道を切り披いた方でもある（「使徒」二24）。以上すべての場合において彼は誕生した。……水による誕生（「ヨハネ」三5）や死者からの再生（「マタイ」一九29）、それに今挙げたような神的創造における最初の誕生（「コロサイ」一15）は、いずれも地上的分娩を免れている」（第十三講話）と。

このような誕生は単に歴史の中での過去の一回的出来事を意味するにとどまらず、人間の現在および未来の可能性をも象徴していよう。すなわち、人間もロゴス・御言と同じように、新しい創造や再生や兄弟的協働態や死からの解放などに与りうるという可能性であり、エックハルトの「魂における神の子の誕生」とも共鳴する、未来からのメッセージであるといえる。こうして鏡である人間の受動的本性は、ピロアンスローピアがもたらす新しい誕生のメッセージと人間の全的可能性を、その自由において受容するのである。その言の到来こそ、人間本性の無感動の氷結をほころばす春の息吹きの到来、生命の開花の時節に外ならない。そしてそこからのみ霊魂の変容の道行きが始まる。ここでしかし人間の受動性をまず触発するのは、メタファー的に語られた（春の）息吹き（プネウマ）である。というのも、息吹きは、ギリシア語のプネウマに由来し、プネウマは風、気、霊、聖霊などを表し、存在の受動性が秘める受容の間《あわい》・空・自己無化の創る間的無に吹き込み、そこで音声を響かせるからである。このプネウマはその意味で、音声さらにメッセージや概念・思考以前の働きなので、概念的に把握し表象できずメタファーとして示されるか、あるいは霊的感覚によって感受されよう。その点を念頭においてピロアンスローピアを考究すると、言たるキリストが贈与するプネウマが、魂の氷結を吹きぬけ、そこに先述した未来的なメッセージが響き、こうして人間本性は鳩のすがた、つまりプネウマが現存する者に変容する。グレゴリオスはその息吹きを次のように語っている。「神の似像《エイコーン》（霊魂）に対してプネウマが現存する者に変容する。グレゴリオスはその息吹きを次のように語っている。

は、同じこの似像に対して、〈栄光から栄光へ変容する〉（二コリント三18）ように命ずる使徒の言葉を思い出させる。この栄光とは、（霊魂において）把握され見出されたものを意味する。だがたとえこの栄光が、最も偉大で崇高なものであろうと、それはわれわれの渇迎する方御自身と比べれば、全く取るに足りないものに見える。だからたとえ花嫁が、彼女の実現した成功によってすでに鳩に成っていたとしても。依然同じようにして一層高次な善へと向上して、再び鳩に成るように命じられているわけである」（第五講話）と。

右の引用文で注目すべき点は、霊魂の向上が決して自己完結して充足してしまうような静態ではなく、次々と自己の達成した完全性を超出してゆくような脱自的動態であることである。この脱自的動態をグレゴリオスは、まず倫理的言語ではなく、分有（与り）というプラトン的な存在論的言語を用いて表現している。「神の（無尽蔵な）本性が、人間の霊魂を自己の許に誘い、自己に与るように働きかけるとき、それは人間性よりはるかに高次な善であるゆえに、人間性が与っただけの分を、それだけの割合で常に超え出るのである。だから一方で霊魂は常に超越する神的善へ与って増大し続けるが、他方で神的善は同じものとして留まる。そういうわけで、霊魂がこの神的善に一層与れば与るほど、常に同じ割合で凌駕されてしまうことを見出す結果となる」（第五講話、傍点筆者）。

右の引用文で注目すべき点は、分有が存在の言葉よりも善美の言葉によって表現されている点である。その理由は大略次の二点に収斂されよう。一つ目は、存在より善美の分有の方が、自己から横溢する他者への自己贈与を表現し易いという理由である。それは極まるところピロアンスローピアの、ピリア（愛）と関連し、無限者による他者への一方的で無償な自己贈与、つまりアガペーを表現する。二つ目は、グレゴリオスが善美の分有によって、アリストテレス的な存在界の構造解明よりも、霊魂が善美へと変容してゆく徳の形成、エイコーンの成立を自らの修徳的かつ協働態的課題としていたからであろう。

(4) こうした霊魂による善美の分有はエペクタシス論として、他方で協働態による善美の分有はオイコノミア（歴史的経綸）論として語られるが、さしあたり今は、魂の脱在的歩みに関するエペクタシス論をグレゴリオスのテキストを取り上げて分析してみたい。

「（絶えざる登攀にあって）その都度把握されるものは、それ以前に把握されたものより全く大きく、自らのうちに、探究されているもの（無限の善）を閉じ込め制限してしまうことはない。かえって、ある時発見されたものの限界・原理（ペラス）は、（善へと）登攀する人々にとって、一層高次なものを発見するための出発点（アルケー・根底）になる。そして登攀する人は、ある出発点から次の出発点を取りつつ決して立ち止まることはないし、またその都度一層大きいものの出発点・原理は自らにおいて完結することもない。というのも、登攀する人の欲望（エピテュミアー）は、すでに知られたものに滞ることがなく、一層大きいものを再び欲求することによって、かえって霊魂は、今までとは別な超越的なものに向かって不断に上昇しつつ、より高次なものを通って〈無限なるもの〉へと常に道を歩むからである」（第八講話）。

右のエペクタシス論を読んで様々な問いが生ずるが、われわれは次のような二つの問いにしぼってエペクタシスに参入してみよう。

その一つは、魂がある出発点《アルケー》から歩み始め、そしてある限界《ペラス》まで歩み了《おわ》る時、その一定の歩み、歩んだ距離とは何を象徴するのであろうか。その歩みと欲求とはどのような関係にあるかという問いである。その二つ目は、各々の一定の歩みが完了したとき、その限界が同時に次の歩みの出発点になって開放され、次に新しい歩みが始まるというのであるが、その開放的転換の内容と働きはどのようにして起こるのかという問いである。

第一の問いに対し、本章では第七章でもふれるモーセのシナイ山登攀に関するグレゴリオスの思索を手がかりとしたい。彼はモーセの登攀を三段階の歩みに分ける。すなわち、モーセは闇（スコトゥス）を破る光と共に神顕現に出会い始め（「出エジプト」一九18）、次に神は雲を通して彼に語り（二〇21）、最後の段階で彼は暗闇（グノポス）の中で神を観た（二四15〜18）という三段階の歩みに、である。第一の段階は、無知から真理の光の観想という転換を意味し、その仕方で霊魂の形が形成される。第二の段階は、真理の光を人間は直視できないので、神の似像である魂自らを徐々に知りながら不可視の神的善美にふれてゆく道行きを意味し、その仕方で霊魂の形が定まる。第三の段階は、闇が不可視で把握不可能なものを意味し、そこに神の現存を示す以上、結局霊魂は神の不可視性を洞察し、その仕方で自らの形の限界を自覚する。以上のようなモーセのシナイ山の登攀の三段階は、各々がアルケーとペラスで区切られ、各々が魂のその都度の形の定まり（形相化、徳性）を意味するわけである。この登攀は以上のように三段階に分類されるが、実は魂のその都度の形相化は無限に持続するといってよい。

ところで、この三段階の魂の歩みと欲求はどのように関連するのであろうか。モーセの場合、第三段階に至ってもなお「顔と顔を合わせて直面して、神を見たい」と正面認識を欲求したのである。その欲望に沿う仕方で神はモーセを岩の間においてその手でおおいながら通り過ぎ、モーセは神の背面を見たというふうに示唆されている（「出エジプト」三三21〜23）。グレゴリオスは、このメタファー的物語りをどのように解釈するのであろうか。

それは正面認識から背面認識への転換に外ならない。モーセが欲した正面認識とは、すでにふれたようにグレゴリオスによれば、他者を自分の志向的表象や概念的視界・体系に対象として置き、自分の正面および視界に定位し、対象を自らの知識や志向的表象に還元するという認識法といえる。従ってその認識は、わたしに還元不可能な他者のもつ異質な唯一回性を、普遍知の中に消去する結果をもたらす。そもそも学知・科学は事物を法則の中に定位し、その運動や性質変化を予知し制御しまたは改造する性格をもつ以上、事物が学知の法則体系に還元されるのは、人間の知識の進歩であり、彼の文明の発展に寄与しうるといいうる。しかし、相手がわたしの考えや欲望に還元できず、むしろその唯一回的在り方を有し、尊敬すべきペルソナ的存在の場合、彼との出会いはペルソナ的交流になるのであるから正面認識以外の知り方が要請される。まして無限者を正面認識で志向し定義し還元しようとすると、自らに絶対無限者を服属させ制御してゆくことになる。その時その人間は自分を神の如く思い込み、その錯覚と傲慢のうちに自滅せざるをえない。巨大科学技術（例えば、原子力技術）により万物万象を支配改造しようとする人間中心主義とその文明は、そのような破壊的幻想のうちにあるといわなければならない。

それゆえグレゴリオスは背面認識を説く。それはペルソナ的他者を自分の正面において判事のように自分の概念体系の中に見るのでなく、全く逆に彼に聴従する道行きである。それはすなわち、先述のように構成的に志向する魂が一切の主導的能動性を自己無化し、全くの受動になり切る道行きである。そして、この受動性においてのみ他者を贈与として歓待受容し、他者のエネルギーに支えられて、始めて自律的に彼と同様に他の人々に関わり協働しうるのである。他者との出会いを契機とするこの能動から受動への転換には一つの間《あわい》が媒介となる。すなわち、能動の自己無化において、そこに非実体的な無の空間、間が生ずるのであり、そこに霊風（プネウマ）が他者として息吹く。その息吹きを受ける時、新しい音、言葉が生まれる。ここにまた新しいエチカやプネウマ的神秘主義的知が誕生する。以上の意味で、新たな転換、つまり正面認識から背面認識への転換が生ずる。グレゴリオスは、この背面認識について次のように語っている。「神を見ることを欲求する者が、その慕い求めている方を見るのは、その方の後に常に従うこと（アコルーテイン）においてである。そしてその御顔の観想とは、後から御言に従うことで成就される、神に向けての終わりなき歩みである」（第十二講話）。

このようにして背面認識とは、認識論史上「見る」から「聴従」への転換的革命であり、理性に優って正しい欲求、エロース、アガペーが主導する道行きとなる。そこでエロースは、存在界に関する客観的観照《テオーリア》よりもむしろ魂における無限な善美の分有としての徳の形成に向かう。これがエペクタシスなのである。グレゴリオスは「雅歌」五7を解釈しながら次のようにエロース的欲求の激しい運動について語っている。「慕い求める方を本当に享受するとは、その都度満たされた欲求が超越者に対する新たな欲求を生むので、探究途上でつねに前進する……こうして絶望の薄衣が取り払われて、その愛する方の、全き永遠性のうちにある無限で把握不可能な美しさがその都度一層発見されてゆくのを、彼女は見るのである。と同時に、彼女はより激しい渇望に身を焦がれて、その愛する方にエルサレムの娘たちを通して自分の心の状態を打ち明ける。……愛の矢で致命傷を負ったからである」（第十二講話）と。

以上のようにエペクタシスとは、人間性のアガペー的要求が無限者のピロアンスローピアとプネウマによって点火され、その善美を分有してゆく無限向上的歩みである。その分有のその都度の歩みの始まりと終わり、そして新しい始まりの間《あわい》にプネウマが息吹き、霊魂が歩んだ一定の距離は、その霊魂に刻まれる一定の形相化であり、一定の徳の形成であるといえる。こうしてわれわれは、グレゴリオスのエペクタシス論が次のように「フィリピ」三13で表明されたパウロのエペクタシス的歩みの真髄を捉えていることを了解できるのである。「わたし自身すでに捉えたと思っていない。むしろ、すでに到達したところのものを忘れ、絶えずより先なるものに向かって、自らを超出し前進してゆく（エペクタシス）」と。

今や先に提起された第二の問いを考究する時である。グレゴリオスに拠るとそれは没薬と乳香のアレゴリー的解釈に収斂する。予め言えば、霊魂が一定の歩みを終えた限界を、新しい出発点として抜くのは没薬と乳香だと言うのである。それでは没薬と乳香は何を意味するのか。

グレゴリオスは荒野から上がって来る乙女が、没薬と乳香の香りに満ちた柱であるというテキスト（三6）をまず解釈する。すなわち、没薬と乳香の柱とは、新たな徳を身につけた美の似像としての霊魂である。その霊魂は没薬と乳香という徳から成る。その際、没薬とは、まずイエスの受難と死の喩えであり（「ヨハネ」一九39以下）、従って彼のケノーシスの極みであり（「フィリピ」二6〜8）、次に霊魂が洗礼を通じそのキリストと共に葬られること、さらに彼のケノーシスに聴従することであり、修徳的に言えば、地上的な情欲や悪徳に死ぬことを意味する。では乳香とは何を意味するのか。それはその香り高い性質によって、神性や神への奉仕さらに生命の甦り、有徳性を象徴するという。

グレゴリオスは、この没薬と乳香の徳を次のように要約して語っている。「（神人）キリストと共に没薬（受難）に与る人は、たしかに乳香（神性）にも参与する。なぜなら、キリストと共に苦しむ人（sympathos）は、キリストの栄光にも与るからである（「ローマ」八17）」と。

このようにして二番目の問いに対してわれわれは、ケノーシス（キリストの死に与ることとしての自己無化）こそが、歩みの限界を区切り将来に対して全く自己を空化し、その前後裁断の淵を乳香の再生の出発点へと転換する機であると言うことができる。言いかえると、ケノーシスこそ、先述の人間本性の絶対的受動性の極みのすがたに外ならず、この絶対的受動性こそ、他者を贈物として受容・歓待し共生・共存の新たな間、無的空間、空の場を披くからである。われわれはすでにこの無の場にプネウマが息吹くと述べた。その霊風のエネルギーが、新しい言葉を生み、霊魂の生命を活性化する。だから、ケノーシスとプネウマに拠る再生・共生を生きることは、不連続と連続から逆説的に成るエペクタシスの道行きを辿ることであり、霊魂の諸々の徳の形成とそれによるエイコーンの成立にとって、没薬と乳香の象徴（死と再生）は最も根本的で構成的な母型（matrice）と言わなければならない。

グレゴリオスはこの死と再生の歩みのモデルとしてパウロに言及している。「神の方を見て、不朽の美へのかの善き渇望（pothos）を覚える霊魂は、その都度超越者に向かう新たな欲求をいだき満足することで、その渇望を鈍らせることは決してない。それゆえ、その霊魂は前にあるものに常に身を差し伸べて止まず（エペクタシス）、自分が居る所から外に出て、より内部に向かってまだ入らなかったところへ参入してゆく。……そういうわけでパウロも、過去のことには常に死んで、すでに達成したことを忘れつつ、その都度新たな生命に与っていたので、日毎に死んだのである（「一コリント」一五31）」（第十二講話）。

われわれはグレゴリオスが、如何に不変不動の実体的存在観から脱し、変化・変容と無限な差異とそこに成立する自己同一性を強調した存在観に転換したかをここに知るのである。その存在観は、後に考察するヘブライ的脱在（エヒイェ）に通底すると予示しておきたい。そのことは次に考究する霊魂におけるエイコーンの形成に重要なインパクトを与える。

さてエペクタシスの道行きを通じ、霊魂にエイコーンが美の原型の分有として、すなわち質料的しみを放棄した徳の形として形成されてくる。この質料的しみとは、快楽、怒り、嫉妬、名誉心、高慢などの情動であって、それらは自ら形をなさないだけでなく霊魂の統一的形をも虚無化させる方位に働く。これに対して美を映ずる魂には、アリストテレス的な枢要徳である正義、賢慮、節制、勇気や倫理的徳が形成される。これらの徳はいずれもロゴス的な性格をおびる中庸、バランスのとれた徳である。「例えば、勇気とは臆病と蛮勇との、また寛大さ（エレウテリア）は狭量さと放埒との、それぞれ中間に位置する」（第九講話）と言われるように。あるいはプラトン、プロティノス的な美の範例への分有として、やはりロゴス的で調和のとれた徳である。あるいはパウロが、アガペーを筆頭にして列挙する喜び、平和、忍耐、柔和などの徳である（「ガラテヤ」五22—23）。これらは鏡である霊魂に映じ、そのエイコーンの構成要素として結晶化し形相的な美の完全性を魂に与える。けれども、グレゴリオスの徳論はこれに尽きない。それはどういうことか。

(5) それは先述の没薬と乳香の徳が、徳論の全き新たな地平を披くからである。というのも、この徳論は死と生、それもイエスの十字架に現実化された受難（むち打ちや茨の冠、十字架上の絶叫など）と残酷な刑死を以て徳とするからである。この受難はグレゴリオスの「フィリピ」二への参照が示すように僕《しもべ》として他者に仕えるケノーシス的生の象徴に外ならない。その生は、十字架上のイエスの形象が示すように、裸で無力で暴力にさらされデフォルメされた、いわば形なき形であって、もしそれこそ徳の美と言えるのなら、それはまさに全き受動性として他者を歓待するその自己開放性にあると考えられる。そこから「十字架の美学」を提案できるのであるが、今はそれに立ち入ることはできない。このようなケノーシス的徳論は、ヘブライ・キリスト教において深められ、その具現者としてわれわれは、「イザヤ」五二13〜五三の苦しむ義人・主の僕を挙げることができよう。

以上のような徳の形および形なき形として霊魂にエイコーンが形成され、そのエイコーンを通して類比的に人間は神を観る。「誰かが……完全なものとなるならば、その人はあたかも円い太陽そのものを凝視するように御言たる神自体を観る本性を持つというのではなく、むしろ自らのうちで鏡において太陽を見るように眺めるのである」（第三講話）。とすれば、われわれには如上の徳論に則して三通りの神の類比的観想が可能となろう。ただしここで言う神とは、超絶的な神というより受肉したロゴス・神人キリスト・イエスである点に注意しなければなるまい。さて一つ目の観想とは、自分の中だけでなく、他者の中にも、神人性を認めることである。それは他者が、隣人（汝）として自己と交流する者であると同時に、この私に還元できない神性を宿している者との自覚を生む。人間相互におけるこの自覚こそが、相生の根拠となる。

二つ目の観想とは、いわばロゴスの神性に向けられ、そこでは輝く調和した平安な美の現前にあうであろう。その観想の体験は、神性が人間の言語を超える以上、「輝く暗黒」とか「不変の動き」とか「目覚めた熟睡」とかいうような撞着語法が用いられ、神性と人間両者の淵の無限な深さを示しつつ、逆説的に架橋を試みるわけである。

三つ目の観想とは、神人キリストの、いわば受肉したイエスのケノーシス的な生に向けられる。それは端的に歴史的にユダヤ人となり、社会的宗教的に疎外された人々と連帯し、「神の国」協働態運動を興し、ユダヤ教神政体制の全体主義とローマ帝国の支配の下に、異化的異端的存在として抹殺された受難のキリスト、あのデフォルメされた形なき姿に向けられる。ところでこのイエスは、余りにも貧しく小さな人々と一致して生きたので、「はっきり言っておく。わたしの兄弟であるこの最も小さい者の一人にしたのは、わたしにしてくれたことである」（「マタイ」二五40）と言いえた人である。従って霊魂におけるエイコーンを通してこの受肉の僕を観想することは、イエスと同時に同じように疎外され抹殺され忘却された人々の記憶を想起し、その人々と連帯し相生してゆく地平を披こう。そこにこの人々との協働態を形成する志向が躍動するであろう。というのも、われわれのエイコーンには形なき形として小さき人々と連帯する姿と力動的エネルギーがやはり徳として形成されるからである。こうして受肉的生への観想は、霊魂自体が他者の世界に受肉し協働してゆくことをすでに力動的可能的に含んでいる。この点は、乙女の解釈にとって重要な帰結をもたらす。それはどういうことか。

乙女のアレゴリー解釈は、一方でこれまでの解釈実践で明らかなように個々の人の霊魂として乙女を考究する。しかし、他方でテキストの受容史という観点からすると、アレゴリー的解釈者は古代から乙女を教会協働態、キリストの身体としても解釈してきた。その点で系譜を探って思い出すだけでも、オリゲネス、アンブロシウス、大グレゴリウス、サン・ティエリのギョーム、ベルナールの名を挙げることができる。

どうして乙女は個的霊魂であり、かつ協働態として解釈されたのであろうか。この問いには様々な解答が提出されているが、われわれとしては霊魂の中にキリスト・ロゴスの似姿として、つまり、死と再生を核として徳の似像として形成されるエイコーンにその解釈の鍵を見出したのである。すなわち、十字架に至るまで人々に仕え、人々と一致したイエスは、すべての小さき人々であり、すべての小さき人々はイエスであるという現実こそ、今や霊魂のエイコーンであってみれば、エイコーンは個的でありかつ他者との出会いの地平をすでに含む協働態なのである。

そこで最後に、個的でありかつ協働態的なエイコーンの在り方を、「愛の秩序」(taxis agapēs, ordo amoris)の視点で参究してみたい。グレゴリオスは「わたしの上に愛を秩序づけて下さい」(二４b)という乙女の叫びを解釈して次のように愛すべきものの秩序を語っている。まず神を愛し、次に隣人を、次に妻を、最後に敵を愛すべきとされる。福音書でも神と隣人への愛は、愛の(律法の)二大支柱とされている(「マルコ」一二28～33など)。西方思想にあっても「愛の秩序」に関し、アウグスティヌスやトマス・アクィナスなどが思索を費やしている。それほどこのテーマは国家や社会組織の外的関係の根底にある人倫的関係および協働態の内的絆にふれる普遍的関心事なのである。

ところで、秩序というと直ちに王制や軍隊などを考え易い。すなわち、全体を統一する強力な権力者（王や将軍）の支配下に、諸侯や大官僚、連隊長、さらにその下に小官僚や小指揮官が支配権力を分有し、その下に人民や兵隊、その下に奴隷や捕虜などが服属する。秩序という言葉によってこうした支配―服属という、法支配の権力分有のヒエラルキア関係を連想し易いのである。そこでは服属する人民や兵士の一人ひとりは全体を成り立たせる構成要素、非人格的な単なる一契機、果ては生ける奴隷、ロボットでしかない。

しかし他方で、一本のリンゴの樹の生育を取り上げ秩序を考えてみよう。芽が出て葉がひろがり茎や枝が伸び、つぼみが開花し、実が成り、その実から種子が大地に受けとられ、樹は毎年生長してゆく。その生長の一段階一ステップは、全体の機械的部分ではなく、生命の法則をその時のその限りを尽くして全身全霊で反映して唯一回的に在るともいえるであろう。

であるから、秩序は掟の命令系統を意味せず、その全体の部分が各々の仕方でその根拠である全体を映じ、各部分が全体を映じつつ相互に交流して一層全体を映じうるという、何か生命的連関に通底することを意味していると考えられる。したがって「愛の秩序」も、愛をその対象や働きの重要度に沿って配列した価値的倫理的ヒエラルキアではない。そこで「雅歌」の若者が象徴する受肉のキリストの言葉「この小さき者の一人にしたことは、わたしにしたことである」に関する先述の省察を想起してみよう。そこでは、この小さき者への愛が、正しくキリストに対する愛あるいは彼の愛を、その時その場で映じているのである。こう参究してくると「愛の秩序」とは、隣人から敵への愛に至るまで、自然本性的な愛から非利己的な聖者の愛に至るまで、愛という生命の生長に沿って、その時その場での限りを尽くして生起する愛の働きや出来事が、根源的な神愛（ピロアンスローピア）との出会いとなり反映であるということを表し、その限りどんなに卑小にみえる愛も神愛なのであることを告知するのである。だから神愛に拠るそうした個々の愛の出来事や働きが同時に共振協働して、そこに今度は根源的なピロアンスローピアの協働態・秩序が現成する。このようにして「愛の秩序」のヴィジョンにあっては、個的霊魂は愛の根源を映じ、その同じ根源に拠る協働態をも映ずるがゆえに、個的霊魂自体が自らに協働態全体とその歩みを体現してゆくのであり、それゆえ同時に協働態は個々の人々の協働に受肉し反映され生成し、そこにおいて協働態的歩み（オイコノミア）が歴史を創造するのである。

以上のように「愛の秩序」のヴィジョンは、乙女が個的霊魂でありかつ協働態であるというアレゴリー解釈が示す不思議に対して、一つの解明の鍵となりうるであろう。

これまでわれわれは、グレゴリオスを手がかりに旧約の「雅歌」に関しアレゴリー的解釈の実際を追体験し、「雅歌」の相聞歌によって歌い上げられている愛について様々な角度から参究してきた。「雅歌」にエピローグがないようにこの相聞（愛）とその歌は無限に続く。その解釈も。特にピロアンスローピアは、愛が人間の様々な可能性を披く人間の無限なエネルギーであることを、常に人間の未来から現在を通って過去までに語りかけて来る。そしてわれわれに対してもエペクタシスと協働の無限な道行きに旅立つよう呼びかけるのである。その意味で、愛は人間の未来である。その確証に基づき、最後にアレゴリー解釈の現代における解釈学的可能性にいささか言及して、本章をとじることにしたい。

二　アレゴリー解釈と現代

現代の聖書学による歴史的批判の方法は、主にテキストの起源や書かれた場所、「生活の座」(Sitz im Leben)とその座を担うテキストの意味やメッセージの研究を通して、歴史的再構成（史的イエスなど）に向けられるといえる。「雅歌」の成立年代に関して言えば、エジプト風の祝婚歌の影響や預言者（殊にホセア）の影響、また知恵と忍耐を以て他者との新たな関わりを創る旧約聖書中のルツやエステルやユディットに似た能動的女性が「雅歌」に登場すること、さらに知恵を代表するソロモンへの言及などから前五世紀末頃までが成立の時代と考えられている。また文学的文化的宗教学的影響史の視点では、エジプトの愛の賛歌、メソポタミアの神々の婚礼歌、シリア・パレスチナの民謡などの影響、さらにイスラエルの預言者的伝統あるいは知恵文学の影響など様々な仮説が提出されており、各々の影響は確認されるものの、どれもそれだけでは決定的とはいえない。

以上の読解法とは別に、現代では上述の聖書学的アプローチのみならず、哲学や文化人類学、比較文学やイスラム教、仏教、ヒンドゥー教なども含めた比較宗教史の観点、さらに精神分析学や言語哲学などの多彩なアプローチによって「雅歌」が解釈され読まれているのである。われわれとしてはこの現代的解釈の一例として、ジュリア・クリステヴァの著作『愛の諸物語』中、「雅歌」に関わる一章の「対話」を紹介しよう。彼女は言語学者、文学者、精神分析医として「雅歌」の乙女が、愛の言語の呼びかけに応えつつ言語的精神的に能動的主体を形成した女性、つまり人類史上最初に自律した女性であると述べている。実際に「雅歌」の乙女も、また解釈する読者もが、愛の対話によって、言語的に未文節で主体性をなしていない人が始めて自己表現し、自らの物語りを語りつつ成長し、同時に他者に関わって行くという物語り論的消息を示すのであるが、次に掲げる彼女の論はそれと共鳴する。

(1) ジュリア・クリステヴァ(一九四一〜)『愛の諸物語』より「対話」

テキストのドラマ的性格に注目しよう。このテキストは二人(若者と乙女)の独唱者と一つの合唱隊によって表されている。合唱隊は二つに分かれて(A、B)デュエットを歌う。

「A、もう一度出ておいで、シュラムの乙女　もう一度出ておいで、わたしたちがあなたを見ることができるように。

B、二つの合唱に合わせて踊りをおどるシュラムの乙女に、なぜあなた方はそれほど見とれるのか」(七1)。

愛の言説は、ギリシア的演劇法とメソポタミア的祭儀の特色を借りて演劇的表象のダイナミズムを身におびる。聖書の他の物語りに次々と登場する人物(ダビデやイサクあるいはアブラハム、そして「雅歌」をも含む「五つの巻き物」に出てくるルツをさえ思い浮かべてみよう)は、物語りの代理人であり機能である。現代の読者が彼らに充てがう心理学的深みがどうであろうと、彼らは事実上、選民に向けられた神の言葉が展開する枠内で、その展開の順に従って神の言葉を印す人々である。これに対して、シュラムの乙女とソロモンとの間に交わされる対話によってわれわれは、次のような弁証法の上演に立ち会う。すなわち、主人公は相手に向かって語り、相手に対して自己描写をすればするほど、それだけ愛する者として自分を創り上げるのである。このような言葉と言語主体の演劇化は、ギリシア的ドラマの技術であり、同時にコミュニケーションの深い論理を秘めている。それは愛のシーンが最大に盛り上がりを見せ、真実に近づくほど完成される。いずれにせよ、「雅歌」の対話は、悲劇的でも哲学的でもない。むしろ異性間を徹底的に対立させながら、にも拘らず、現実的でかつ象徴的な異性間の交流をたくらみ演出するのである。愛の対話は、緊張と享楽、反復と無限であり、コミュニケーションではなく呪文である。対話詩。祈り。

愛する主体として語る主体が、その相手《パートナー》に対していつも姿をくらまして遁走していたり、呼びかけ——先回りし、応え——聴従したりするが、デュエットで二組に分かれる合唱隊が声を合わせる以外には決して一致しはしない。こうしたダイナミズムは、一神教の内で少なくとも二つの運動を表す。その一つは、愛を通して「わたし」が、わたしを魅了する主の言葉に服する者と成ることに存する。その服属は愛に満ち、相互性、いやそれどころか主の愛の優位を前提とする（主とは、歌の想定された著作者ソロモンのことで、彼がいなければ、歌はなかったであろう）。同時に二つ目の運動とは、愛の対話の中で「わたし」はパートナーに心を開き、気が遠くなるような愛の心地で彼を迎え、あるいは高揚の中に彼を引き込み彼と一体になる。この二つの運動によって、「エクスタシス」（自分から出てゆく脱自）と理想の体現である「受肉」の前提条件が、「雅歌」の愛に満ちた呪文の中に置かれるのである。しかしもっと直接的には、精神的内面性の空間が、愛の空間と不可分な仕方で「雅歌」的呪文の中に形を成し始める。この内面性は勿論ずっと演劇的であり、言語と同じく音声、身振り、視覚という構成によって多価的な演劇性をもっている。しかしながら、愛は、遁走の場面で強調された不可避の別離を越えて、その一致と全体を求める情熱によって、すでに内的生命が集う場となっている。「わたしは愛に病んでいる」とシュラムの乙女は歌う（五8）。その際彼女は、将来の神秘家やロマン主義者がもつ心理的な複雑さの先触れとなっているのである。

以上のようなクリステヴァが示す「雅歌」が孕む人間論的解釈の豊かさに着目しつつ、旧約的コンテキストの視点からすると、「雅歌」はやはり、「創世記」のアダムとエバのドラマや、「ホセア」を筆頭とする、エレミヤ、第二イザヤなどの預言者的伝統という宗教的コンテキストの中で解釈しうる。その意味でユダヤ教は若者と乙女の関係を、神とイスラエルの関係として解釈したのである。実際に聖書的コンテキストの中では、全く人間論的な解釈に終始できる現実やテキストは存在しないのである。

さらにわれわれは、テキストが過去の歴史的文書として研究されるだけでなく、それが歴史を通じ現代に至るまで、各時代各地域でどのように読まれて来たかをテーマとする「テキスト受容史・解釈史」にも着目したい。なぜならテキストは絶対に客観的で永遠に固定したものでなく、それが読まれ解釈される毎に新しく変容し、次々と新しいメッセージを蓄積し、新たな解読を人間に挑んでくるからである。その点で古代から始まった「雅歌」のアレゴリー的解釈も、「雅歌」テキストの可能性の一つ、つまり「愛の言語」を西欧世界を通して今日に生み出し、人間の心性史、共生の次元を豊かに開拓したと考えることができる。

(2) 上述の意味で古代最大の聖書学者といわれるオリゲネス（一八四／五～二五三／四）に言及しよう。彼は旧約テキスト中の「雅歌」の読み方について次のような方法を提起し、後代の解釈者（ニュッサのグレゴリオスも含めて）に多大な影響を与えたのである。

さて、まず手始めに考察してみようとします。問題はこれです。神の教会はソロモンによって記された三つの書物を受け継いでいますが、この三つの書物は、まず『箴言』、次に『伝道の書』と呼ばれるもの、第三番目には『歌の歌』という順序で並べられています。これはどのような意味を持っているのでしょう。この問いに対して、次のように答えることができるでしょう。〔それを習得することで人は〕事物の認識に至る一般教養科目として、三つのものがあります。それをギリシア人はエチカ、フシカ、エノプティカと呼んでいます。わたしたちの言葉で言えば、倫理学、自然学、観照学とでも言ったらよいでしょう。更に、ギリシアでは第四番目にロギカ――論理学と言ったら良いでしょう――を加える人もいます。これに反して、ロギカ（論理学）は独立したものではなく、先に述べた三つの学問の全体に浸透しているものであるとする人もいます。確かに、ロギカ即ち論理学は、言葉並びに陳述の論拠とか、それらの言葉、陳述が妥当であるか妥当でないか、あるいは一般的なもの（類）を表現しているのか特殊なもの（種）を示すものか、という問題を取り扱い、個々の文章構造を解明する学問とみることができるでしょう。ですから、これを他の〔三つの分野〕から切り離すのは適当ではありません。むしろ、それらに浸透させるべきものとみる方が適当でしょう。他方、倫理学《エチカ》とは品行方正に生きるための紀律を取り扱い、有徳の士とする規範を提起する学問です。自然学《フシカ》は個々の事物の本性について考察します。それは、この生の場で、本性と反する取り扱いをせず、個々の事物を、造り主が意図されたように用いるためです。観照学《エノプティカ》は、見える〔事象〕を越えて、神に属する事柄、天の事柄に思いを馳せます。〔この対象は〕肉体上の目を凌駕するものですから、ただ精神をもってのみ、眺められるものです。さて、これはわたしの考えですが、ギリシアのある賢人たちは、彼らよりも幾世代も前に神の霊に学んでいたソロモンから、これらの学問の区分を借用したのです。ところが、それを彼ら自身が考え出したかのように言いたて、教習書の中に入れ、後世に伝えるべきものとして残しました。実際には、これは先に述べましたように、誰よりも早く、ソロモンが、神から受けた知恵に導かれて考え出し、教えたことです。「神はソロモンに非常に多くの分別と知恵を授け、また海べの砂原のように広い心を授けられた。いにしえの人の子らの誰よりも、エジプトの賢者の誰よりも、その知恵は彼のうちで大いなるものとなった」とある通りです。それで、ソロモンは、先に述べました三つの一般教養科目、即ち倫理学、自然学、観照学を各々区分しようとして、それぞれにふさわしい順序に配された三つの書物に書きあげました。こうして、まず初めに『箴言』では、人生の規範を、それにふさわしい一連の簡潔な寸言にまとめて、倫理を説《と》きました。次に、自然学と呼ばれる分野を『伝道の書』にまとめました。この書の中で、ソロモンは、自然の事象について多く論じ、有益かつ必要なものから空《うつ》ろな虚《むな》しいものを選り分け、虚飾を捨て、有益かつ正しいことを追求すべきことをさとしています。観照学は、本書、つまりわたしたちが手にしているこの『歌の歌』に書き残されています。この中で、花嫁と花婿の姿をかりて、天のもの、神及び神に属するものへの愛（アガペーとエロース）を魂に染みこませ、愛（アガペー、エロース）の力によって、神との交わりに達すべきことを説いています。

(3)　十字架のヨハネ（一五四二～九一）『魂の讃歌』

テキスト受容史の顕著な例として、次に現代に至るまで精神史上、文学史上そして文化史上などあらゆる観点で影響を与えている十字架のヨハネの『霊の讃歌』の一部を取り上げてみよう。彼は一五七八年の受難（トレド幽閉）の最中に、愛の詩を創作し、後にその詩に霊的解釈を加えた。今は、詩（第十四および十五の歌）とその解釈（25、26）を引用する

第十四および十五の歌

わたしの愛するかたは山々

木々の生い茂る、人気《ひとけ》のない谷
ふしぎな島々
ひびき高く流れる川
愛のそよ風のささやき

あのかたは、また、あけぼのが
たちそめるころの、静かな夜
沈黙の音楽《しらべ》
ひびきわたる孤独
愛に酔わす、たのしい夕食《ゆうげ》

沈黙の音楽

25　この夜の静けさと沈黙のうちで、また、この神的光明の知解のさなかで霊魂は、神の上知が多種多様な被造物と、みわざとを、いかに適切に処理されるかを発見して感嘆する。これらの被造物のすべては、またその一つ一つは神とのある程度のつながりを有し、おのおのは、その様式にしたがって自分における神を宣言している。それは、霊魂にとって、全世界のあらゆる奏楽、旋律をはるかに越えたきわめて崇高の音楽の美しいしらべのように思われる。霊魂はこの音楽を沈黙の音楽《しらべ》と呼ぶ。なぜなら、それは前述のとおり、声のひびきの少しもはいらぬ静かなおだやかな和解であるから。そこで霊魂は音楽の甘美と、沈黙の静けさを同時に楽しむ。それで霊魂は自分の愛人がこの沈黙の音楽《しらべ》だという。それは、かれにおいてこそ霊的音楽の美しいしらべが知られ、味わわれるから。だがそれだけではなく、自分の愛人はまた、〝ひびきわたる孤独〟だという。

26　このひびきわたる孤独は沈黙の音楽《しらべ》とほとんど同じである。なぜなら、この音楽は自然的感覚や能力にとっては沈黙であるが、霊的能力にとっては、きわめてひびきのよい孤独であるから。これらの霊的諸能力は自然的なあらゆる形や知覚から離れ、空虚になっているので、神ご自身において、また被造物において、神の卓越性の、この上もなくひびきよい霊的音楽を、よくききとることができる。これは前にすでにいったあの黙示録のなかで、聖ヨハネが見たこと、すなわちたくさんの琴弾きが、立琴から美しいしらべをひびかせていることに通じる。これは霊的な音楽であって、物質的な立琴のひびきではない。使徒ヨハネは、天国の聖人がたがおのおのその栄光の様式にしたがって絶え間なく神にささげている賛美を、ある様式において感知したのであった。これらの賛美は一つの音楽のようである。なぜなら、聖人がたはそれぞれ、ことなったたまものを受けたため、おのおのの固有の賛美を歌い、しかもこれらの声はとけ合って、愛の一つの協和音《ハーモニー》となり、真の音楽を構成するから。

間奏

以上のように「雅歌」一つを取ってみても、そのテキスト解釈は実に多様多彩という外にない。しかし、その解釈を貫く基調は、次のように響く。愛は死のように強く、一切を支配し一切を合体し一切に成り切ろうとする狂気であり無限なエネルギーであると同時に、それゆえ渇きとトラウマをかかえ自閉に苦しむ情熱である、しかしプネウマ（霊風）のような愛に息吹かれて自閉が開放され、その間（あわい）に他者の愛の到来を受容しつつ、自己無化の淵を過越すとき、癒しと赦しが生じ、他者と協働する相生的地平が拓ける。それは人がみな、異文化異民族異時代へと脱自超出し、分裂と絶望に和解と癒しをもたらしうるという希望である。傷ついた愛は、愛によってしか癒されることはないのだから。

「雅歌」の解釈は、現代における聖書学や人間諸科学の解釈学的アプローチの差異の中で、その差異を通してこそ深められうる。同様にアレゴリー的解釈も、単に歴史的な「教父的解釈」の枠から超出し、現代的解釈との差異化の中で、相互に差異化しつつ深まることができる。如上の全解釈の差異的ポリフォニーが分裂を超えて「新世界」交響曲として鳴り響きうるのは、やはり「愛」の対話の深まりとそれによる愛の言語の新生においてであろう。こうして愛の対話による愛の言語の習得と新しい誕生を「雅歌」は告げ、そのピロアンスローピア的根源を絶えず示す。われわれの中に「ピロアンスローピア」のエイコーンが現成するように。

文献案内

本章のより一層の研究解説を求める人のため、拙著『愛の言語の誕生——ニュッサのグレゴリオスの雅歌講話を手がかりに』（新世社、二〇〇四年）をお勧めしたい。また現代聖書学の立場に立って、これまでの聖書学の成果と共にアレゴリー的解釈などにも目配りした総合的研究書を一冊挙げるとすると、A.-M. Pelletier, *Lecture du Cantique des cantiques. De l'énigme du sens aux Figures du lecteur. Coll.* Analecta Biblica. no. 121, Rome. 1989.

以下では、ニュッサのグレゴリオスの『雅歌講話』に関係のある邦語の文献を簡単にあげておきたい。但し、ギリシア語原典は、*In Canticum canticorum*, ed. Langerbeck. M. (Gregorii Nysseni Opera Omnia, VI, ed. cur. Jaeger. W).
『雅歌講話』（大森正樹他訳、新世社、一九九一年）。『モーセの生涯』（谷隆一郎訳、キリスト教神秘主義著作集1、教文館、一九九二年）。今道友信「自由と美と神秘の聯関について――ニュッサのグレゴリオスの美学」（『美術史研究叢書』第二輯、一九七一年に所収）。

谷隆一郎『東方教父における超越と自己』（創文社、二〇〇二年）。土井健司『神認識とエペクタシス』（創文社、一九八八年）。宮本久雄『他者の原トポス』（創文社、二〇〇二年）。

オリゲネスの引用文については、『雅歌註解・講話』（小高毅訳、創文社、一九八二年）。『霊の賛歌』の引用文については、（東京女子跣足カルメル会訳、ドンボスコ社、一九六三年）を各々参照させていただいた。

（1）『雅歌』（G・ロイド・カー著、島先克臣訳、ティンデル聖書注解、いのちのことば社、二〇〇六年）は、「ヤ」に「ヤハウエ」をみるのに否定的。肯定的なのは、*Song of Songs*, Richard S. Hess, Baker Academic, 2005, p. 240.

第七章　愛智的ペルソナと協働的エチカの成立
――ニュッサのグレゴリオスの『モーセの生涯』と『説教集』を手がかりに――

序

ニュッサのグレゴリオス（三三五年頃―三九四年頃）は、荒涼としたカッパドキア（今日のトルコ）の地で、キリスト教的家系に生まれた。長女マクリナは修道生活を志し、グレゴリオスの宗教的な感受性を養った。また兄バシレイオスは、後にカイサレイアの司教となり、貧者のための病院や福祉施設を多く建て、他方で共住的修道制の基礎を築いた（『修道士大規定』）。この姉や兄の感化を受けて育ったグレゴリオスは、世俗に留まり、修辞学教師として教え、テオセビアという女性と結婚した。しかし三七一年頃、兄バシレイオスによって強いてニュッサの司教に叙階された。その後、「父と子の同一本質」を否定して異端宣言を受けたアレイオス派などに迫害・追放される苦難を経て、司教に復職した。やがて尊敬する兄バシレイオスは没し（三七九年）、その死を霊機にしたかのようにグレゴリオスは神学的思索を深め、アレイオス派駁論である『エウノミオス駁論』、自然学的著作『ヘクサエメロン』、人間論的著作『人間創造論』、そして姉マクリナの死を痛切に悼んだ『マクリナの生涯』

などの著作を次々に著していった。その思索の深まりによって彼は、三八一年の（第一回）コンスタンティノポリス公会議において聖霊論の確立に寄与したとされる。晩年はますます観想的生活に潜心し、聖書の比喩的解釈によって「出エジプト記」や「雅歌」を解釈し、各々について『モーセの生涯』、『雅歌講話』を完成させたのである。

第六章では、『雅歌講和』を解釈しつつ、ペルソナのエペクタシス的歩みと協働態の現成の諸相が考究された。本章ではその後を承けて、この神秘家グレゴリオスの『モーセの生涯』と、それ以前にまとめられた彼の『説教集』を手がかりとして、さらに「神の似像」の成立とそれによる宗教的相生の具現化およびその実践にふれてみたい。

一　『モーセの生涯』の歴史と観想

(1)　「序」で示された目的のためにまず、『モーセの生涯』の構造を考察しよう。『モーセの生涯』は「アレテー（徳）について」という副題をもつ。アレテーは、ギリシア倫理学では「力量」「卓越性」を意味するが、一般に「徳」と邦訳される。この書では、キリスト自身を指す。このキリストへの道行きを示すこの書は、第一部「歴史」（historia）と第二部「（歴史に関する比喩的）観想的解釈」（theōria）から成る。

第一部では「出エジプト」を生きたモーセの生涯が語られている。モーセは、エジプト帝国で抑圧された瀕死のヘブライ人奴隷の子として生まれた。その時代の王ファラオは、数が増えてきた奴隷を危険な反乱分子とみなし、生まれ出る男の子を皆、抹殺するように布告を出す。モーセは葦の小箱に入れられ、ナイル川に流されて危機を脱し、エジプトの王女に拾われ、エジプト風に教育されて育つ。しかし神の顕現によって、ヘブライ奴隷を解放し、自由の天地に導くよう召命を受ける。モーセは拒否するが、彼と「共に在って」援けるという神の言葉により、預言者としてファラオとの交渉に入る。その間に様々な奇跡が行なわれる。例えば、モーセは神に言われるがままに「手をふところに入れ、それから出してみると、手は重い皮膚病にかかり、雪のように白くなった」。しかし、手をふところに戻せという主の命のままに、またふところに入れそして取り出してみると、「元の肌になっていた」という（「出エジプト」四・6―7）。それでもファラオの心は頑なになる一方だったので、主自らエジプト全土の人間および動物の初子を撃ち殺すと決断した。ただしモーセには、羊の血を「鴨居と家の入口の二本の柱」に塗るように命ずる。主はこの血が塗られた家の前を過ぎ越し、他の家の初子を撃たれた。その結果、ファラオはエジプトから奴隷を解放し、イスラエルの人々はそれまでの労働の報酬としてエジプト人から金銀、衣類などを分捕り物とした。しかし解放を後悔したファラオは、戦車や騎兵と共にイスラエルの民を葦の海まで追撃して来る。けれども葦の海の水は主によって両側に分かれ、民はその間の乾いた地を渡りきることができ、逆に追撃して来たエジプト全軍はその海水に呑まれて滅んだ。モーセや女預言者ミリアムは、この奇跡に対し、主への賛美をうたった。こうして窮地を脱した民は四〇年間砂漠を放浪し、自由で肥沃な地を目指すが、途中アマレク人の攻撃、食料の欠乏など苦難をかいくぐり、やがて神の山シナイに辿り着く。モーセは民を聖別して彼らの衣類を洗わせ、動物や民を山麓に残し、唯一人、神の山に登攀する。「雷鳴と稲妻と厚い（暗黒の、七十人訳）雲が山に臨み、角笛の音が鳴り響いたので、宿営にいた民は皆、震えた。……シナイ山は全山煙に包まれた。主が火の中を山の上に降りられたからである」（一九・16―18）。このシナイ山で民に十誡が授けられ、いわゆる双務的なシナイ契約が結ばれる。「モーセだけが神のおられる密雲（暗黒《グノボス》、七十人訳）の中に入った」（二〇・

21）。その暗黒において主はモーセに語らい、天上の幕屋を啓示する（二五―三一章）。それは地上の幕屋のいわば原型的設計図にあたる。そこには、幕、柱、輝く燭台、水盤、香、祭司の服などが細かく規定されている。モーセは親しく主から語りかけられたが、今や主の顔の栄光を見たいと切望した。しかし主は次のように答えた。「見よ、一つの場所がわたしの傍らにある。あなたはその岩のそばに立ちなさい。わが栄光が通り過ぎるとき、わたしはあなたをその岩の裂け目に入れ、わたしが通り過ぎるまで、わたしの手であなたを覆う。わたしが手を離すとき、あなたはわたしの後ろを見るが、わたしの顔は見えない」（三三・21―23）と。

モーセは神の背面を見た。それほどまでに高められたのだが、他方では彼は民の反乱（金の子牛事件）や妬みや貧欲などに悩まされ続けた。彼は民を約束の自由の地へ導いたが、彼自身はネボ山頂に立ち、はるかに約束の地を臨んだ後、そこで死んだ。その墓の在り処は今日に至るまで誰も知らない（「申命記」三四）。

以上が出エジプトの「歴史」の概要である。この「歴史」をめぐってグレゴリオスは比喩的解釈を施し、それによって「歴史」から霊的倫理的意味と人間の精神的成熟と共生に向けての一貫したメッセージとを引き出すわけである（観想）。それはアレテー、つまりキリストとキリスト的徳への道行きにほかならない。

(2) 第二部の観想を貫く解釈上の根幹は、第一部冒頭に洞察される。すなわち、人間性の成熟と共生は、アレテーにあるが、「アレテーの場合、その完全性のただ一つの限度・規定（horos）とは、まさにそれが限度・規定を持たぬということであることを、われわれは使途から学んだ。なぜなら、思惟において大きく崇高な、かの神的使徒パウロは、絶えずアレテーの道行きを走り、前に在るものにその身を前伸・脱在させつつ（epekteinomenos）、決して止まることがなかった」（「フィリピ」三・13）。このようなアレテーに参与する不断の前伸的向上は、第六章でふれたように、後代「エペクタシス」という語で術語化される。ここでは特に『モーセの生涯』におけるグレゴリオスの言葉を引用し、エペクタシスの内容を示したい。

七　第一の、かつ本来的な「善」(agathon) とは——その本性は取りも直さず善性であるのだが——、神的なるものそれ自身である。つまり、善は本性として思惟されるまさにそのものとして存在し(思惟と存在との合致)、かつそのように名づけられる。ところで、悪という限界以外にアレテーの限界は見出されえず、また神的なるものは対立物を何ら有しない(容れない)のであるから、神的な本性とは限定なきもの、無限なるものとして、〔把握されぬという仕方で〕把握されるほかはない。だが、たしかに、真のアレテー(徳)に与る人は、神以外の何かに与っているのではない。神こそが全きアレテーなのだ。それゆえ、本性上「善(美)なるもの」(kalon) を知る人は、それを分有せんとひたすら欲求することになる。しかし、そうした善は限度を持たないので、必然的に、善を分有するという欲求そのものは、無限へと超出してゆき、静止することがないのである。

八　したがって、端的に完全性に達することは全く不可能である。なぜなら、すでに述べたごとく、完全性とは限定によって把握されるものではないからである。それゆえ、アレテーの唯一の限界・限定 (horos) とは、限定なきこと(無限)なのである。では一体いかにして、限界を発見することなしに、しかも探求されている限界に到達するということがありうるのだろうか。

九　一般的に言って、今探求されているもの(完全性)は、いかなる把握・限度をも超えており、人間にとって達成されがたいということが示された。だが、それはむろん、「あなたがたの天の父が完全であるように、あなたがたも完全であれ」(「マタ」五・48) という主の命令に注意を払わなくてもよい、などということではない。なぜなら、本性的に善なるものにはたとえ全き仕方で達することができなくとも、知性（nous）ある者にとってはそうした善のほんの部分に与るだけでも、大きな益であるからである。

十　それゆえ、われわれの受容しうるだけの完全性から全く離脱してしまうことなく、人間的探求に可能な限りでの完全性に達することができるように、最善を尽くすべきである。それはつまり、人間的本性にとっての完全性とは、恐らく、善（美）により多く与ることを絶えず意志することに存するからである。

このように無限の善美に参与・分有してゆく道行きがアレテーであり、エペクタシスであるが、その道行きは有限な人間にとってはそのままでは不可能である。そこでグレゴリオスは、範型・手本（hypodeigma）に倣うという道を示す。それは、いわば物語りの読者が範型的な主人公の人格に感動し、人生の紆余曲折に際して、その人格の徳性と思想に倣って生きる道に似ている。グレゴリオスはこの範型としてモーセをとり上げ、その生の観想を通して徳に参与する道をとる（彼にとって窮極の範型は、受肉のキリストなのであるが）。以上の考えに基づいて、モーセの生涯の物語り論的な解釈に着手するわけである。われわれも以下、具体的に彼の比喩的解釈の道行きを辿っていこう。

(3)　神（存在）の顕現を描く燃え尽きない柴のシーンが、モーセ物語りの観想にとって根本的な第一歩となる。なぜなら、この生成変化する幻想（虚偽・非存在）にみちた世界にあって、選択意思（プロアイレシス）は、自らをアレテーの中に誕生させ、有徳な人になるために、光・真理・存在に拠ってアレテー・善美を選択していかなければならないからである。

二三　それゆえわたしの解するところでは、真理の定義とは存在（on）の把握に関して誤りなきことである。他方、虚偽とは、非存在に関して思惟に生ずる或る種の想像物（phantasia）であって、それはつまり、自存していないものを存在しているかのごとくに捉えてしまうことなのである。したがって、真実に存在しているものの確たる把握が真理なのだ。そして、こうした高度な事柄について、長い期間静寂のうちに熟考し沈潜するならば、人は次のことを把握するであろう。すなわち、真実の存在とは、自らの本性によって存在するというそのことを有し、また他方、非存在とは、単に見かけだけで存在しているに過ぎず、自らの本性としては何ら自存してはいない（anypostaton）ということを。

二四　思うに、偉大なモーセは、神の顕現にまみえたとき、次のことを知らしめられるに至った。つまり、感覚によって把握されたものや思惟によって観想されたもののうちのいかなるものも、真実には存立していない。真に存立しているのはただ、万物がそこから発出してくるその当の、存立の原因たるもののみなのである。

この燃え尽きない柴における神の顕現のさらなる根源として、グレゴリオスは、キリストの受肉という神の顕現に言及する。

二七　思うに、主が肉を通して顕われるという受肉の神秘（to dia tēs sarkos tou Kyriou mystērion）は、人間に対して神性があらわになるということを象徴的に示している。そうした神性の顕現によって、独裁者ファラオの死と彼の圧政下に置かれていた人々の解放とが生じるのである。

二八　わたしをこのような理解へと導いてくれるのは、預言者と福音の証言である。なぜなら、預言者は言う、「これは至高なる存在の右手の変容である」（『詩』七六・11）と。すなわち、神的な本性そのものは不可変なものと観想されるが、それは他方、人間的本性の弱さに適合せんがために降ってきて、われわれの形と姿（eidos）に変容するのである。

二九　と言うのも、預言者の手が懐から出されると、それは自然本性に反する色に変化していたが、再び懐に入れられると自然本来の美しさに戻る（『出エジプト』四・6—8）。つまり、父の懐に在す独り子なる神とは（『ヨハ』一・18）、至高なる存在の右手なのだ（『詩』七六・11）。

この引用において次の二点が注目される。第一点目は、キリストにおける神性と、その神性に結ばれる人間性との対比に関する比喩である。その神性と人間性との対比は、「歴史」において引用したように（『出エジプト』四・6—8）、モーセの懐内の正常な手と懐から取り出された雪のように白い（ハンセン病も含めた重い皮膚疾患の意味）手という対比の比喩によって喩えられている。この比喩は、ハンセン病への蔑視ではない。人間性とは白い雪のような手なのだから、そのことは、後述するように、グレゴリオスがハンセン病患者を自分と全く同じ人間として受容し共生する根拠となっている。第二点は、受肉のキリストとその生涯が、モーセ的範型を包越する究極の範型として観想されなければならないという示唆である。

この範型がどこに映し取られ刻まれるのかが次の問いとなる。グレゴリオスは、その場こそ、第六章で考究したように鏡たる魂である、という。範型のアレテーは、魂に映し取られ刻み込まれ魂を範型に類似させる。そこには魂なる鏡が、神の似像（エイコーン）から類似（ホモイオーシス）に至るまで変容してゆくというダイナミックな動態が窺われる。

四七　もし、人が自分を悪におびき寄せるものから遠ざかり、理性を働かせてより善きものに向き直って、悪を自分の背後に追いやるならば、それは、自分の魂を、それがあたかも鏡（katoptron）であるかのように、善きものの希望へと向けることになる。かくして、神から彼にあらかじめ示されていたアレテー（徳）の似像（eikōn）と類似性とが、自分の魂の浄めのうちに刻印されることになろう。兄弟の助けが彼に到来し合一してくるのは、まさにそのときであった。なぜなら、天使とは或る意味で、人間の魂の言語的思惟的な部分に対して兄弟であるのだが、それは既述のごとく、われわれがファラオに接近するときつねにそこに現出し、われわれの傍らに存立しているものなのである。

このような魂の変容は、テオーシス（人間神化）として用語化される。しかしそれは人間が神になることではなく、範型の救いと援けによってその無限な善美へ与ってゆくことである。この与りを主導する人間の霊《ヌース》的働きこそ、テキストの霊的比喩的解釈《テオーリア》なのである。だから、範型となる人物は、その人のことを語る物語りを他の人々がテオーリアを通して解釈し、その人から学ぶので、次々と他のアレテーの範型的人物を生み出す。そのようにして彼は、彼から生み出されゆく人々との共生をすでに生きている。

四八　歴史記述（historia）の説明をこうした知性的観想（theōria）の秩序に適合させてゆこうとする人は、たとえ聖書の何らかの記述が右のような思惟に合致しないと思われるときにも、それだけの理由で全体を投げ出してはならない。われわれはむしろ論述の目的をつねに心に留めつつ、その全体の帰するところを注視して個々の具体的な解釈を進めてゆくべきなのだ。既に序論において、誉れある人々の生は後に続く人にとってアレテーの範型として提示されている、と語られたゆえんである。

こうして比喩的解釈とは、テキストの文字通りの意味から倫理的な教え（ētikē didaskalia）を導き出すアレテーの道行きともいわれる（四九）。

つまり、今日の聖書学の歴史的方法による解釈にとって一見恣意的非客観的に見える比喩的解釈の尺度《カノン》は、それが倫理的で、いわば超越的な人間神化という地平を披くことにある。以上の点をふまえてさらに比喩的解釈を辿ろう。「歴史」で主の過ぎ越しのときに語られたエジプトの初子の抹殺は、悪しき情念の最初の芽生え・衝動を摘み取る理性的働きとして解釈される。また主が奴隷イスラエルの初子に死をもたらさないように家の入口に小羊の血が塗られるという「歴史」は、次のように解釈される。すなわち、グレゴリオスはまずギリシア哲学者プラトンによる魂の三分説を採用し、魂にあってその主導的な理性的部分が、他の欲求的部分と気概的部分を支配し、逆にそれらに支えられるという調和的状態をアレテー成立の理想と考える。そして上方の鴨居に塗られた血を魂の理性、両側の柱の血を各々、欲求、気概として解釈し、過ぎ越しの血を善《アレテー》に向かう魂の調和的協働（synergia）の比喩と考える。さらにエジプト脱出の際に人々が獲得した異国の様々な宝を、様々に有益な知識や学知として解釈し、次のように語っている。

一一五　それゆえ、より高い霊的な意味が、表面の字義的な意味よりも適切なものとなろう。それは、自由な生に与る人が異郷の教育（paideusis）をも摂取するよう命じているということである。信仰に関して異郷の人々はそのような教育によって自らを美しく装っているのであった。というのも、倫理学、自然学、幾何学、天文学、論理学といった様々なもの、さらに教会・神的なる交わり（ekklēsia）の外で探求されるものは何であれ、アレテーの指導者は、エジプトの富から借りるという言い方でもって右のような様々の学知を摂取し受容するよう命じている。なぜなら、神的な神秘の聖所が理性の富によって美しく装われ飾られるときに、それらは時至って有用なものとなるからである。

一一六　こうした富を自分のために貯える人は、神秘の幕屋（skēnē）のために働くモーセのところにその富を持ち来たり、それぞれの人が聖所の建設のために協力して、それぞれの寄与を果たすのである。このことはまさに今も生じていることであると考えられよう。すなわち、多くの人々は、何か贈り物を持ち来たるかのように、神の教会（霊的な交わり）のもとに異国の教養を持ち寄っている。それは例えば偉大なバシレイオスのような人のことである。彼は若き日にエジプトの富を見事に獲得し、それを神に捧げ、そうした富によって教会という真の幕屋を飾るのである。

また葦の海（紅海）渡河の奇蹟にあって追撃し溺れ死んだエジプト軍を、諸々の情念（貪欲、欺き、傲慢、放縦など）として解釈し、無事に渡った奴隷の民をわれわれの再生した魂として解釈し、その「歴史」全体を情念から魂を浄め、新生をもたらす洗礼の比喩と捉える。

民はその後、荒涼とした地を通り、実り豊かな約束の地に向かって四〇年の間歩み続ける。その歩みは危険にみちていた。水や糧を欠くだけでなく、他の部族からの攻撃にもさらされた。例えばグレゴリオスは、アマレク人との戦いに示されたモーセの両手の動きについて比喩的解釈を施す。すなわち、戦いの最中モーセの手が高く挙げられると戦いに優勢となり、疲れて手が降ろされると敗色が濃くなったので、アロンとフルが両手で手を支えた、という「歴史」についてである。彼はモーセの手の挙示を福音的霊的観想として、これに対して降ろされた手をユダヤ教の律法の字義的な低い釈義として理解し、横に伸ばされた両手も加え、上下垂直と水平の手の形に十字架を読解する。こうして十字架に至るイエスの福音は旧約の律法を観想によって止揚し高め、それを水平的な共生の生活に役立つものとするというふうに解釈するわけである。

さらにイスラエルの民は、その旅の全過程で昼は雲、夜は火の柱で導かれ（「出エジプト記」一三・21―22）、そして葦の海を渡り、また再び雲に導かれ（「民数記」九・15―23）、ついに神智（theognōsia・theologia）の山、シナイ山に辿り着いた。そこでモーセは暗黒に現存する神に出会うのである。それまでの旅の「歴史」を含めグレゴリオスは次のように解釈している。ここでは『雅歌講話』におけるシナイ山登攀の解釈の基調となる解釈が施され、このシナイ山登攀の象徴的解釈を加えたことがグレゴリオスの『雅歌講話』の特徴である点に注意したい。

(4) 民がそこから脱する闇（スコトス）とは、ユダヤ教的律法主義とか悪しき情念、つまり人間の無明を象徴する。そこからの解放は光の分有、つまり闇からの向き直りとしての回心や信を意味する。グレゴリオスは次のように語る。「敬虔・宗教の知（グノーシス）は、その最初の現われにあっては、それが生ずる者において光として生起する。それゆえ、敬虔に対立すると考えられるのは闇である」（一六二）と。

この宗教的回心（闇→光）に続く、雲の下での民の旅路は、法（雲）によるアレテーへの導きであると解釈される。ここで法とは先述の福音的法であって、いわゆるマタイ福音書の山上の垂訓（五―七章）や喜び、平和、寛容、柔和、節制など（「ガラテヤ」五・22―23）によって代表されよう。あるいは、この影を投げかける雲とは、不可視な神性に魂の眼（知性）を慣らすため、輝く太陽のような神性に影を投げかけ、この影を通して次第に魂の眼を神性の方向に導き慣らす知的訓練とも解釈されよう（『雅歌講話』第十一講話）。この雲の喩えと共に洗礼の浄化を経る。そしてシナイ山登攀に先立って、衣服、動物の群れ、連れ添いなどが象徴するすべての感覚的・非理性的な営みから自分の生き方を浄化し、臆見（ドクサ）を否定神学的に超越することが求められる。かくしてモーセ・神智の観想者は、登攀を始めるのである。途上で次第に角笛、ラッパの音が鋭く強く耳を打ってくる。グレゴリオスはこのラッパの音に関し、次のように解釈している。

一五九　法と諸々の預言者とは、神的なるものが人間に即した仕方で宿るという受肉に至る摂理の神秘を鳴り響かせた。しかし、その最初の音は不従順な者の耳に触れるにはより弱いものであったので、ユダヤ人のうつろな耳はそのラッパの音を聞き分けることができなかったのである。だが聖書によれば、ラッパの音は近づくにつれてより強く鳴った。そして最後の音、すなわち福音の宣教を通して生じ来った声は彼らの耳に強く触れたのである。聖霊はそのように身体的器官を通してだんだん高く鳴り響き、聞く人の耳によく共鳴するよう働いているが、ここに、霊の声が鳴り渡る器官とは預言者と使徒たちのことである。「彼らの声は全地にあまねく響き、その言葉は世の果てにまで及ぶ」（「詩」一八・5）[1]と詩編の唱うゆえんである。

一六〇　ところで大多数の民衆は天から生じた声を受容せずに、モーセが自ら神の語りえざる秘義を知り、かつ上からの教えを通して学んだ限りを人々に授けるようモーセに委ねるのである。これは現に今も、神的な交わり（教会、ekklēsia）にあって行なわれていることである。すなわち、神秘的なものを把握するためにすべての人が自分に拠り頼むことなく、むしろ自分たちの中から神的なことを受容し聞き分ける人を択んで、その人に信頼して聴従してゆくということである。そして、神的なものに参与した人から彼らが聞く限りのすべては、信ずるに足るものとして保持されるのである。

このラッパの音を後にしてモーセは暗黒のうちに入り、そこにおいて神を見た（二〇・21）、とある。この「歴史」をグレゴリオスは次のように解釈している。

一六三　たしかに、すべての現象（phainomenon）を、つまり感覚が把握する限りのものだけでなく、思惟が見ていると思う限りのものも、いずれをも後にして、つねにより内なるものに入りゆき、ついには思惟の真摯な憧憬によって、見られえず知られえぬかのものに参与するに至るならば、そこにおいて神を見るということになろう。このことのうちに、探し求められているものの真の知・観想（eidēsis）があるが、それは見ぬことにおいて見ることである。なぜなら、探求されているものはあらゆる知を超えており、何らか闇によってであるかのごとく、把握されえぬというそのことによって周りを囲まれている。それゆえ、この輝く闇（ho lampros gnophos）に参入した人たる崇高なヨハネも、「何人も未だかつて神を見たことがない」（ヨハ一・18）と言うのである。この表現によってヨハネは、神的本性（hē theia ousia）についての知（gnōsis）は、単に人間にとってだけではなく、あらゆる可知的本性（天使）にとっても到達されえぬものだと主張しているのだ。

一六四　それゆえ、モーセが知においてより大なる者と成ったとき、彼は闇のうちで神を見たと語るのである。すなわち、すべての知と把握とを超えているかのものこそ、本性上神的なものだということをモーセは覚知する。聖書に、「モーセは神の存在する闇のうちに入った」（「出」二〇・21）とされるゆえんである。では、神とは何なのか。ダビデの言うには、「神は暗黒を自らの隠れ場所とした」（「詩」一七・12）[2]。そしてダビデその人も同じ聖所において、語りえざる諸々の秘義に参入させられたのである。

(5)　この神の暗黒において、モーセに対して諸々の秘義の核心にある「天上の幕屋」が啓示されたという。それはどういうことか。

一七四　さて、こうした事柄における神秘をパウロは一部あらわにしているが、その説明から示唆を受けて、われわれは次のように言おう。モーセは全存在を包摂する幕屋に関する神秘を、一つの原型・予型（typos）において教えられたのだ、と。この幕屋とは神の力、神のソフィア（知恵）たるキリストにほかならない（「一コリ」一・24）。それは固有の本性としては人の手によって造られぬものであるが、われわれのうちにその幕屋が建てられるときには、具体的に造られるというそのことを受容するのである。すなわち、同一の幕屋が、或る意味で、造られぬものであるのに即して被造的な存在（人間）として生起するのである。

グレゴリオスはこの「天上の幕屋」を、世界創造以前から存し、万物を自らのうちに包含する先在の神の子、ロゴス・キリストとして解釈し、彼が非存在の迷妄の闇（スコトス）の中に滅びつつある人間を存在へと再生させるべく、地上の幕屋となった、つまり受肉した、と説くのである。

一七五　まことに万物に先立つ一なるものが存在し、それは世の始め以前に在り、かつ世の終末において生起した（「コロ」一・17）。ただし、それは本来何か時間的に生成する必要はなかった。なぜなら、具体的な時と世々に先立って存在するものが、どうして時間的に生成し始める必要があろうか。しかし、無思慮な背反によって存在することを失ってしまったわれわれのために、われわれに即した在り方で、かの存在が誕生・生成すること（受肉）となったのである。それは、存在の外に離れてしまったものを、再び存在へと甦らせるためにほかならない。これが独り子たる神であって、自らのうちに万物を包摂し、また同時に、われわれのうちに彼自身の幕屋を据えたのである（「ヨハ」一・14）。

この天上の幕屋内の諸々の事物（カーテン、金銀の柱や器、ケルビム像、契約の櫃など）は、神の救済的意志を体現する天上的諸力を象徴するとされるが、殊に注目されるのは「赤い皮」と「毛皮・毛髪」の予型的解釈である。

一八三　さらにもし、毛皮が赤く染められ、毛髪が編み込まれているなどという記述が見られるとしても（「出」二五・4—5）、そのことによって観想のつながりと秩序が破れはしない。というのも、予言者の眼によって神的なものの光景に達した人は、毛皮とか毛髪といった事柄のうちに、救いのための受難が予表的な仕方で定められているのを見るからである。そのことは両者のいずれにあっても表示されているのであって、赤は血を、毛髪は死を意味していると考えられよう。

以上の『天上の幕屋』を映す「地上の幕屋」に関して、グレゴリオスはパウロに倣って（「一コリント」一二・1—27）、キリストの身体である協働態であると解釈している。

一八四　さらに、人が下方の幕屋を観想するなら——パウロによって教会はしばしばキリストとも呼ばれているがゆえに、神的な神秘のしもべに関するしるしを適切に把握することであろう。すなわち、神秘のしもべは聖書によって教会の諸々の柱とも呼ばれており、使徒、師父、預言者といった名がそれに当たる（「一コリ」一二・28以下、「ガラ」二・9）。もとより、単にペテロ、ヤコブ、ヨハネといった使徒のみが教会の柱であるのではなく、またバプテスマのヨハネのみが燃えて輝く灯なのではない（「ヨハ」五・35）。むしろ、それぞれの人は自らを捧げることによって教会を支え、それぞれに固有の働きを通して輝く灯となっているのだ。それゆえ、主は使徒たちに対して「あなたたちは世の光である」（「マタ」五・14）と語り、神的な使徒は再び、他の人々が教会の柱となるよう命じて、「確固として立ち、動じてはならぬ」（「一コリ」一五・58）と言っているのである。パウロはまた、テモテを優れた柱としたのだが、そのことは「真理の柱、真理の礎」（「一テモ」三・15）という言葉に窺われる通りである。

この地上の幕屋についても様々な比喩的解釈がなされる。しかしその中で注目される解釈を一点だけ紹介したい。それは祭司の服に関わる。すなわち、法衣の両肩からは金製の楯状の飾りがつり下げられていて、その一つは心臓を保護している。またその飾りは革ひもによって腕に引きつけられ、揺れ動かないようになっている。この描写において、グレゴリオスは心臓が観想を、腕は行為（ergon）を象徴するとし、こうして地上の幕屋である人間の共生的協働態にあっては、実践的な哲学（praktikē philosophia）が観想と結ばれてこそ、善美なアレテーが実現する、と解釈するのである（二〇〇）。

(6)　さて暗黒においてキリストと出会い、「天上の幕屋」を予型として見たモーセは、さらに善美を欲求し、アレテーに与ってより偉大な徳の体現者となる。しかしその欲求、つまりエロース的な志向態勢（erōtikē diathesis）は無限な善美によって絶えず超えられてゆく。グレゴリオスはこのエペクタシス的な神観想について次のように語る。

二三九　このような意味合いによれば、真に神を見るとは、その欲求の決して満たされぬということを見出すことにほかならない。しかし、人は自分に可能な限りを見ることによって、さらにより多くを見んとする欲求を燃えたたせなければならない。このように、神への登攀における増大は、如何なる限界によっても妨げられることがないのである。なぜなら、善には何の限界も見出されぬし、善への欲求という道行きには、何らかの満足によって前進が妨げられるということなどありえないからである。

この無限なエペクタシスの途上、先にもふれたようにモーセは「顔と顔を合わせて神を見ること」を熱望したのである。このように、認識者が正面に無限な神を置いて見るということは、次のような認識論的構造と内容をもっている。すなわち、一般に認識は有限な認識者が、自分の認識概念・カテゴリーの網の中に、認識されるものを位置づけ、自分の視界内に対象として表象すること（vorstellen, représenter）である。古典的なアリストテレスの認識知の例をとれば、知る人が知られるものを「S est P, 主語（S）は、かくかくしかじか（P）である」というふうに主語と述語からなる命題形式によって判断し、定義することである。その際、主語は実体を指し、述語は何らかのカテゴリーとして実体を規定する。これが正面認識である。そしてこの判断命題が事実と合致すれば真、合致しなければ偽とされる。ところが、知られるものが無限な超越者（神や人間的人格・ペルソナなど）の場合、当然無限者は、人間の有限なカテゴリーや名辞を超出するのであるから、あえて無限な超越者を対象化し規定するときには、その判断や知は偽となり、虚像を構成することになろう。近代のデカルトからカントを経てフッサールに至る意識主義においては、何ものかを判断する悟性概念や意識の志向性に拠って対象が構成される。これが理性の構成主義であり、そこでの対象はあくまで意識の志向（ノエシス＝ノエマ関係）として意識内に構成され、内在し、意識を超出できない。だから意識・悟性を超出する人間的他者や歴史、さらに神などの超越者の認識は、これらの認識論の範囲を完全にはずれるのであり、学派によっては超越者の認識は、そもそも哲学のテーマに似て非なる擬似問題とされる。

この正面認識によって神を見ようとしたモーセに対して、神は彼を岩の割れ目に置き、その栄光が過ぎ去るとき、手で岩を覆い、彼にただその背面を示したに過ぎなかった、と「歴史」にある。その「歴史」は何を象徴しているのであろうか。

グレゴリオスはまず神のグノポス（暗黒）で、神（の善美）を視覚的に正面認識するアプローチが、アレテーの道を辿る人にとって完全に断たれた、と解釈する。今や彼にとって残された唯一の途は、聴覚的に神に聴従すること（akolouthia）にほかならない、とする。つまり、全く主我によって神を構成する構成的知が無化され、さらにその構成主義を棄てて神について「何でないか」と迫る否定神学的方策の限界も自覚される。神を見る、とは全き主我放棄において、神が導く処にはどこにでも、その言葉（ロゴス・キリストや福音あるいはモーセのような範型の言葉など）を聴きつつ従い行くことである。この正面認識からエロース的聴従への転回こそ、正に見ることの革命であり、そこに新しいエペクタシス的地平が拓かれたのである。その地平では、今や認識や理性の代わりに、愛（アガペー）、情熱愛（エロース）が主導的働きをなす。グレゴリオスは以上の消息を次のように語っている。

二五二　かくして、神にまみえんと熱心に憧れ求めるモーセは、如何にして神を見ることができるかを教えられる。すなわち、何処へ導かれようとも、そこへと神に聴従すること（akolouthein tōi theōi）、それこそが神を見ることなのである。実際、神が先導してゆく道筋こそ、従う人の導きとなる。道を知らぬ人にとって、自分の導き手の背後から従いゆくことがなければ、道行きを安全に全うすることなどありえないからである。つまり、導き手は先を歩むことによって、従ってくる者に道を示す。それゆえ、従う人はつねに導き手の背中さえ見ていれば、正しい道から逸れることがないであろう。

二五三　事実、横に動いて道を逸れる人、或いは導き手と顔と顔とを合わす人は、導き手が自分に示すのとは異なる道を取ることになってしまう。それゆえ、神は従ってくる人に対して、「わたしの顔はあなたには見えぬ」（『創』四三・3、三三・20参照）、つまり「導き手たる者に対面してはならない」と語るのである。人の取るべき道は全く反対の方向にあるのだ。なぜなら、善は、顔を合わすごとくに善を見ることがなく、ただ、善に従うのみであるからである。

二五四　反対の側から捉えられたものは、言わば善と向き合うものとなる。すなわち、悪は反対側からアレテー（徳）を見るのであって、アレテーはアレテーに面して前面から見られはしない。このゆえにモーセは、神に顔と顔とを合わせてまみえるのではなく、ただ神の背中を見るのである。

この背面聴従によって、徳は鏡のような魂の中に刻み込まれてゆき、そこに「神の似像」（エイコーン）が像化されてくる。それはどのような向上的道行きなのか。

(7) グレゴリオスは、ここで情念（パトス）を取り上げて解釈する。まず第一の情念は、モーセが兄弟たちから蒙る（pathein）妬みである。彼は妬みを、悪を引き起こす情念、死の父であるとし、エバを唆して生命から人間を追い出した蛇に見立てている。妬みは他人の善を不幸と感じ、不幸を求める。まさに蛇はアダム（人間）における神的恩恵を妬み、さらに恩恵を授ける神の善美を妬み、アダムに神のようになること（自力による神化）を唆す。従って蛇とは、人間の自由意志の中に生ずる、神のような全能全知を得るという倒錯、つまり虚無を象徴しているといえる。そこから万物を支配し欲望する貪欲や、自らを至高とする傲慢などの情念が次々と生ずる。その意味でグレゴリオスは、妬みを「罪の最初の侵入」として解釈する。こうして情念は、人間を虚無へ、非存在へと引き堕とす。しかしモーセはといえば、この罪業の根源である妬みを蒙らない。というのも、彼は岩であるキリストに聴従し、「キリストを身にまとう」（「ローマ」一三・14）からである。

この「キリストを身にまとう」とは、情念的エネルギーを浄め神的方向に向けつつ、アレテーを魂に刻むことである。グレゴリオスは最初のアレテーの例に、ギリシア哲学、殊にアリストテレスが『ニコマコス倫理学』でいう徳を挙げる。それによると徳とは、過剰と過少との間の中庸に存する。例えば、勇気は蛮勇と臆病との中庸、知恵は蛇の賢さと鳩の単純さとの中庸であるというふうに（二八八―二八九）。けれどもこうした中庸の徳とは別に、われわれは『モーセの生涯』の冒頭で、アレテーとは無限であり、神（存在）自身であることを学んだのである。それでは限定（中庸）の徳と無限定の徳の関係とはどのように理解されるのか。この問いの鍵は、無限な善美を分有する魂のエペクタシスの前伸的道行きが根本にある。それは時間的動的で無限な向上・登攀の運動であり、その途上で魂は中庸の徳で以て、いわば空間的に作像される。これに加えてキリストへの背面的聴従において魂に喜び、寛容、親切、柔和などの徳が刻まれる。

ところで、キリストへの聴従・エペクタシスの道行きをさらに根底から支える範型的運動がある。それは「フィリピ書」でエペクタシスを起動させている根源的範型であるキリストの生の運動なのである。それが「フィリピ書」では、次のように語られている。「キリストは、神の身分でありながら、神と等しい者であることに固執せず、かえって自分を無にして、僕の身分になり、人間と同じ者になった。へりくだって、死に至るまで、それも十字架の死に至るまで従順であった。このため、神はキリストを高く上げられた（復活、栄光化の意味）」（二・6―9、傍点筆者）と。つまり、キリストは神への聴従に極みまで生き、死して葬られ、甦って新生したのである。これがケノーシス（自己無化）と呼ばれる。従って彼の聴従者も、彼と共に葬られ、彼と共に新生するというケノーシスの道行きを、生の基調とする。モーセ自身は範型的に様々のケノーシスを生き、その鏡である魂には諸徳が刻まれて、神の像が映じ、神の似像が現成した。そして彼の生をケノーシスが全うするがごとくに、彼自身は約束の地を見ずにネボ山で死んだのであった。この点についてグレゴリオスは次のように語る。

三一三　これらのことすべての後に、モーセは休息の山に向かう。つまり彼は人々が約束の地として望んだこの世の地に、自ら足を踏み入れることがなかったのである。天から流れ落ちるものによって生きることを択び取った人は、もはや地の糧を味わうことがないからである。かえって、モーセがまさに山の頂きに達したとき、彼は自らの生の全体像を入念に仕上げる優れた彫刻家のごとく、その業の最後に当たって、それを単に集結させたのではなく、最後の完成を与えたのだ。

このように、この現世の報酬である約束の地への移住を断念したモーセは、アレテーの成就としてのケノーシス的な死を生きたのであり、その死は、「生ける死」と撞着語法によって呼ばれる。

最後にグレゴリオスは、われわれに次のように生きることを勧めている。

三二〇　それゆえよき友よ、今やあなたにとって、かの生の範型を注視し、歴史的に物語られたことのより高い霊的な解釈を通して観想されたものを、自分自身の生へと移し入れながら、神によって知られ、かつ神の友と成るべきときである。

モーセは範型であり、その生を観想する人も範型（神の似像）へと呼び招かれている。その人々が、キリスト（天上の幕屋）の身体（地上の幕屋である教会協働態）の成員となる。そこに観想と実践との協働に拠る徳の地平が拓けている。またキリスト教の誕生時におけるこのケノーシス的アガペーで成立する協働態は、自由な成年市民の友愛で成立するギリシア的ポリス（都市国家）の理想に対して、全く新たな相生の現実を示したことをも付記しておきたい。

われわれは、以上のようなグレゴリオスの観想をふまえて、次に『説教』に拠り、彼のアガペー的相生の地平が古典ギリシアのアテナイにおけるようなポリス的共生とは異なる仕方で、貧しく病に呻吟している人々の間にどのように具体的に展開してゆくのかを考究し、その言行を範型としたい。

二　『説教』におけるアレテーの実践

ここで取り上げるグレゴリオスの説教は、「施しについて」(De Beneficentia)、「『これらの一人にしたことは私にしたこと』について」(In Illud Quatenus Uni Ex His Mihi Fecistis)、「高利貸し駁論」(Conta Usurarios) の三編であって、晩年の神秘主義的著作である『モーセの生涯』や『雅歌講話』以前に、貧者、病者の救済を意図して教会で語られたと思われる。そのことからわれわれは、グレゴリオスの貧者救済の実践が、すでに完成された彼の神智・倫理思想に基づいてなされているというよりも、逆に彼の倫理思想や神智が、こうした貧者救済のアレテー、他者への人間愛 (philanthrōpia) に養われて深化したという側面にも留意すべきであろう。

われわれはまず「施しについて」から始めて、それら説教のうちに誕生して他者と共振・共鳴しつつ、そこから導き出すグレゴリオスの相生思想の展開を順次辿っていきたい。

(1)「施しについて」

ここでまず、当時の病を負った貧窮者の悲惨な状態についての鮮烈な説教に傾聴しよう。

今の時代は数多くの裸者と無宿者を私どもの許に運んできました。なぜなら沢山の彷徨者が私どもそれぞれの門前にいるからです。寄留者や移民は止まず、いたる所で整列して差し伸べられる手を目にすることができます。この人々にとって家とは野外の空気、宿とは回廊であって、街路、広場の中の一層人気のない場所なのです。夜ガラスとふくろうのように、穴の中にも隠れ住んでいます。この人々にとって衣服とは全面穴だらけのボロ切れであり、その食物は憐れむ者たちの親切です。施してくれる者より与えられたものがあれば、何でもそれが食事となり、動物のように泉の水が飲み物、両手でつくったくぼみがカップです。さらにそのポケットが金庫なのですが、破れておらず、中に押しこめられたものを受け止めている場合の話です。両ひざをしっかり合わせたものが食卓であり、地面がベッド。川や池が風呂ですが、そもそもそれは神が万物に対し共通して、秩序を建てずに与えてきたものです。彼らにとって生活は追放された者のようであって野性的です。しかし、はじめからそうなのではなく、不運と必然からそうなってしまったのです。

このような貧窮者への「施し」を説教するに際して、グレゴリオスは聴衆に倫理道徳を説示するわけでも、またレトリックを用いてただ彼らの同情心を昂揚させるわけでもない。彼はひたすら、施しの範型として神の人間に対する贈与を言挙げする。すなわち、太陽の熱や規則正しい季節の変化と恵み、それによる穀物の実り、また肉や皮を与える家畜、蜜をもたらす蜂などは皆、神の施しなのである。これに加えて医術、農業技術、火や水を用いる技術さえも神の賜物である。「それゆえあらゆるものに先立って神ご自身が、諸々の善にして人間愛のこもる実践（philanthrōpous praxeis）を、私どもに向かって、自らの手で働く方として現われるのです」とグレゴリオスが語る由縁である。こうして人間は、施しの範型である創造主を模倣し、聖書を解釈しながら施しを実践するように勧告される。「私たち死すべき人間は、至福で不死なる方をできる限り模倣すべきであり、その限りで私たち自身の主であり創造者である方を追い求めるようにと、聖書の文字の一つひとつによって教育されています」と。にも拘わらず、人間は無慈悲にも、同じ人間である貧しい人の不幸を傍観するにとどまっている。

グレゴリオスはそうした憐れみのない人の心を嘆いて語る。「人間が人間をただ眺めているとは。彼がパンに欠け、生命の火を灯すために必要な食物ももたないというのに」と。これに加えて彼は驚くべきことを説示する。「憐れみと施しとは神に喜ばれることであり、またそれらはまさに人間の内にある場合には、その者を神化させ(theousin)、善に似た像へと刻み、その結果、第一の混じり気のない、そしてすべての知性(nous)を超越する『(究極)実在の似像』(ousias eikōn)が存在し始めるのです」。この引用で語られている「人間の神化による実在の似像の成立」とは、具体的な施しの実践を通して実現するが、それは『モーセの生涯』が示したエペクタシス的神化と「神の友」、「神の似像」の成立にほかならない。だからわれわれは、施しが単に倫理的な、あるいは社会正義の次元を突破し、人間の究極目的である神との友愛的共生の次元に拓かれていることを知るのである。また逆に抽象的神学的な表現である「神化」が、どれほど具体的な生の実践的裏付けをもっているかを知る。だから隣人の不幸を傍観するとは、人間の究極的な幸福を逸することになるわけである。このようにグレゴリオスは、施しの超越的根拠を説示すると共に、施しの第二の理由を語っている。それは、万物は創造主によって善美に創られ、彼のものであり、人間の所有物ではない以上、人間は皆、神から施しを受ける貧者なのだ、ということである。だから人間はみな同じ貧者・兄弟として平等に神の善美を受け、それを同じ恵みとして分かち合うのが正しいということである。最後に、グレゴリオスの説教に傾聴しよう。

万物は決して私たちのものではない。あなたがたは、神の愛すべき貧者の一人でありなさい。なぜなら万物は神、すなわち私たちに共通な父のものであり、私たちは「いわば同族の兄弟」(adelphoi hōs homophyloi)だからです。

(2)「『これらの一人にしたことは私にしたこと』について」

この説教は「マタイ福音書」二五章31―46節の朗読に基づいてなされている。その特徴は、当時の重い皮膚病、とりわけハンセン病者たちの中に「人間、神の似像」を洞察し、同じ人間として関わるようにという勧告にある。グレゴリオス自身が、ハンセン病者に対する個人的感動を告白し、彼らの姿を語っている。まずその説教部分の引用から始めたい。

私はしばしばこの悲しい光景に涙し、しばしばこの人に向けてこらえきれなくなりました。そして今このことを思い出すと私は心が乱れます。私は憐れむべき苦難を見ました。私は号泣しながらこの光景を見ました。行き交う人々の路上に人間の屍が横たわっています。いや、もはや人間ではなく、かつて人間であった者たちの凄惨な残骸であって、［人間であったことを］信じるために何らかの表徴、証拠を必要とします。その身体の姿から人間として認められることはかなわないのです。あらゆる人々の中でもこの人々だけは自分を憎み、誕生日を呪いで過ごします。［人間、］この人々は自分たちがこの共通の名を用いてその共通の本性を侮辱するのではと考えて、この共通の名称で自分たちを呼ぶことを恥ずかしく思い、いつも嘆きとともに生きていて、悲嘆の種は尽きないのです。なぜなら自分自身を目にする間は絶えず嘆きの始まりを有し、身体の失われた部分と残った部分のいずれか、すでに病気が浸食し尽くしたものと病気に残されているもののいずれを嘆いたらよいのか途方に暮れるのです。つまり、自分の身にこれを見ることか、それとも病気のため視覚が失われ見ることができなくなることか、……［腐った］食物を食べるのか、腐敗に妨げられ口唇部分が病気に破壊されて容易にその食事を受け入れることができないことか、……こうしたことで途方に暮れているのです。

このような告白の後にグレゴリオスは、「本性が変わってしまったかのように、何か別物に見え、馴れ親しんだ生き物でなくなっている」貧窮者と関わるように説く。そして「善きサマリア人の譬え」（「ルカ」一〇・30―35）を聴衆に想起させ、強盗によって半死半生にされた人を無情にも見棄てた「祭司」や「レビ人」を告発する。この説教でグレゴリオスが一貫して強調していることは、上述のようにどんなに身体的に人間の姿が変わり果てても、ハンセン病者は「同郷の者」、「人間としての人間」、「神の似像」に外ならないということである。だから善きサマリア人のように、これら貧窮者に触れて関わり、病の癒しのために仕えることが勧められるのである。

グレゴリオスは、この関わりの範型としてキリストの受肉を引き合いに出す。先に『モーセの生涯』において、モーセの手が懐から外に出されたとき、雪のように白く変色（ハンセン病の意）した「歴史」が受肉の喩えとして解釈された。この説教でも「天使の主ご自身が、自ら人間となってくださり、この悪臭のする汚れた身体を、その中に結びつけられた魂とともに自ら取り囲まれたのですが、それは自ら触れることであなたの病気が癒されるためでした」と説示されている。

ここで注目すべき一点目は、ハンセン病の身体も普通の健常者の身体も、受肉という視点からすると同じ人間性に属するので、本来的に美醜の差もなく、人間であることの差別にもならないという点である。さらに注目すべき点は、受肉において神性が人間性に「触れる」ことが罪の癒しの源泉になったように、貧窮の病者に「触れる」ことが病気の癒しの契機になるという点である。このように『モーセの生涯』で示された「受肉」、「範型」、「神の似像」、「アレテーの実践」、「エクレーシア」などの神学的理念は、すでに貧窮者やハンセン病者などへの深い共苦と相互愛（to synpathēs kai philallēlon）に支えられ養われてきているわけである。

（3）「高利貸し駁論」

グレゴリオスは、高利貸しに対して、偽善者を非難した洗者ヨハネの弁を借りて（「マタイ」三・7―12）、歯に衣着せぬ鋭い批判説教を行なっている。

この説教が向けられているあなた、あなたはかつてどのような者であったとしても、「今からは」ケチな商売人の不正なやり方を嫌いなさい。人間である限り、人間を愛し、お金を愛してはいけません。そこ［＝金銭愛］に至る罪を列挙しなさい。そして、これまであなたのもっとも愛すべきものであった子どもたちに（tokois＝利息）洗礼者ヨハネの弁を語りなさい。

蝮の子らよ、私から離れて歩みなさい。

おまえたちはおまえたちを所有し、受け取る者どもの滅びである。

実際、困窮した人にお金を貸して、彼が窮地を脱するようにと援助をすること自体、むしろ勧められるべき善行といえよう。しかし高利貸しは、一見困窮者を援けるふりをして、人間愛（philanthrōpia）に逆行する人間憎悪（misanthrōpia）を実行している。すなわち、高利、利息は負債者に死をもたらしているのに、その死の原因を自分の人間憎悪ではなく、負債者の不運な運命や無知に押しつけてしまっているからである。

ああ、なんと多くの人が利息のために首吊りに加わり、河の流れに身を投じ、高利貸し［に追い立てられるより］安楽な死を選び、その結果、子どもたちが孤児となって貧困を悪しき継母として有するようになったことでしょうか。しかし愚かな高利貸しはそうした時に空っぽになった家を憐れむどころか、恐らくは柵の草のみを相続した相続者を悲しませ、また善意からパンを与える者たちに金を要求するのです。彼らは――当然なのですが、――負債者の死について咎められると、ある者どもがその柵を思い起こして恥に感じるとしても、その行為に対して顔を隠すようなことはなく、魂において打ち拉がれることなく、苦い考えから恥知らずの言葉を述べます。「こうした過ちを私どものものとねじ曲げておられるが、この不運で無知な者は、哀れな生まれを有し、運命の必然によってその強いられた死へと導かれたのではないか」と。

グレゴリオスは、このような人間憎悪の高利貸しを、自ら莫大な借金を王から赦されていながら、友人へ貸したわずかな借金を赦さなかった無慈悲な家来に擬して告発している（「マタイ」一八・21―35）。特に復活の時、高利貸しは彼が殺した負債者と共に嘆きの座につかされ、かの無慈悲な家来のように審判されるという。その審判に際し、高利貸しはもはや自己正当化はできない。

復活の時には、一体どのような眼で殺害された者を看るのでしょうか。なぜなら両者共にキリストの裁きの座に至るのですが、そこでは利息が数えられるのではなく、それぞれの人生が裁かれるのです。そしてあなたに向かって次のように述べられる時、あなたはこの公平な裁判官に対してどのような事を反論として述べるのでしょうか。「あなたは律法、預言、福音の使信を有していた。これらすべてが一緒になって一つの声で愛を（agapē）、即ち、人間愛（philanthrōpia）を叫んでいるのをあなたは聞いていた。『あなたの兄弟に利息をつけないように』（「申命記」二三・20）、または『利息をつけてお金を与えないように』（「詩編」一四・5）[3]、また別の箇所は『あなたの兄弟にお金を貸すとしても、かれを圧迫してはならない』（「出エジプト」二二・24）と述べているのを聞いていました」。

この復活のときの審問は、現代風に言いかえれば、多くの人々に非業の死をもたらす高利貸しの良心的回心への呼びかけとそれに抵抗する邪心との葛藤として解釈できまいか。そうであれば、グレゴリオスが高利貸しを非難・告発しつつも、回心を呼びかける説教の主旨がよく理解できよう。

その際、次の二点に着目したい。

第一点目は、「人間愛」（ピロアンスローピア）である。人間相互の愛の範型には、『モーセの生涯』で示されたキリストが受肉を通して示した人間愛が伏在しているということである。第二点目は、グレゴリオスが高利貸しに対して、逆説的に、困窮者への「貸与」よりもむしろ「施し」を勧告していることである。

間　奏

これまで『モーセの生涯』の観想から出発して、三編の「説教」を傾聴してきた。それはグレゴリオスの言語宇宙に参入し、彼と共にエペクタシスの道を辿る営為であったといえよう。そこで最後に、彼の言語宇宙で響き共鳴した多種多様で光彩陸離たる言葉を、さらなる高処へと向かうエペクタシスと共生への道標として受容しよう。それはどのようなことなのか。この問いを以てまず、『モーセの生涯』と三編の「説教」の間《あわい》に共振する言葉を想起できる順で列挙してみたい。万物の創造、善美、存在、有徳、アレテー、範型、キリスト、受肉、神の賜物、施し、神化、自由選択、審判、神の似像、実在の似像、人間愛（philanthrōpia）、回心、聖書の観想、ハンセン病、マモン、貪欲、ケーリュグマ（福音の教え）、人間性、共生、ケノーシス、手、利息等々である。

これらの言葉は、エペクタシスと共生への道標であるといえる。またエペクタシスにおいては、これらの言葉が魂に刻まれて、多面体である神の似像を形成する各々の面になるとも考えられる。そしてまさに彫刻家のように魂を彫琢してゆくのは、この世にかけがえのない生を受けた一人ひとりにほかならない。従って如上の諸々の言葉を結晶化させ、一つの神の似像の作品化をもたらすのは、他人に代わってもらうことのできない唯一回的な道行きなのである。と同時にグレゴリオスは、エペクタシスをオイコノミア（協働態の歴史的な歩み）と言い換えて、個々の霊魂が一層大きな協働の磁場で相生する地平を披いている。とすれば、最後にグレゴリオスと共に本章が呼びかけうることは、われわれの一人ひとりが自らの自由と責任においてグレゴリオスの提示する相生の地平に参入しながら、他者との七通八達変幻自在の交流を成しうる神の似像を刻むことが求められる、ということである。その神の似像の作品化に際して根本的な道標はケノーシスといえよう。放てば満つる。

本章で参照した原典、邦訳、他の参考書の書名を挙げる。

『モーセの生涯』については、

La Vie de Moïse (Sources Chretiennes 1) ed. J. Daniélou, 1968.

『モーセの生涯』（谷隆一郎訳、キリスト教神秘主義著作集1　ギリシア教父の神秘主義、教文館、一九九二年）。

「説教」については、

Sermones, Gregorii Nysseni Opera IX, Leiden, E. J. Brill, 1967.

土井健司『司教と貧者　ニュッサのグレゴリオスの説教を読む』（新教出版社、二〇〇七年）。

Riches et pauvres dans l'Église ancienne, Lettres chrétiennes, n° 2, Éditions J.-P. Migue, 2011.

本書の引用は、谷氏、土井氏の邦訳に依拠させていただいた。

今回はグレゴリオスの『雅歌講話』に触れえなかったが、第六章と共にぜひとも参照していただきたい。

『雅歌講話』（大森他訳、新世社、一九九一年）。

この書の一般的解説書としては、拙著『愛の言語の誕生』（新世社、二〇〇四年）がある。

（1）グレゴリオスは、ギリシア語訳の「旧約聖書」を用いたので、一八・5。ヘブライ語の「マソラ本文」では、この箇所は一九・5となる。

（2）同様に「マソラ本文」では、一八・12。

（3）「マソラ本文」では、一五・5。

第Ⅲ部　暴力の只中で——エヒイェロギアとエヒイェ的人格

第Ⅲ部は、第Ⅰ部の問題性に立ち返り、第Ⅱ部の「神の像」や「若者・乙女」関係が秘めるフィロソフィアとエチカを再び現代という問題性におく。すなわち、根源悪を超克すべく、「出エジプト記」テキスト解釈に拠って、第Ⅱ部におけるグレゴリオス的存在論およびフィロソフィアをエヒイェロギアに拠って深め、またそのエチカをエヒイェ的人格の協働態論に拠って拡充したいのである。

第八章では、まず「アウシュヴィッツ」と「FUKUSHIMA」に現象する根源悪が、「エコノ＝テクノ＝ビュロクラシー」機構と他者を虚無化する意志として確認される。それに続いて「出エジプト記」三章の神名を手がかりに、ヘブライ的脱在エヒイェとそれが孕む意志的反＝志向性（霊風・気・ルーアッハ）および理性的言的反＝志向性（ダーバール）の三一的構造と働きに言及され、その構造と働き（エネルゲイア）からエヒイェロギアが構想される。そこからまたそのエヒイェ的エネルギーを体現する人間論が考察される。従ってこのエヒイェ的人格は、その気・霊風に拠って実体的自同社会を流動化させ「異」へと越境しつつ、新しい物語り（ダーバール）を語る語り部協働態を構想する。こうしたエヒイェ的人格の典型の一人として、われわれはパウロを挙げることが出来るであろう。彼は身（ソーマ）を張って、今日のパレスチナ、トルコ、ギリシア、イタリアにまで越境しつつ、非ユダヤ系キリスト者の、異邦人の協働態を形成していった。だから「異邦人の使徒」と呼ばれたわけである。その彼は「二コリント」一一章で語るように、身体において、キリストの苦難の生を倣うことによって、キリストと身体的同形性を通して一致する、つまり復活に至るという身体性を生き抜いたのである。だから、彼の言う協働態は、「キリストの身体」と呼ばれる（一コリント六章、十章）。

第九章では、このエヒイェ的人格がエヒイェのエネルギーに拠る徹底的な自己無化を通して誕生し、「幸いな」（マカリオス）と言われる協働態に参与することが示される。そのマカリオス協働態は、資本主義的文明が築き上げた様々な幸福と言われる共同体にとっては、「異」なる異邦人、排斥さるべき「生きるに資格のない者」、文明にとって廃材、ゴミと見なされうる人々なのであろう。

われわれは第一〇章で、このエヒイェ的人格の現代的典型としてイスラム世界に兄弟として生きた修道士シャルル・ド・フーコーの姿に接したい。北アフリカで殉教した彼の精神とその生の道行きを同様に生きようとする人々が、今日「小さき兄弟会、姉妹会」という協働態に参集している。

第八章　文明史の終末論的転換期とエヒイェロギア

序

第一章でわれわれは、「エコノ＝テクノ＝ビュロクラシー」的ヒュブリス（傲慢と暴力）の現象としてのプロメテウスの第二の火（原子力エネルギー）のヒュブリス性をめぐって考究し、その超克の方法を模索した。その模索を承けて、本章ではまず人類の文明史的見取図を参照し、このヒュブリス的文明に至った経過を瞥見したい。そのため科学哲学者の泰斗で同時に地球市民として地球環境倫理や他者問題に思索を注ぐ伊東俊太郎氏に拠る文明史の六段階革命論にふれてみたい。すなわち、氏は、人類の歴史を五つの革命・大転換期に分け、その分類に即して今日的文明を論じている。[1] すなわち、人類の発祥（前六〇〇万年頃）を示す第一の「人類革命」、それに引き続く第二の「農業革命」、そして第三に、農耕文明を土台にした財の蓄積とそれに拠る農民以外の階層化（王を中心とする神官、文字を用いる書記、戦士、商人などの社会階層化）が進み、都市が形成され、ここに「都市革命」が成立する（前三五〇〇年以降）。その後、何らかの超越的原理と人間の内的精神の関係が自覚・吟味される「普遍宗教」や哲学の誕生、つまり「精神革命」が始まる。そこで古典的聖典と知恵が生まれ、その解釈が今日のわれわれの将来の開放につながるという意味で、「古典と伝統知」に関わる革命である。というのも「精神革命」は前六世紀頃から、ギリシア、インド、中国、イスラエルの四地域に突如として一挙に開花し、各々の地域でギリシア哲学、仏教、儒教、ユダヤ・キリスト教という四つの精神領域、つまり、愛智（フィロソフィア）と協働倫理（エチカ）および宗教が成立した革命であり、今日の精神的文化の土台だからである。

伊東氏に拠れば、如上の四つの精神的系譜は各々独自の特徴をもつが、そこには二つの共通的特質が認められるという。まず第一の共通項は、それ以前の社会全体の「集団表象」から脱して個人の思想が確立されたことである。第二の共通項は、それまでの呪術的神話的思考を超えて、人間の理性と感性が成熟し、それにもとづく人倫や魂（ソクラテスなどの魂の探究）やイデアあるいはトーラーのような精神世界が拓けたということである。この「精神革命」を経て、一七世紀西欧に始まり現代に直結する「科学革命」が第五段階となる。氏に拠ればこの「科学革命」の第二の展開として西洋に「産業革命」が起こり、そこに資本主義あるいは帝国主義が勃興して世界を席巻し、やがて現代の「情報革命」がもたらされ、地球化時代に突入する。しかしこの肥大した科学技術とそれを用いる資本主義的大量消費の文明が、核兵器を産み、環境破壊などの危機をもたらしていることは周知の事実である。氏はこの事実に拠って第六の文明的転換である「環境革命」を洞察し、その反省と対処を通して、人間的他者との真の共生の可能性を探る。これまで長く伊東氏の人類史的な六段階革命論を追究してきたのは、このような現代文明が包含する六つの文明の歴史的結末が悲劇的方向をとっていることが確認された以上、そのいわば終末論的な文脈にあって「愛智と協働のエチカ」という精神がどのような新たな革命の地平を拓きうるかが問われているからである。

本章は以上の文明史的見取図を念頭において、再び第一章の問題性に立ち返り、如上の歴史的危機の具体および象徴として「アウシュヴィッツ」と「FUKUSHIMA」とをとり上げて考察したい。その上で次にその悲劇を生み出した思想的温床を「存在神論」(Onto-theo-logia) に求め、その批判を通してエヒイェロギア構想に言及してみたい。

一　アウシュヴィッツの虚無的な根源悪性

まず「アウシュヴィッツ」とはどのようなこと（事即言）であったのか。[2] 第一章で言及したように、歴史的事件としてアウシュヴィッツを語れば、それは二〇世紀ドイツの第三帝国、つまりナチス・ドイツが主にユダヤ人種の絶滅を意図した強制収容所・「絶滅の檻」といえる。そこはユダヤ人を始め、スラブ系共産主義者、ジプシー、クリスチャンなどが、法的・道徳的人格性を奪われ、「生きる資格のない者」とされ、その結果単なる数字記号化され、ガス室で殺されて焼却炉で燃やされ、果ては灰とされるよう設計された機構に外ならない。しかし、その恐るべき虚無的性格とはどのような比類なさをもっているのか。H・アーレントによると、その比類のなさはその大量殺人や残酷な殺戮方法だけにあるのではなく、犠牲者からあらゆる物語りとその根拠である記憶を奪う点にあるとされる。すなわち、犠牲者本人は、彼の物語りや記憶を奪われ抹殺される。加えて彼の記念品・遺品、思い出の品、彼の家族や友人、さらには彼を抹殺した絶滅の檻さえ破壊されて、記憶の世界から消滅する。たとえそこから生還したとしても、その深い心のトラウマのために、檻での屍のような生を思い出すことすら出来ない。また生還者を受けとる世間も、彼の証言を異星人の話しとしてしか聞こうとしない。それ程、彼は虚無を経験したのである。こうして「絶滅の檻」はその収容者から一切の記憶と物語りを奪い、「生ける屍」とし、抹殺するので「忘却の穴」と呼ばれる。H・アーレントは記す。人々は「あたかもかつてこの世に存在したことがなかったかのようにされるのだ」と。どうして「このように徹底的に記憶と物語りを奪うこと」が、最も非人間的なのであろうか。それは簡単に言えば、記憶にもとづいて日々他者と交わりつつ自分の物語りを語ることが、自分を何であるかではなく、誰かである人、つまりかけがえのない人として創り上げ、開かれた自己同一性を通して他者と共に生きる、つまり相生する最大の可能性であるからだ。

このポリフォニー的開放的自己同一性は、良い意味での「物語り的自己同一性」とされる。P・リクールは、H・アーレントの記憶論を参照しながらその消息を次のように語っている。「〈だれ（who）？〉という問いに答えることは、人生物語りを物語ることである。物語り（ストーリー）は行為のだれを語る。〈だれ〉の自己同一性はそれゆえ、それ自体物語り的自己同一性に外ならない」（久米博訳『時間と物語』Ⅲ、新曜社）と。ここでわれわれはさらに次のことを指摘しておきたい。すなわち、物語りは、そこで本質的に語る人は一人であっても、同時にある集い、歴史的状況、語り部、さらに絶叫せざるをえない災厄などの「場」において語られ、聞かれるということである。従って物語り的自己同一性とは、場的かつ個的であり、その場と個との相互限定に拠って生起するのである。

こうしてアウシュヴィッツが帯びる虚無的性格とその根源悪の比類のなさは、人から記憶と言葉を奪い、生ける屍とし、その尊厳と人格を抹殺する忘却の穴に示されるといえる。そしてそのような忘却の穴は今日にあって、戦争や紛争のあるところ、難民や無数の消息不明者などの形でその正体を垣間見させている。そしてその背後には、現代の地球を支配するまでに巨大化した「経済＝技術＝官僚」（エコノ＝テクノ＝ビュロクラシー）機構が黒幕として働いているわけである。

それでは同様に「エコノ＝テクノ＝ビュロクラシー」の現代における現出の一形態である「FUKUSHIMA」とはどういうことであろうか。

二　FUKUSHIMA（第二のプロメテウスの火）と巨大科学

この問いの解明のためわれわれは、伊東氏のいう「科学技術革命」の起源を示唆すると思われる「プロメテウスの火」の物語に着目したい。周知のようにヘーシオドスの『仕事と日々』には、プロメテウス（先見の明の意）がオリュンポスの最高神ゼウスの許から火を盗んで人類に与え、しかもその利用法・技術をも教えたと語られている。この盗みはゼウスによってプロメテウスが罰せられるにとどまらず、その罰は、パンドーラのつぼを通して人類にまで及んだという神話に語られている。すなわち、プロメテウスの弟に嫁した人間の女、神々がゼウスの命によって創ったパンドーラが婚資として持参し、開けることを禁じられたつぼを開け、そこからありとあらゆる災厄が人間界にまき散らされ、その結果、人類は今日に至るまで火の技術の発達によって災難を蒙っているという解釈付きの神話である。

実際人間は、火によって鉄器を製造し、一方で生産力を高め富を蓄積すると同時に、他方で強力な武器を作って他部族の征服にのり出していった。その暴力の歴史は産業革命から帝国主義時代を経て、今日のエコノ＝テクノ＝ビュロクラシー支配に至ってピークに達しているわけである。そこに神々と自然から自律し、人間中心の文明を創ろうとする不遜（ヒュブリス、暴力の意味も含む）が窺えよう。そうした文明社会は、ハーバーマスに拠れば、政治権力と貨幣という二つのメディア（媒体）を用いて、人間の生活世界を植民地化する、つまり、人間性が開花交流する基礎的自然的生活世界を、エコノ＝テクノ＝ビュロクラシー機構に変えたとされる。それは言い換えるなら、この近代的機構の毒牙が自然的生活世界をその毒で汚染しているともいえる。その典型的例が「水俣病」の悲劇であり、その原因であるメチル水銀に外ならない。それは「FUKUSHIMA」に連鎖してゆくヒュブリス・根源悪の真相を表わしている。だからこうした機構にあって人間の他者性や文化的創造性は奪われ、非人間化を示すある種の神経症的な兆候が今日現象しているのである。

しかし今日さらに人類史的に深刻極まりない問題は、原子力エネルギーという第二のプロメテウスの火のことであろう。ここで一層深刻であるという問題性は、その火の起源にある。それは正しく神々の許で燃えていた自然の火ではなく、全く人工的な産物だということである。時は第二次大戦開戦前夜（一九三八年末）、ナチス・ドイツの全体主義支配下、物理学者オットー・ハーンなどによってウランの人工的な核分裂反応の現象が発見された。それは原爆製造を確実に予期させる現象であったため、ナチスが原爆製造に成功する前に米国は先手を打って、マンハッタン計画（一九四二年開始）という国家的な原爆製造のプロジェクトを立ち上げたのである。広島・長崎への原爆投下におけるすざましい核エネルギーの放出とそれが惹起した悪魔的な惨状をわれわれは知っている。それではそのエネルギーは、どのように人工的に産生されるのであろうか。くどいようだが、ここで一章のおさらいをしておこう。

現実世界は分子の結合より成り立ち、分子はさらに原子の結合から成っている。この原子は原子核とその周囲を回る複数の電子から成る。この電子の電気エネルギーが、われわれの日常生活の自然なエネルギー源となる。その際、電子がどのように反応してエネルギーが放出されても、原子核は決して動かず安定している。原子エネルギーは放出されない。それではこの自然的エネルギーと原子力エネルギーとはどう相異するのか。その問いの鍵は、原子核の構造にある。先に見たように、原子核はさらに陽子と中性子との堅固な結合からなり、この結合は非常に強力なエネルギーに拠っているのである。一九三九年になると原子物理学者たちは、ウラン235の原子核に中性子をぶっつけると陽子と中性子が分かれる核分裂が生じ、その際、核の強力なエネルギーが解放されることを予測しえたのである。つまり核分裂において原子核（ウラン235）が割れて、一つには、核分裂生成物（セシウム、ストロンチウムなどの死の灰）、二つには上述の巨大なエネルギー、そして三つにはいくつかの中性子が産出される。この中性子が人工的に操作され、次のウランに当てられて核分裂を引き起こし、核分裂の連鎖反応が持続する（臨界状態）、そこに巨大なエネルギーが生ずるということである。こうした核分裂によって一キログラムのウランが燃えたのが、広島へ投下された原爆であった。他方でFUKUSHIMAやチェルノブイリの原発事故の場合、死の灰が悪魔的な作用をもたらした。その中のプルトニウムは毒性が強く人間に肺ガンや骨ガンを原因し、しかも半減期が異常に長い。プルトニウム239の場合、半減期が二万四千年とされる。加えて原発で生成されるプルトニウムは核分裂を起こし易く、核爆弾の材料としては最適であり、原発は容易に核兵器製造に連動しうる。さらに加えて、第二のプロメテウスの火のゴミ処理が人類にとって非常に困難な課題を突きつけている。第一章ですでに指摘したように、低レベル放射性廃棄物や高レベル放射性廃棄物（セシウム、ストロンチウム、ヨウ素、プルトニウムなどを吸収したすべての物）の処理と原子炉そのものの廃炉に関しては、今のところ人類は技術的な対処の方法を見出していない。

われわれはこれまで「プロメテウスの第二の火」である核エネルギーの人工的起源とそれが「マンハッタン計画」を通して人類に破滅的な原子爆弾を開発したことを概観した。そこで開発された破滅的次元について今は「巨大科学の成立」をテーマに簡単に考察してみたい。その際、核化学者で日本の原子力開発の成立に立ち会い、その破滅的ニヒルの性格を未来に警告した預言者的な高木仁三郎博士の考察に依拠しよう[3]。氏に拠ると、現代の巨大科学技術に発展した具体的契機こそ「マンハッタン計画」にあるという。それはただひたすら「可能な限り破壊力と殺傷能力の大きい原爆をつくる[4]」ことを目指した国家的大プロジェクトであった。その当初は、原子炉の建設、ウランの大量濃縮、プルトニウムの化学分離などが課題であり、そのための技術、さらに放射性物質に関する物理・科学的な基礎データなど基本的知識や理解さえなかった[5]。従ってこのプロジェクト実現のために、科学者や技術者といった人的資源が動員され、国家財政が投入され、こうしてこのプロジェクトは、そこで軍事、官僚、経済、科学知が協力する国家的営為となった。このプロジェクト実現の至上目的のためには、労働者の安全や放射能（死の灰）の環境破壊さらに「核」が与える社会政治的意味などの問題が全く無視されたのである。こうして原子力をめぐる巨大科学が誕生した。ところで戦後の米ソ間の核開発競走とその核を管理しようとする大国間の思惑を背景に核の平和利用、商業利用が呼びかけられる。その嚆矢が一九五三年一二月八日の国連総会におけるアイゼンハワー米大統領の「アトムズ・フォー・ピース」の演説だったわけである。しかし、高木博士は、この原子力の平和利用計画の中に巨大科学を生んだマンハッタン計画の影を看破している。「基本的に同じやり方が、その後の国家目標となったエネルギー計画としての原子力開発でも踏襲された。核からエネルギーをひき出すこと、そしてそれを産業として成立させることが至上命令とされ、その最短コースをめざして、富と力と知が集中されたのである。だが、この、いわゆる原子力の平和利用には、マンハッタン計画と同じような〈成功〉が待っていたとは言いがたかった[6]」と。

実際に今日の原子力の平和利用は、巨大科学となり、「原子力神話」という大きな物語によって現代人を支配しているようである。しかし、それは、常に巨大事故の危険性をはらんでおり、その事故はあらゆる資源（人的自然的文化的など）にとって破局的《カタストローフ》である。これはチェルノブイリ事故がおよぼした放射能汚染を想うだけでも、その破壊性の規模の大きさは類例がない。われわれがすでに指摘したように、人類はいまだ「原子力の火」を燃やすことはできても、それを消す技術を開発しておらず、高濃度放射性廃棄物は将来世代にとって死生を支配する問題となるであろう。さらに核拡散が持続し、核戦争の脅威が増しつつある。そして人間にとって破局的な事態は、「原子力神話」によって人間性を喪った「ホモ・アトミクス」の出現である。彼は原子力機構内に自閉して、その〈外〉に生きる他者を思いやることができない新人類なのである。高木博士は、その一例として原子炉内の中性子の動きを熟知している専門家が、ウラン鉱で働き被曝するインディアンに無関心である一件を挙げている。それでも人間は「原子力神話」にすがろうというのであろうか。

以上のような問題を抱える原子力エネルギーが、巨大科学として今やエコノ＝テクノ＝ビュロクラシーの自己中心的全体主義的な文明機構の中で産まれそれを支えているのである。しかし、それがために具体的には核拡散により核戦争の危機がふくらみ、しかも各国が競って原発技術を導入建設する傾向にあることなどを思案すると、われわれ人類はその最終の生命圏である地球が破壊されるという終末論的可能性に追い込まれていることを自覚せざるをえない。すなわち、第一章で指摘したように、核爆発によって生命の根源、ギリシアの自然哲学者が洞察した魂である地・水・火・風は、汚染され黒い雨となり、一切を焼き尽くす火の玉となり、恐るべき破壊の衝撃波に変わるのである。だから、このような終末的状況に対して深刻に問われる。「愛智と相生のエチカ」は何を、どのようなメッセージを語りうるのであろうか、と。

この問いに応えようとする時、われわれは以上のような「アウシュヴィッツ」や「プロメテウスの火」の歴史的具体に潜む、その精神的温床にもここで言及しておく必要があろう。その精神的温床こそ、「存在神論」であった。それはどのようなことなのであろうか。簡単に再度説明しよう。

三　存在＝神＝論——全体主義の思想的温床

存在＝神＝論という用語を、全体主義批判に向けて用いたのはE・レヴィナスやハイデガーである。ハイデガーは、アリストテレス哲学のある解釈を通して存在神論の成立を考える。すなわち、西欧的思惟は「存在者の存在」への問いとして二つの形態を採るという。それは第一に、次のように問う。「存在者は存在者として一般に何であるか」と。この問いは、すべての存在者、つまり最も普遍的な概念を対象とし、その存在者を本質的に問う。それは存在者を実体（ウーシア）として問い、その構造を形相＝質料、現実態＝可能態、四原因などとして解明する。これは哲学史において存在論（オント・ロギア）に導く。第二には、存在を最高に具現する至高の存在者とは何かと問う。その答えは第一原因、あるいは第一実体、あるいは至高の思惟（ヌース）などとして解明される。アリストテレスは、またそれが「不動の動者」たる神とした。ここに神論（テオ・ロギア）が成立する。以上の「オント・ロギア」と「テオ・ロギア」から「オント・テオ・ロギア」（存在＝神＝論）が成立する。

それではこの「存在神論」の根本的性格とはどのようなことか。それは存在論としてまず全世界を思考対象として扱う。その為に「存在者」（to on, ens）という最も普遍的な概念を用いる。他方で神論に拠って、この在りとし在る存在者を、第一原因から以下に続く諸原因とその諸結果との系列化によって因果関係の網の目として構成する。こうして人間も含めて一切の事物は、この関係のシステムに置かれ、その限り在るとされ、ある力能をもち、意味をもつとされる。だからこのシステム外のものは、存在性も、力能も、意味も有たない非存在者ということが帰結しよう。従って存在＝神＝論は、一切の事物を説明し思想的に支配しようとする全体主義的特徴を帯びる。その際、存在者の実体面に向けて思考し、その因果関係を主に定義・システム化するので、付帯（感情、質料、システムにおける周辺的なものなど）は傍注的なものとして軽視される。さらにこの存在＝神＝論的システムは、因果関係として空間的に表象化されるので、それはユダヤ・キリスト教的な出会いの時（カイロス）や歴史性はもたない。従って存在＝神＝論は、財（ウーシア）の蓄積に基づく定着的都市国家（ポリス）の自同性保持のイデオロギーに傾斜してくる。そこでの論理は、同じ時と場における同一律や矛盾律が主体となろう。

以上の仕方でアリストテレスを考察したからといって、その全哲学が「存在＝神＝論」であるというわけではない。彼の哲学を存在＝神＝論としても洞察できるということである。同様にして近代的哲学の祖デカルトに発するコギトやカントの理性、ヘーゲルの絶対精神も存在神論的に考察されうる。例えばデカルトの場合、その普遍的概念は彼のいう「普遍数学」（Mathesis universalis）によって示唆される。つまり、デカルトにあって存在者とは、数学的に計量化され、数量関係に還元されうるものということになる。そして身体をも含む物体的世界が幾何学的延長とされ、この延長が分割される微粒子の運動が、代数学の方程式で表現され把握されるに至る（解析幾何学の成立）。そこに万象が物理科学的な法則のシステムとして構成される由縁がある。ところで万象を解析幾何学を駆使して、物理科学的世界として表象し構成する第一原因とは、正にデカルト的思惟・コギトに外ならない。この思惟は、自己をも含めて対象世界を構成するわけで、ここに構成的理性が成立し、主体と客体世界の二元論的図式によって世界が数量化された法則の束として説明されるに至る。ところで理性に拠って構成された物理科学が技術と結びつくと、そこに物理科学的文明の発展が起爆される。つまり、産業革命を始めとし帝国主義的資本主義を経て、終にはＩ・Ｔ革命および金融資本主義を核とする「エコノ＝テクノ＝ビュロクラシー」に展開するのである。そこでは、自然資源が物化・商品化され、デカルト的人間主体やさらに人間的他者も人的資源として用材化される。そこにハイデガーのいう、一切を「用材」として駆り立てる「総駆り立て体制」(Gestell) という技術学的存在＝神＝論が現象する。

以上のような構成的理性の使用に発して技術学に至る全体主義的な存在神論が、上述のアウシュヴィッツや核エネルギーの悪魔的利用の思想的温床になりうることは容易に推測されよう。そして「エコノ＝テクノ＝ビュロクラシー」は今や、商業宣伝やマス・メディアなどを操作し、その大きな物語に諸々の他者の物語りを吸収同化させ、ますます肥大化してゆく。そうした文明はその内で育つ将来世代にも触手をのばし、同化しようとする。

四　エヒイェロギアの構想——全体主義の超克に向けて

それではこのような存在＝神＝論とその実体化であるエコノ＝テクノ＝ビュロクラシーを告発し突破し、他者とその物語りを奪還する愛智とエチカをどこに求めるべきであろうか。第一章では、ソクラテス以前の自然(ピュシス)の哲学者と旧約「出エジプト」および新約「使徒言行録」の解釈を通して、火、気、水、土の生命的根源性に愛智の手がかりを見出そうとした。本章では、視点を変え、ここに実体論的存在論に対してヘブライ文学から解釈されるエヒイェロギアを提示したい。その際、まず想起しておきたいことは、存在論に対してハヤトロギアを提唱したのは、教父学・歴史神学の泰斗有賀鐵太郎博士だったことである。有賀はヘブライ語三人称単数完了の存在(脱在)動詞「ハーヤー」が同時に「生成する、有らしめる、働く、在る」を意味し、動的歴史的創造的な性格を示すところから、「ハヤトロギア」をヘブライ思想の核心とした。われわれは、ハーヤーからさらに一人称単数未完了形の脱在動詞「エヒイェ」に着目する。このエヒイェが語られる文脈は、旧約聖書「出エジプト記」三章14節の神名啓示のシーンであった。その物語りにあって神名は謎のような「エヒイェ・アシェル・エヒイェ」（われは脱在するだろう、だからわれは脱在するだろう）として開示される。そしてこのエヒイェ・ヤハウェ神が、エジプトで瀕死の状態の奴隷解放のため天から歴史の中へ、地上に降下して、モーセを預言者の使命へ呼び招く。そして彼に「共に在るだろう（エヒイェ）」と語って使命に向けて説得する。そして今やエヒイェをいわば体現したモーセを通し奴隷に出エジプトを実現させる。しかも出エジプト後、この貧しい奴隷と契約を結び、十誡を協働態の道標として与え、彼らが自立した民となるように導く。[7] この物語りからわれわれはエヒイェの様々な特徴を読みとりうる。紙幅の関係で今それを次のように列挙したい。すなわち、エヒイェは、常に自己から超出してゆく未完了的生成態であること、その自己超出は、天上にではなく苦悩に呻吟する人間の歴史的世界に向かうこと、しかも最極貧で非人間的な物とされる他者・奴隷に関わること、エヒイェは、その関わりの実現に向けてエヒイェのエネルギーを体現する人々（預言者など）を通して働き、さらにこの奴隷を他者として遇するし、恩恵として契約を結ぶこと、その契約を通して新しい時（カイロス）を創造し歴史的出発点とすること、富と支配の象徴である偶像を忌避することである（「出エジプト記」三二章「金の子牛事件」）。要するにエヒイェは、他者を生かすエネルギーであり、呼びかけである以上、その生命的で脱在的な声に聴従しないという否定性あるいは虚無性こそ根源悪に外ならないといえる。

　エヒイェロギアは、以上のような力動的自己超出的で他者志向的な創造性を以て、存在神論の志向性を流動化させるべく反＝志向的に働く。その流動化の一つに、エヒイェの他者へのコミットや受肉化がある。丁度ヤハウェが預言者モーセと共在して彼と共に働いたように。

それではこのようなエヒイェの力働であるエヒイェロギアは、どのような人物に体現されるのであろうか。まず第一に、物語り論的に語れば、エヒイェ的人格は、他者の真実とその物語りに出会って共生の地平を披こうとする。彼は他の協働者と共に、諸々の「忘却の穴」に葬られた人々、すなわち、抑圧された女性、アイヌ、殉教者、ハンセン病患者などの物語りを発掘し、それら他者の物語りを類比的に結集し、新しい共生のメッセージを創出する。そこに全体主義の神話を突破しうる開闢的な語り部が出現しうるのではあるまいか。われわれはこのようなエヒイェ的人格を水俣病患者に常につき添いながら、その他者の声を『苦海浄土』に結実させた石牟礼道子やヘブライ的預言者に認めることができよう。

第二に、エヒイェ的人格は、エコノ＝テクノ＝ビュロクラシー文明において異邦人あるいは精神的遊牧民のように生きる。というのも、彼はその反・志向性（第二章、四章を参照）を通して、全体主義的自同性を脱出しつつ、荒野・非文明へと不断に越境し、またそこから文明社会へと潜入し、両者の間を往復し、無告の人々の代弁者として文明（原子力文明など）を告発する。そのために上述の他者の物語りにもとづく学知の習得に精進する者である。かつての田中正造などにそのモデルを窺うことができよう。

第三に、エヒイェ的人格は、自らにエヒイェを蒙って生きる人々と協働態を形成する。その協働態は、実体化された組織ではありえない。また人工的世界に併呑されえない。その協働は、産業消費文明に収奪される自然や動物、諸々の異文化や普遍的宗教の伝統、少数の抑圧された民や難民等々との相生かし相生かされ相生く相生である。そこには、小さな物語りや反・志向性について協働学習が実践されるであろう。エヒイェ的人格の特徴は、勿論以上の諸点に尽きるものではない。ただ肝心な特徴は、彼がエヒイェとそのテキストに学びながら、この全体主義的文明とそれを支える存在神論の彼方に、あるいはその只中に他者のエチカ・エヒイェ的地平を披こうとする者だという点に求められる。

間奏

われわれは第一章からこれまで「科学革命」と「環境革命」が示した人類の終末論的危機を深刻にとり上げ、その具体を「アウシュヴィッツ」および「FUKUSHIMA」に見てきた。そこから第八章では特に、巨大科学に現象する根源悪の問題に直面し、その思想的温床を存在＝神＝論に求めた。そこで存在＝神＝論と根源悪の超克に向けて旧約的ヘブライの物語りと預言者に着目し、ヘブライ的思想・エヒイェロギアとそれを体現する人格について考究したわけである。その人格は受難の只中に革命的な仕方で、しかも時には密やかに幸い（マカリオス）の地平を抜き示そうと試みる。それが二一世紀における「精神革命」の一つの試みにすぎないとしても。

（1）「精神革命の意義と課題」（『比較文明研究』第11号、麗澤大学比較文明文化研究センター、二〇〇六年に所収）。
（2）「アウシュヴィッツ」の根源悪的機構とその虚無性および「存在神論」の歴史については、拙著『他者の甦り――アウシュヴィッツからのエクソダス』（創文社、二〇〇八年）を参照。
（3）『プルトニウムの恐怖』（岩波新書）。外に『反原発、出前します』『チェルノブイリ原発事故』『食卓にあがった放射能』（七ツ森書館）、『原子力神話からの解放』（講談社＋α文庫）、『科学の原理と人間の原理　人間が天の火を盗んだ―その火の近くに生命はない』（方丈堂出版、二〇一二年）などを参照。
（4）前掲『プルトニウム』一八―一九頁。
（5）同、一四―一五頁。

（6）同、一八頁。

（7）「出エジプト記」の十誡（文字通りには、十のダーバール）は、シナイ契約で成立するイスラエル協働態にとってその一致と生の道標である。この十誡は、ほとんどが否定詞（lōʼ）と動詞の未完了形から成る。一般的には、それは「わたしをおいて他に神が在ってはならない」（第2誡）、「殺してはならない」（第6誡）、「偽証してはならない」（第9誡）というふうに、法的命令であるとされている。われわれは、この十のダーバールは、イスラエル協働態に現存するエヒイェの分節化と考える。すなわち、もし協働態にエヒイェが浸透しているなら、この否定詞は契約協働態が決してその禁止を破る「はずがない」という仕方で、それを一般の法治集団から区別する。それはエヒイェに活かされた生命的解放区なので、そこではヤハウェ以外に「他の神々が在るはずがない」、「あなたが殺すはずがない」、「隣人について偽証がありようがない」等々、なのである。また未完了形動詞は、招きを意味するので（A・ネエル）、イスラエル協働態は絶えず、如上のような相生に呼ばれているわけである。

この十誡については、拙著『存在の季節』（知泉書館、二〇〇二年）、一五一―一六八頁を参照。

第九章　マカリオス（幸い）の地平とエヒイェ的人格

――苦難と安楽の彼方――

序　問　い

一般的な意味で幸福・安楽は、苦悩や受難に対立し、まず第一にそれら苦を克服し、消し去ることによって実現されると考えられている。

深遠な宗教・仏教なども、生老病死の苦からの解脱を幸福の必要条件とするとされる。勿論その根底には、人間の無明からの解脱・解放のための哲学と実践がさらなる根源的な条件とされているのであるが。

果たして苦悩からの解放が人間を幸福に導くのであろうか。そもそも幸福とはどのようなことなのだろうか。アウシュヴィッツの地獄を体験したユダヤ系精神医学者V・フランクルは、苦悩に敢然と立ち向かい、その意味（犠牲や身代わりなど）を見出すことに永遠の生命への道行きを見出している。(1) イエスは、各人が自分の十字架を背負って、彼の後に従って来ることを望んだ（「マルコ」八章34節）。その望みに満ちた呼びかけは同時に、弟子たちにとって苦しみと受難の道行きを意味した。使徒ペトロもパウロもその生を十字架刑で殉教したが、彼らは復活の希望に自らを委ねたのである。また他力念仏を徹底的に生きた親鸞も「たとひ法然聖人にすかされまゐらせて、念仏して地獄におちたりとも、さらに後悔すべからず侯」「とても地獄は一定すみかぞかし」（歎異抄二）と自らの他力信心を告白し、関東にも多くの信徒を育成した。その信徒が信にまつわる疑義の解決を求めて、今は京に住む親鸞の許に「十余ヶ國のさかひをこえて、身命をかへりみず」上京したのであるが、彼はその信徒たちに「念仏をとりて信じ奉らんとも、また捨てんとも、面々の御はからひなり」と言ってつき離す。そのような親鸞の徹底した信の境涯は、一方で信徒が彼に従う機縁となったが、他方では皮肉にも安心立命の安楽を願う彼らに戸惑いと苦しみを呼びこむことになる。

けれども、フランクルにしても、イエスにしても、親鸞にしても、真の人間の幸い・幸福とは、いわゆる安楽（エウダイモニア）と苦難との対立の彼方に苦難・苦悩を通して見出される、何か日常を超出する現実からの賜物として受け取られていたのではあるまいか。

このような問いを出発点として、まず幸福の諸相と苦難について歴史的かつ類型的に考究してゆきたい。

一　幸福と受難の諸相

（1）情欲（cupiditas）の自己中心的な満足（快楽）および財の消費系としての幸福

情欲は必要（necessitas）と共に、人間中心的な文明構築の起動力として理解しうる。というのも、それは自らの飽くなき欲の満足を追求し、その満足のために適切で効率的なシステムである政治経済体制を創出するからである。その情欲を満たすシステムは、人間的文明と呼ばれる総体である。この文明における情欲の満足は、当然欲情される財の所有・維持・享受、さらに所有の拡大という自動的運動やメカニズムの発展を伴う。ここでイメージされている文明社会とは、ホッブス、ロック、ルソーの構想した、生命や財の権利を主張して成り立つ契約社会であり[2]、ベンサム流の快楽主義的な功利主義社会であり[3]、あるいはヘーゲルの言う「欲望の体系」としての市民社会であり[4]、そうした社会に基づき自由に財獲得と所有に狂奔する初期資本主義である。その経済政治文明の体制がもたらす富の享受による幸福享受は、安楽と呼ばれえよう。その安楽は文化財をも含め物質的・地上的財の享受とその享受の限りない追求を能動的に志向する。その快楽追求型文明は、従って物象化され、永遠に不変な体制としてひとまず維持される。この維持は、もちろん財や資源の有限性に起因する植民地主義を生み出し、またその財獲得の利害に拠る紛争や戦争を引き起こし、帝国主義の時代に突入する。このような帝国主義的自同の意志的心性と論理志向とは、財享受の幸福を目指す徹底的な自己中心性であって、それは同時に、他者をできる限り排除し、あるいは自分の利益に役立つ限り他者を自らの体制に同化してゆく欲情的志向といえる。その意味での自己維持や体制維持は、自己の存在の実体化と考えられる。この他者排除のメカニズムや実体化運動は、E・レヴィナスに倣って自同性（le même）、自同化と呼ばれよう。本書全体では、この自同性を、他者に開放されたポリフォニックな自己同一性（identité）と区別する。この自同的現実のイメージとしては、労働者を支配収奪する資本家階級とか、あるいは植民地を差別収奪する帝国主義的国家体制などが挙げられようが、しかしそれは、われわれ各人に深く根差す利己的で他者排除の心的機構（主我）が外面的に具体的に物象化・実体化された映像物と言える。宗教的に言えば、この主我は罪業とか原罪と呼ばれる現実なのである。

さて、如上のような体制の自同化がますます強化され、そこに生き自らの利益を追求する欲情相互の自由競争が一方では熾烈となり、同時に資本主義的強者の利潤追求と私的所有を支持する正義論や応報の倫理（より強く能力あるものがより大きな分配に与る）が確立する。そしてハーバーマス的に言えば、それは一切の生活世界を植民地化することに外ならないのである。その際、その倫理や社会関係に適応できないか、あるいは挫折した人々は神経症的となる。文明システムは、もちろん神経症に対して、技術的な人間管理や治療法を設けるにしても、その治療目的はフランクルに拠れば、再び患者に「働き人生を安楽に享受する能力（capacity to work and to enjoy life）」[5]を再獲得させることに止まる。言い換えれば、人を再び自同的生に呼びこみ、自同的システム内で効率よく動く歯車として組み込むことである。あるいは、安楽を供する自同的システムの中で、安楽供給を専らシステムに委ね、責任もとらず、やがて能動的に働く能力も喪われ、安楽に満たされずにますます不安感に苛まれることにもなる。そうした時、強烈な独裁者的権力に一切を委ねてしまう孤立化・アトム化された個人の集合、つまり大衆という社会的病理現象も出現しよう。[6]あるいは、麻薬的催眠的に彼岸や心の中に安心立命や安楽の幸福感を幻出する擬似神秘主義や新宗教が、人々を集団的にマインド・コントロールし、脱人格化し、また精神疾患などが生起しうるのである。[7]それらの現象は要するに、自同性の支配に由来する様々な諸病理に外ならない。

このようにして、全体主義が、そのうちの個々人や集団に対して競争を煽って体制を強固にしようとするか、また体制に全面的に依存させるにせよ、如上の自同化がますます貫徹される。そこに働く自同化の情欲は、人々を安楽的幸福、つまり快楽をもたらす財の無限な所有と消費へと煽り、それによってさらに情欲を膨らませて奴隷化する結果、人間から情欲に対する自由、自律的な人格、そして互いに尊敬しうる人格的交わりを奪い去ってしまう。そこでは、苦悩・受難は、安楽の対立物あるいは矛盾として否定され、拒絶される。

われわれの今日的文明は、このような情欲満足系・快楽消費系の幸福追求を依然欲情しているのではあるまいか。それは真に幸福と呼ばれうるのであろうか。

（2）自然本性的欲求（desiderium naturale）＝公共善への参与および分配としての幸福系[8]

Ａ・スミスは、人間が各人の利己的な利益を追求する経済活動を行なえば行なうほど、いわゆる神の「見えざる手」によって、公益と幸福がもたらされると楽観した。しかし、一九世紀以降、資本主義は全世界的に弱肉強食の性格を帯び、そこに生ずる戦争や革命および、経済・政治・文化の破綻から、その解決策として社会正義、公共善、平和などが求められてきた。実に人間が社会的動物である限り、善財を自己中心的に所有・享受する自同化の限界を自覚し、善財を公共的に分配し、共に享受し喜ぶ幸福な公共空間を志向するのが自然であろう。このような公共善の分配と平等な参与を志向する欲求が、人工的情欲ではなく、本来的な自然的人間的欲求と呼ばれえよう。この欲求は一方で、善財の獲得・保持・所有を共同的に志向する限り、やはりそれ相応の社会経済的システムとその実体化を促すと言わざるをえない。しかし、それが単に自同的文明の構築に止まらず、他者と善財を分かち合おうとする限り、欲求そのものとその実体的なシステム構築を不断に差異化するデュナミズムをも兼備しているのである。さてここで言う差異化とは、自同・自閉的で、自己拡大的実体の中に生じた亀裂・断層などとしてイメージされる。それは自同内に生起する非・場、空や無であって、自同を破る働きとして、自同の〈外〉を示し、またそこから他者が到来しうる〈同〉の中の場・差異とも言える。またそれは一つの間・空であるから、息吹き・新しい風で喩えられる新しい霊性・心性が生じ、その心性の息吹きが新しい音声、言葉や預言を発声させるまでの射程を含んでいる。一九世紀前期資本主義時代にあって、「各人の自由な発展が万人の自由な発展の条件であるような連合社会」を夢見たＫ・マルクスの『共産党宣言』や私有財産による労働者の疎外を暴いた『経済学・哲学草稿』などは、如上の新しい言葉として響いたと言える。二〇世紀においては、このマルクス的社会主義の出現と度重なる経済恐慌などによって社会経済体制の実体的再編とその自同性を披く差異化を兼備する体制の再構築を迫られた。その新体制は、後期の修正資本主義のように、社会主義的に国家権力が私有独占に介入し、公正を実現すべく独占を修正しうるシステムであったり、また福祉国家であったり、また多様なエスニシティを受容する文化的多元社会であったり、あるいはさらに連邦制国家であったり、さらに国際連合のような体制であったりしうる。いずれも民主主義的な性格を備えていると言えよう。

民主主義における公正な分かち合いがなされる幸福な空間は、アリストテレス的な意味での友愛（philia）に基づく、相互の人格や権利を尊重する社会といえる。但し、ギリシア的ポリス社会での奴隷や女性蔑視の自同的システムやそのイデオロギー的特徴は差異化されなければならないが。ともかく民主主義的な体制における、共有された善財の享受とそれに拠る各人の人間的力量（アレテー）の発揮と完成に友愛的幸福が存していると思われる(9)。

けれども、如上に列挙したような民主主義や友愛的公共空間は、情欲的全体主義の異常な自同的拡張と他者の所有や抹殺の情欲的企図および原子力の暴力的エネルギーによって侵略され引き裂かれ危機的状況に陥って、かろうじて今日維持されているに過ぎない。今や、核戦争、難民、異文明間の衝突、放射能（死の灰）に象徴される汚染物質による地球環境の破壊、生物化学兵器の創造、金融資本主義における巨大マーケット操作というマクロの危機の兆候から家族の解体、遺伝子による生命の人工的操作、消費的人間の欲望の肥大化、離人症的人間崩壊、ホモ・アトミクスの出現などミクロの危機の兆候や表象が地球上を覆い尽くそうとしている。

こうした危機に対処する治療や方策は、やはり様々なレヴェルで追究されている。文字通り国境を越える「国境なき医師団」や国連の難民救済さらにエコロジー活動、少数民族相互の連帯や文明間との対話、核廃絶運動や地域社会における人権擁護闘争など枚挙にいとまがないとも言える。しかし根本的な癒しの方位は、国家の全体主義的介入や集団的抑圧機構が持つ自同化のカラクリを見破り、学的にも対処法を生み出しうる協働の輪を広げつつ、さらに自律的で友愛的な人間性を回復し、その円居を育成することであろう。そうした同志的結合とその育成がまた幸福感をもたらす。

しかし、そこにあってさえ、苦難や苦悩は、東日本大震災に見られるように、友愛的共生や協働態を破壊せず、むしろ苦しみを通して共生の枠を堅固にし合うという実りをもたらしうる。すなわち、苦しみ・受難は、人間性や協働態における様々な意味での健康が回復し得、修復可能な限りで受容されるのである。けれども、先述したような地球規模でありかつ生命の核心をも破壊しかねない苦難、つまり終末的とも言える今日的危機は、自然の浄化力や人間性が持つ健康への復原可能な能力を超えて、それを破壊し尽くす暴力に外なるまい。例えば、原子力発電所の大事故や核戦争のように。それは人間のみならず、この水惑星である地球の能力さえも超え、それを破壊する暴力なのである。

(3)　悪、苦しみ、受難の無限な差異化

人類史上、一九世紀から二一世紀に至るまで人間は、人間性、すなわち他者との存在論的とも言える絆を破壊した根源悪と苦難を経験した。その経験は、直接に欧州のみならず、アジア、アフリカを巻き込み、間接的に地球的生存圏全体に及ぶ受難であったと言える。具体的にはそれはナチス・ドイツにおいて生起したアウシュヴィッツという絶滅事件であり、アウシュヴィッツ（の根源悪）は、象徴的な意味で今日も続いている[10]。また、広島・長崎の原爆の被爆体験であった。これらの歴史的悲劇に加えて、今日の日本では原子力燃料棒のメルト・ダウン（スルー）と原子力発電所の崩壊による放射能汚染（FUKUSHIMA）は、チェルノブイリ原発事故を上回り

かねない被害を東日本にもたらしている。この災厄の背景の一つにエコノ＝テクノ＝ビュロクラシー（経済・技術・官僚）機構の自同的悪の力が働いているのであった[11]。このように日常生活世界を突如破綻させる現代文明に由来する受難が公然とわれわれを襲う。他方で隠された形では、全世界至る所で極秘の暴力・収監や拷問、金銭・財の収奪が生じている。また個人的レヴェルでは、直接、間接に文明の影響を受けた白血病患者の苦しみ、あるいは離人症、ホモ・アトミクスの出現による苦悩は深刻である。

以上のような受難の深刻さは特に次の二点に求められよう。すなわち、第一に、上述の苦難は、身体的心理的に、また倫理的価値論的に人の生や歴史を破壊させた以上、人間が苦痛に耐え幸福を求めるという彼の能力や意欲の限界を超える暴力となり、さらに受難の中で希望し生を意味づける意味づけを超える暴力だという点である。その暴力の前に人は問わざるをえまい。アウシュヴィッツの前に、三・一一の原子力の巨大な災厄・放射能汚染（FUKUSHIMA）の荒野にあって、善によって悪がやがて解消するという摂理論や予定調和説は、一体全体どれほど有意味であり、根源悪に耐えられるのであろうか、と。

第二に、上述の苦難は、物理的エコロジー的視点でも、また歴史観的にも、地球そのものの惑星としての能力（汚染の浄化、自然の復原など）やその自然史・文化史を含めた人類史的能力を超え、いまや地球とその人類史にとって終末的危機となっているという点である。例えば、核戦争や重大な原発事故はどこでもいつでも生起しうるし、そこに発生する放射能汚染と死の灰の処理に対して、人類は対処の能力を持たず、死の灰は今日でも溜まる一方なのである。その地球的規模の危機の前では、先述の情欲満足系・快楽消費系がもたらす自同的安楽はもちろん、民主主義的に調停された自然的欲求＝共通善への参与がもたらす幸福は全面的に崩壊しうるといっても過言ではない。思想的に言い換えると、そのような幸福観は、現代の終末論的苦難の審問に耐え切れないと言えよう。

二　受難への直面

それでは具体的に人は破局的な苦難に直面して、どのような態度をとるのであろうか。

(1)　第一に想像できるのは、自分の忍耐力や意味づけの能力を超え、しかも地球的惑星の浄化力や歴史的摂理論を無力化する苦難・苦悩や根源悪を蒙る時、自己の自由や良心を措いて無限に逃避することである。しかし逃避さえ一種の能力であるとすれば、全く逃避できないほどの巨悪・災厄に追いつめられる場合は、人は人格的にも、また集団としても破滅せざるをえない。個人的に統合失調症に陥ったり、他者性を奪う全体主義の権力によって「忘却の穴」[12]に埋葬されたりする以外にはあるまい。それは人間が持つあらゆる能動的な志向性、とりわけ未来を開拓し、他者と共生する希望を破壊してしまう。

(2)　しかし第二に、次のような受難に対する対面も考えられうる。すなわち、予備的に示せば、それは自己の能動的志向性や未来への希望が破綻する時、その破綻の苦しみを、まさに自己に巣食う自己中心の自同性の破綻として洞察し、その意味で破綻という悪を他者として自覚し、こうして悪という他者との対面に至る契機と捉える態度である。つまり、受難を自分の能力や経験を超えた他者の介入として蒙る態度である。その時、他者としての悪・苦難は自分の苦しみだけに心を奪われる代わりに、同様に悪や受難に苦しむ別の人間的他者も存在することの発見となり、こうしてこの別の人と出会う出口、開けへと連動しよう。それは受難の物語りの淵に閉じ込められているとき、他者の苦悩の物語りが語られ、聞こえてくるということでもある。こうして第二の対面は、他者への自己開放の筋（プロット）になるのではあるまいか[13]。

この第二の対面の仕方が、他者との共生という幸いに転ずるかも知れない重要な転機なのである以上、その点によくよく参入してゆきたい。

(3)　受難・悪は、初期資本主義や後期の福祉的修正資本主義、さらには「金（マモン）」を盲目的に至上とする金融資本主義などが実現するような自同的文明とそれに拠る安楽や幸福やマモンの物象化やそれがもたらす陶酔を差異化しうる。その点は上に述べた。つまり、受難・苦しみは、その安楽や幸福や陶酔の自同にとって全く不幸で無意味な不条理として、〈異〉として働くのである。にも拘らず、受難した人々は、自己の過去の幸福な物語りとそれによる自己同一的生が受難という〈異〉によって破壊されたので、逆にその苦難を自分の受難物語りとして再編し、新しい物語り的自己同一性構築のためのよすがにしようとするが、それは容易にはできない。この物語り的自己同一性の破綻はもちろん、個人レヴェルだけでなく、国家や地方集団、民族や宗教集団レヴェルにも言えることである。「ヨブ記」のヨブやあるいは象徴的意味も含めてアウシュヴィッツの「忘却の穴」から異星人のように社会に生還して来た人々は、まさに自分の受難の物語りを語ろうとして口ごもり沈黙する。語ったとしても、そのトラウマがますます深まり遂に自らの生命を絶つに至る[14]。

それでは、如上の受難における物語り的自己同一性の再編の足掻きは、全く無意味なのであろうか。

ひとまず然り。

今日の金融資本主義的経済・巨大原子力技術・官僚制機構（エコノ＝テクノ＝ビュロクラシー）がふるう圧倒的な権力の暴力は、初期資本主義的な情欲満足系の安楽や富有を、また友愛的な共通善の分配による幸福を破壊し、そしてそれらの快楽や幸福の物語りを破綻させる。そうであるばかりではなく、このエコノ＝テクノ＝ビュロクラシー機構は、根源悪として二〇〜二一世紀にその正体を現わしつつあるのであり、マモン至上のその自同的な論理と倫理にとって、われわれは無用で役立たずな「用材」、つまり廃材そのものであり、それだけでなくさらに「在ってはならない生きる資格のない」単なる余剰であり、サルトルの言う無限な余剰の「嘔吐」(nausée)に近い。

このような根源悪にあって苦しむ人々について、古代の例で言えば、ヨブの苦しみと受難に対する呪いの言葉は、応報的正義の物語りに生きる彼の友人たちにとっては、応報的正義を理解しないヨブの全く無意味な、摂理への反逆であり、汚点にすぎない。彼らによれば、ヨブが応報主義的な神とその宗教的な自同へ回帰すべく反省すれば、神が応えその病いも苦悩も癒されると言うのである。そこに苦悩する他者の物語りはない。だからなおさら神にも応えてもらえぬヨブの苦悩は深まり、神の沈黙に対する呪いの闇はヨブを自閉においやり「他者の物語り」を遮断して厚い。

こうして悪・受難が、従来の存在論的自同性とそれに伴う物語的同一性の内部では新しい生の根拠・他者の物語りとして語り直されないとすれば、その受難は自同を生きる人々にとってはあくまで〈外〉、無用に苦しむ人々の話にしかすぎない。にも拘らず、上述⑵でふれたように、逆に自同の中に存在する人々にとっては、悪・受難は彼ら受難する人には自同の亀裂・異化としても顕現しうる。もしその顕現を自覚できるとすれば、受難は自同の〈外〉に他者へと披き、出会いをもたらす希望の契機となりうるのではないのか。その希望をもってこの契機に注目しつつ、今やE・レヴィナスの思索を傾聴しよう。彼は次のように語っている。すなわち、悪や苦悩が自同的存在（essence）の只中に「一つの様相、一つの仕方、すなわち、場所の不在〜（中略）〜との調整の拒否、反＝自然本性、怪物性、本来的に掻き乱す異質（異邦）的なもの」として現われると。[15] 従ってこの受難においてこそ、悪・受難は自同の中の「分裂」「超過」「異質な様相」として顕われ、その〈異〉をもたらす〈外〉なる他者の痕跡であり、その痕跡を通し他者の地平を披く超越的契機となりうるわけである。言い換えれば、その悪を蒙る「わたし」は、受難の只中で苦しむ「汝」「彼（彼女）」の声を聞きうるのであり、そこに共＝受難（compassio）、ひいては他者との共＝受難の物語りを語り始めることができるのではあるまいか。とすれば、そこに他者との共生の地平や物語りの可能性が拓けよう。そしてこの他者は、何か根源的生命、超越的次元と関係しうるのである。

われわれは、上述の二つの対面の仕方から出発して、他者との出会いの可能性を受難・苦しみの只中に見出そうとしてきた。そのプロットを創ることがまたわれわれ自身のポリフォニックな開かれた物語り的自己同一性、殊に苦しみにおける幸いの物語り、他者との出会いの可能性に通底するわけである。そうである以上、本書全体の営み自体がわれわれの物語りなのである。

三　手がかりとしてのホセア受難の物語り——他者へ向けて

さて受難、つまり悪を蒙ることの物語りのプロットとは、どういうことなのであろうか。それは個的であれ、集団的であれ、自同的主我が悪を他者として蒙ったとき（受難）、その受難において能動的人間の我意あるいは志向さえもが全く破滅し（死）、彼は世人にも棄てられる。一般的に言えばそこで人間は滅ぶ。にも拘らず、そこで新たな地平が拓けてくるとすれば、それはどうした事態なのだろうか。そう問えるのは、他方でその受難が

「他」や「自己」の新たな発見の契機となりうるからであろう。その発見は上述のように、他者との共生の拓けにまで連動しうる。それが人間の謂いであろう。すなわち、人間は安楽や幸福において自己実現するのではなく、受難における他者との出会いにおいて、またその方向へと自同を超出し、自己実現してゆくのだと言える。(16) しかし受難は人を無（気）力にし、その自閉的な、さらには離人症的な物語りの自同性にますます彼を閉ざすのではなかろうか？　その自同はどのように差異化されうるのか？　そこでわれわれは、受苦を生き抜き、差異化のプロットを転換した人の物語りに傾聴しつつ、自らの自我突破と新たな物語り的自己同一性のよすがとしたい。その物語りは、まず旧約の「ホセア書」である。(17)

前八世紀中頃、アッシリアの侵略の前に、信仰上堕落し分裂していたイスラエル王国でホセアは預言活動をし、「愛（ヘセド）の神」を啓示した。それはどのような物語りなのであろうか。ホセアの物語りは、次のようなプロットで語られる。預言者ホセアは、多分多雨と豊穣の神であるバアル神殿で聖娼として仕えていたゴメルと結婚し、二人は愛の楽園に夢のような時を送った。その間に三人の子をもうけた。けれども、そのような二人だけの、いわば自同的で幸福な愛の世界は、ゴメルによる愛の背信によって脆くも崩れ去ったのである。ゴメルに夢中になるほど愛を捧げたホセアの繊細な感受性はトラウマを蒙り、彼の自同性は引き裂かれ、差異化され、異化によって血の滴る心に穿たれた穴から悲痛の声を上げ、未来の希望も失ったまま妻を告発する。しかも子供たちに呪われた名前を与え、加えて彼らの母の告発を強いるほどに（二4〜6）。それほどホセアの絶望の闇は深かったわけである。他方、ゴメルはと言えば、愛人たちの後を追い、次から次に愛人を変え、絶対的な愛の幸福を求めたかのようであった。しかし彼女は結局棄てられ、奴隷の身分にたたき落とされた。ゴメルは愛による絶対的な幸福追求に挫折し、差異化されたと言える。彼女は苦しむホセアを想い、また新しい共生を願い言う。「初めの夫のもとに帰ろう」(二9)と。他方で、ホセアはその差異化的絶望の淵にますます自閉し、あわや破滅に瀕していた。その苦しみの最中に、先祖からか、またいつからか知られぬ物語りから、ヤハウェ神という他者の声が響く。「まだ幼かったイスラエルをわたし(ヤハウェ神)は愛した。エジプトから彼を呼び出し、我が子とした。わたしが彼らを呼び出したのに、彼らは去って行き、バアル神に犠牲を捧げた。……エフライムの腕を支えて歩くことを教えたのは、わたしだ。しかし、わたしが彼らをいやしたことを彼らは知らなかった。わたしは人間の綱、愛の絆で彼らを導き、彼らのあごの軛を取り去り、身をかがめて食べさせた」(一一1〜4)と。

この声は、イスラエルの「出エジプト」という事件、つまりイスラエルが奴隷から解放された事件とその後の歴史を語っている。ヤハウェこそ、イスラエルを奴隷状態から解放し、自由な民(神の民)形成に向けて(愛の)契約[18]を結んだのに、イスラエルはそれを廃棄し、主人という意味をその名にもつ、パレスチナの雨を降らす豊穣神バアルに服したのであった。いわば真実の夫(ヤハウェ)を棄て、偽の夫(バアル)と契ったわけである。

以上のように背信の悲劇がヤハウェの語りのプロットとなっている。にも拘らず、ヤハウェはイスラエルに対して愛憎の間を揺れ動きながらも、その背信を赦し、そしてその弱さを憐れむ。そのような物語りが続く。「わが民は頑にわたしに背く。たとえ彼らが天に向かって叫んでも、助け起こされることは決してない。ああ、エフライムよ、お前を見捨てることができようか。イスラエルよ、お前を(敵に)引き渡すことができようか。わたしは激しく心を動かされ、憐れみに胸を焼かれる。わたしはもはや怒りに燃えることなく、エフライムを再び滅ぼすことはしない」(一一7〜9)。ホセアは、この声を絶望の淵にあって心身全体で蒙ったのである。その声は従来のホセアが生きていた応報的倫理と物語り世界にとっては、善悪の裁き(ツェデク)と赦し(ヘセド)の間に揺れる矛盾に満ちた声であり、だから虚ろな声として無意味に響いたかもしれない。しかし、自分の受難を他者へのよすがとして全く新たに語りえずに、のたうちまわっていた苦悩の人・ホセアは、その時どのような新たな希望を見出しえたのだろうか。その秘密を解く鍵は、まさにヤハウェの物語りの中にある。すなわち、ヤハウェは、ホセアが裏切りと苦悩を経験する以前に、すでに裏切りを蒙っていたのである。しかも裏切られつつも苦悩の中で、背信者イスラエルを憐れみ赦そうと胸を広げている。だからホセアは、その苦しみを通して、彼以前にすでに同じ仕方で裏切られ苦しむ他者ヤハウェに共感動しえたのである。その共＝苦、共＝感動（sym = pa-thos）によって、彼はその〈神なる〉他者から新しい共生の物語りを受け入れ、他者に開かれる物語り的自己同一性を語り、それを体現してゆく地平を披きえたのである。実際にヤハウェの物語りによると、ヤハウェは背反のイスラエルを赦し、彼らとの共生の地平を披こうとしている。その赦しの愛は、今やホセアの絶望に閉じた心の中に燃え上がり炸裂する。この炸裂は、ホセアの自閉を裂き、自己超出・脱在を促す。そこに予測不可能な奇跡のように突如として彼の生の転換が起こる。つまり、彼もゴメルとの共生に向け一歩踏み出す。さらにヤハウェの促しは、声となっていよいよ彼の心身を貫き、口に溢れ出る物語りとなる。「君はもう一度行って、他の男を愛し姦淫を行なう女を愛せよ」（三1）[19]と。

　この他者の声を媒介に、自閉的でアモルフな混沌と絶望の底に沈んでいたホセアは、ゴメルと共に脱自してゆく。つまりかつての自同的な結婚の幸福とその破綻の物語の〈外〉に幸いな共生を披いてゆく。しかもその共生の始まる場は、「荒れ野」に外ならない。奴隷だったこのゴメルとの共生の再出発点が、「荒れ野」であるのは、この文脈では、ホセアにとって奴隷の民イスラエルが、「荒れ野」の四〇年を通じて、浄化され、自律し、夫ヤハウェにふさわしい神の民（妻）に成ったという希望の象徴だからであり、さらにその歴史がホセアとゴメルの新生の先駆的元型であったからに外ならない。すでにアブラハムも「荒れ野」を通って、万人の父の道を歩んでいたのである。このようにして、新生のダーバール（言・事）はそこから始まる。実に、「荒れ野」こそ「多産な文明」にとって不毛な〈外〉であり、「文化的言語」にとって「無意味」であるゆえ、逆説的に自同を穿ち、自同を越境しうる無意味であり、そこでこそ新しい意味作用である他者との出会いの言葉と現実が起こるのである。ホセアはその意味で語る。「わたしは彼女を誘って、荒れ野に導き、その心に語りかけよう。……そこで、彼女はわたしに応える。乙女であったときのように」（二16[20]）と。

このように幸いな共生の可能性は、受難が自同的実体文明とその福々しい安楽や幸福を差異化した時にこそ拓けよう。そのことを典型的に語るもう一つのテキストを取り上げたい。それは「マタイ福音書」中のあまりに有名な「山上の垂訓」（五〜七章）である。

四　山上の垂訓――ノマド（差異化・脱在化）的な「神の国」の物語り

「山上の垂訓」は、これまでの考究全体を引き受け、特にホセアの愛の物語りに基づいて「幸福とは何か」という問いを「苦難と安楽の彼方」に投げかける。すなわち、われわれが先に触れた「情欲満足系・快楽消費系」の安楽と「本来的欲求＝共通善の友愛的参与系」の幸福が、アウシュヴィッツや「FUKUSHIMA」のような人類史的で、かつ地球惑星的な未曾有の受難において審問され崩壊した以上、いまや根源的な意味で相生・幸福が問われているのである。

（1）神が治めることとマカリオス[21]

その問いを「山上の垂訓」は、苦難と幸い（マカリオス）、そして両者の同時成立の言説を通して逆説的に引き受ける。その逆説はイエスの「山上の垂訓」の冒頭に一挙に響きわたる（五章3～10節）。

まずイエスの声を聞こう。

3　心の貧しい人々は、幸いである、
　　天の国はその人たちのものである。
4　悲しむ人々は、幸いである、
　　その人たちは慰められる。
5　柔和な人々は、幸いである、
　　その人たちは地を受け継ぐ。
6　義に飢え渇く人々は、幸いである、
　　その人たちは満たされる。
7　憐れみ深い人々は、幸いである、
　　その人たちは憐れみを受ける。
8　心の清い人々は、幸いである、
　　その人たちは神を見る。
9　平和を実現する人々は、幸いである、

その人たちは神の子と呼ばれる。
10 義のために迫害される人々は、幸いである、
天の国はその人たちのものである。
12 ……喜べ、大いに喜びなさい。

上に挙げられた幸いな人々は、世間の安楽や幸福とは逆に、暴力や苦難・迫害や不幸を現に蒙っている人々である。ところでイエスの語りにおいて、なぜその人々が幸い（ギリシア語マカリオスの複数形がここでは用いられている）と説かれているのであろうか。なぜそのような逆説や不条理が成り立つのであろうか。その根本的な理由を、文学的括り形式の視点から考えてみよう。そうすると「マカリオス」の使信を告げる文学単位の最初3節と閉め括る10節に、「天の国」の表現が用いられ、苦しむ彼らがその「天の国」に属すると説かれていることが解る。つまり、ここでは「天の国」への帰属がマカリオスの根本的理由となっており、「慰められる、地を受け継ぐ、神の子と呼ばれる」等の理由はそこに収斂すると思われる。そこで「天の国」について少々考究する必要が出てくるが、他の福音書では「天の国」の代わりに「神の国」と呼ばれているので、「神の国」という表象と表現を用いることにしよう。

マタイにあって「神の国」は、特に一三章に集中的な仕方で譬えによって語られている。その中から二、三の譬えを拾ってみよう。

「神の国」（「天の国」）は、「良い麦の種子を畑に蒔き、毒麦が混ざっても、すぐに選別して抜かず、刈り入れまで共に育つがままにする人」に譬えで擬せられている。またそれは「どんな種子よりも小さいが、成長して空

の鳥を宿すほどになるからし種」にも譬えられる。さらにそれは「いろいろな魚を漁で集め、選別の時が来たら、そこから雑魚が捨てられ、良い魚が器に移される網」にも譬えられている。他にも多様な「神の国」の譬えがあるが、その特徴は次のように示すことができるであろう。まず第一に、それは善きものと悪しきもの、浄いものと汚れているもの、純と雑など様々なタイプの人間やさらに制度を内包する相生的場だという点である。

第二に、それはそうした様々な人々を含みつつ、あたかも様々な要素を含む種子のように生命的に成長し、全く別な他者（鳥）を迎え容れることができる。そして他者を歓迎しながら、いわば脱在的に生成してゆく生命的協働態だという点である。だからこの協働態は、生命の糧（信、望、愛など）で養われなければ滅亡してしまうのであるが、養われれば無限に他者を迎えうる相生の場となる。

第三に、従って「神の国」は、今日の国民国家概念が意味する三種の神器、つまり「一定の国民」「一定の領土」「一定の国家形態」というような非生命的に固定化された実体的自同性ではないという点である。その意味で「神の国」は神が治める相生の動態として理解され「神の統治」とも邦訳されるわけである。従ってそこにおける幸福《さいわい》は、上述の初期資本主義の安楽や後期の修正資本主義やマモン獲得を至上的幸福とする金融資本主義の自同的幸福とも異なるわけであり、むしろそうした安楽や幸福が差異化され、他者に拓かれる時とところに現成すると言われよう。

この点に連動して第四に「神の国」は、終末論的性格を持つという点である。つまり、終末時には善悪、純雑などの混合が選り分けられる、差異化されるという方位をとる。けれども、事は最後の審判のイメージのようにそう簡単ではない。なぜなら、その終末の「その日、その時は、誰も知らない。天使たちも子（キリスト・イエス）も知らない」（「マルコ」一三32、「マタイ」二四36）からである。そうである以上、終末時は単に過去・現在・

未来の線状的時間上の未来を指すのではなく、垂直的に「今・ここ」に到来するのである。言い換えれば、「神の国」は予測も強制もできない恵みとして、無償に到来する。それは我々人間からすれば、不断に「今・ここ」が終末的であるという自覚を深めることが肝要である。だからこそ、この今とここにおいて、誰が審判の資格ある者かを知らず、あるいは審判者の代わりに自らを裁きの人として自認できないのである。従って自己を善として他を悪として裁くのではなく、逆に互いに裁きえないのだから、互いの弱さを共に担い、回心と赦しの相生を生きることが本来の終末的生の在り方となってくる。そうした相生の在り方が、裁きと断罪、それに続く刑罰が支配し、自己存在の保持に汲汲とする全体主義的な自同的社会を無限に差異化しうるのである。「神の国」の「神」とはそういう差異化を働く存在であって、ヘブライ思想的に言えば、西欧哲学の実体とは逆に他者への自己超出、あるいは他者歓待への動態として、一章と八章にて述べられたように「エヒイェ」、脱在と呼ばれる働きと言い換えられよう。(22)

このようにして「神の国」と呼ばれる協働態を存在論的倫理的言語に転換して言えば、次のように表現されよう。それはそれ自らが異化的働きをなし他者歓待に向けて自らをも差異化する非自同的、非定着的、その意味でノマド的遊牧民的な協働態である。またそれは形態としては決して「一定の国民」、「一定の領土」、「一定の国家主権や制度」という限定的形態を、しかも実体的自同的にとるものではありえない。むしろそうした自同的体制や文明の中の裂け目、流砂、異として、自同性を流動化させ、そこからその〈外〉に他者との出会いを促し、実現する差異的働き（エヒイェ・脱在）の体現とも言える。言語活動の視点からすると「神の国」とは、そこで初めて他者とその相生が語り出される、他者の言語や意味の生成・意味作用とも言えるのである。

「山上の垂訓」全体は、あえて言えばそのような協働態の差異化の言葉であり、エチカなのである。ただし、ここでいうエチカは、ポリスを形成するアリストテレス的なエチカやヘーゲル的人倫でもなく、むしろ「荒れ野」を約束の国に向けて旅する人々にシナイ契約を通して与えられた道標（十誡）を意味する。それは、人々がヤハウェの愛を生き体現する限り、殺人、盗み、不正、偽証などが、決して生じえないことを証しする道の灯なのであって、いわゆる法律や掟とは異なる。このエチカは、「山上の垂訓」と通底する。実に自同的な法や掟を差異化する言葉と自己超出のエチカを働き出すエネルギーは、磔刑に至るまで人間と連帯し、相生への道を披いたイエスの人格に由来する。そしてそのイエスの根底に働くのは、善や悪、浄や汚れなどが混合しつつ成長してゆく際の、自同化を炸裂・突破する脱在（エヒイェ）に外ならない。上述したように「神の国」の神とは、そのようなエヒイェなのである。だからエヒイェのエネルギーの言葉とエチカの内容は、かなり具体的に「山上の垂訓」そのものの中に様々に表出されていると予想される。そのエチカの道標の要綱は、大略次のようになろう。

(2)「山上の垂訓」というエチカ[23]

① そのエチカでは、腹を立て反感を持ち、時には裁判沙汰も辞さないという友人や協働態の成員の仲直り・和解が不断に求められている（五21〜26）。また女性を物象化せずに、彼女たちと透明な友情関係を育むことが指示されている（27以下）。また自同性のイデオロギーである強者の応報倫理や正義に対して、非暴力的抵抗、復讐やリンチの禁止、さらに愛敵さえもが勧められている（38〜48）。あるいは自同的自我を肥大させ、また集団を拡大させる宣伝のために、恰も宣伝用商品のように慈善や宗教的行為や偽りの自己反省などを公にする偽善が戒められ、逆に自同の国の眼には隠れた、つまりその〈外〉における布施や祈りや謙遜な在り方が他者歓迎の契機として勧められている（六1〜18）。さらに他者を排斥したり抹殺したりする自同の国の裁きや裁判制度が

批判され、拒否されている（七1〜6）。これらのエチカこそ、非自同的に生きる相生の道標となりうるのである。この道標に拠る限り、民主主義は法という道標によって正義や公正さや生存権や自由などの人権を護りうるであろう。もしこのエチカ的道標に拠らなければ、法は独裁的権力の抑圧の法に様変わりし、人の生命、財産、家族、言語の自由はたちまち脅かされ、破壊されてしまうのである。

② 続いて、これらのエチカと共に、さらにそれを徹底する仕方で、非自同的な協働態、新約的に言えば「神の国」に生きる人々の姿が如実となってくる。その姿こそ、「幸いなるかな」（マカリオス）と呼ばれた人々の姿である。その姿が一般の幸福観を全く転換する逆説であるのは、彼らがカエサルの国、つまり自同的な文明や国家による制度的抑圧やそれを通じての自己破綻を蒙って、ついにカエサルの国にとって無意味、余剰なゴミ、異邦人さらには敵対者などの烙印を受けて排除され、いわば無化された人々だからである。こうして「心の貧しい人々」とは、自らの空無や悲惨を自覚し、自同の国の〈外〉に向かいうる可能性にある人々と言える。「悲しむ人々」とは、自同の権力に殺された友や同胞の死を悼み、生の希望をその〈外〉なる協働態、つまり「神の国」におく人々である。「柔和な人々」とは貧しく（アナーウィーム）、暴力を蒙りつつ、あらゆる意味で非暴力的在り方に生きる人々、「義に飢え渇く人々」とは、弱く小さき者の中に唯一回的尊厳を見出してカエサルの国に抵抗できる人々である。マタイに拠ると、彼らは義人として小さき者即イエスであると洞察できる人々である（二五37以下）。「憐れみ深い人々」は、悪に善をもって施す人々、「心の清い人々」は、敵をも愛しうる神のような目を持つ人々であり、だから神を見る人々と呼ばれる。「平和を実現する人々」は、和解と相生を探る人々であり、これらの人々は、カエサル的国家や集団の自同性の中で、その脱在的生き方そのものが義であり、だから彼

ら自らが義ゆえに自同の告発そのものとなっているので迫害される人々なのである。このように以上に挙げられた人々は、自らカエサルの自同性を差異化し、その〈外〉に相生を育むべく、全く異なるエチカと幸いの希望を創出する。そこで彼らの幸いなる（マカリオス）相生の内容をさらに探るには、マカリオスを説いたイエス自身の幸いと脱在の秘密にいささかなりとも触れなければならないであろう。

③　イエス自身は、マタイにあってラディカルな漂泊者（ワンダー・ラディカリズムの体現者）としても理解される[24]。つまり彼は、当時のユダヤ教神政体制の自同を流動化させる漂泊の生を徹底的に生き抜いたのであり、その差異化の極みはユダヤ教、さらにローマ人による十字架の刑死に現われている。というのも、彼自らが「山上の垂訓」以前に、先駆的にかつ自同への差異として「心の貧しさ、悲しみ、柔和、義、憐れみ、心の清さ、平和の実現」を生き、その差異化という仕えの生を生き抜いたその極みに抹殺されたからである。このように権力的支配を差異化する彼の生き方は、自同の権力にとって脅威であり異端であるがゆえに、抹殺され、「忘却の穴」に埋葬すべき〈異〉に外ならなかったからである。だからこそ、逆にまたその生の道行きは、同様に自同の国から排除され無意味とされた人々と相生しえ、それらの人々と共に、ある不可視の協働態を創出しえた。ここで不可視とは、自同の国の〈外〉にある、自同の市民にとって見えない領域を意味する。そうしたイエスの他者との協働は、まず一人の人との出会いから始まる。イエスは、密かな仕方で自分に近づく出血の女を癒し（「マタイ」九12以下）、カナンの女を憐れみ（同一五21以下）、一人の幼児を受け入れ（同一八1以下）、ベタニアで女を祝福し（同二六6以下）、罪深い女を赦し（「ルカ」七36以下）、見失われたかけがえのないものを探し（同一五・1以下）、罪人ザアカイを受け入れ（同一九1以下）、一人のやもめの献金を祝し（同二一1以下）、一人の死刑囚を「天の

国」への同伴者とした（同一三40以下）。

また、密かな訪問者ニコデモや一人のサマリアの女と出会い（「ヨハネ」三～四章）、ベトザタの池で病人を安息日に癒し（同五章）、姦通の女を赦し（同八章）、ラザロを蘇生させ（同一一章）、復活後、マグダラのマリアと出会った（同二〇11以下）等々。

このようにして、イエスは如上のような人々との出会いにおいて、最も苦悩に満ちた唯一の人に向かった。つまり、彼の生と言葉は、全苦悩を体現して沈黙しているたった一人の人に向かい仕えたのである。そこでのみ、彼とその唯一の人との間に「我は汝である」「あなたはわたしである」という二にして一、一にして二の愛（アガペー）とそのアガペーに拠る相生と喜びが現成しえたのである。そのアガペーによるマカリオス（幸い）は、波紋のように次々と共鳴して広がる。それは人間を計量化し、一般化して打ち出された「最大多数の最大幸福」という自同の国の功利的論理や倫理を超えている。むしろ如上のアガペーからマカリオスは、地下流のように不可視な領域に隠れて「今・ここ」に迸り出、かつても迸り出たのであり、世々にわたって現成するであろう。それはまさに終末論的意味での「今・ここでの出会い」に外ならない。このような仕方による迫害や苦難の蒙りが、自同の世界の〈外〉に、言い換えれば自同の権力域とは異なる次元に差異化的に働きつつ、無意味や無価値とされた人びとの相生的空間現成のよすがになりうるのである。私的所有の〈外〉、その〈異次元〉に無一物の相生を創成する。というのも、その無一物の相生は、新しい言葉とアガペー的エチカの作用「わたしはあなた」を通してのみ創成するからである。それは大いに喜ぶべき相生であると言える（五12）。その相生の喜びは、先達として同様に迫害された預言者をも含み、自同的歴史物語を超えて、別な自・他一致の物語り、「神の国」の物語り、エヒイェ的協働態の物語りを生み出してゆく生命的活力である。生命であるというのは、その物語りは受難・苦悩に自閉し、あるいは破滅しつつある人々の〈外〉から響き入り、まさにその苦難というそのことを他者の声がそこから響き入る窓、裂け目に変容させるからであり、さらにその苦しみを他者に目覚める契機、新しい相生の機縁として様々な仕方で人々を「カエサルの国」の外に呼び出すからである。ここで想起したい。

ホセアはその絶望のどん底にあって、苦しむヤハウェ・他者の声を聞いた。その声は、「山上の垂訓」となって、その丘に集まった人々の中で最も苦悩している人の心に語られたのである。あるいはわれわれが受難を蒙っているその苦悩の淵に、恋人の、友人の声が新しい相生の物語りを響かせるかもしれない。あるいはその声は、強制収容所の孤独な死の床にある女性に呼びかけた花咲く樹の声であるかもしれない。そうした広義の語りかけは、贈物（donum）としか言いえないこと（言・事）であろう。しかしそのことこそ、一切の喜びと幸いのアルケー（出発点・根底）なのである。

間奏

これまでにわれわれは、人間が個人的であれ集団的であれ、悪の受難を通じて、その自同性を差異化されて裂かれ、その差異化に拠ってその〈外〉に、自己脱自して、他者と出会い相生する協働態の可能性を垣間見たのであった。その協働態はいわば、自我や財（ウーシア）の私的所有への執着が放下された無所有の共生、「我は汝なり」がまさに生起する幸いな協働態と言える。

そのような相生の協働態は、まず第一に、自同のカエサルの国を支配する応報的正義の論理と倫理にとって、単に無意味で無価値な「廃材」であるだけでなく、自同を破る差異であり、従って棄て去られ、抹殺されるべき異に外ならない。これに加えて、この異は「存在し生きる資格のない」無用な余剰なのである。「神の国」に属するこの余剰に外ならぬ人々は、無に等しい。ところが、その無に限りなく自己を贈与できるのは、「山上の垂訓」が表明するエチカであり、アガペー的贈物なのである。(25) 他方で第二に、その〈異〉こそが自同の異化作用となるゆえに、その〈異〉を体現する人（例えば預言者）は、現代の実体的文明社会の〈内〉に留まる〈外〉として、また〈内〉から〈外〉へ超出する〈異〉として、〈外〉と〈内〉の間をエヒイェ的遊牧的に歩み、越境しつつ、文明の自同的構造〈政治、経済、技術などのシステム〉を学び、その疎外的暴力的実状と働きを分析しつつ、批判し告発してゆく方位をとりうる。

第三に、この協働態は、その遊牧的脱在的相生における視点の下に、安楽や文化的幸福や善財の分配がもたらす幸福が、アウシュヴィッツあるいはFUKUSHIMA的苦しみの審問に、能力的にも意味づけ的にも価値論的にも耐えられないことを暴く。だからこそ、相生の根を無一物的なアガペーにおいて、そこから安楽や善財がもたらしうる幸福を贈物に変容させてゆく方位をとりうるのである。つまり、善財や安楽的幸福の享受・分配は、文明的な正義や自同的倫理の名の下でなく、マカリオスの地平にあっては、兄弟的アガペーに拠る相互の贈与的交わりにおいて止揚される方位をとりうる。

第四に、以上からこの協働態は、自らの苦しみ、受難を負としてペシミスティクに解釈せず、むしろそれを通してホセアのように他者の受難の物語りを発見して傾聴する。そしてその、受難の物語りが新しい相生の物語りに転ずるべく、受難・苦しみに拠る自・他の出会いを、脱在的エネルギーの働きとして受容し、自らに体現してゆくのである。マカリオス（幸いなるかな）は、そのとき喜びと希望に満ち、いわゆる苦難と幸福の彼方に、われわれの幸いと相生の根源を示しうる。そしてこの根源とは、ヤハウェがホセアに、あるいはイエスが一人の小さき者に、さらには花咲く樹が瀕死の女性に語る「わたしはあなた」ということ（言・事）なのであった。この根源の自覚からのみ、われわれ一人ひとりの生が始まり、そしてこのかけがえのない水惑星において文化・文明、社会・歴史の幸いな変容が密かに始まりうるのである。

（1）フランクルにとって運命に対して苦悩を引き受けることは、自分自身へと成熟するだけではなく、真理へと成熟することに外ならない。だから苦悩には形而上学的意味があるという。

それはどのようなことか。

現代のニヒリズムは、能動的人間像、つまり政治的動物、工作人（homo faber）、知性人（homo sapiens）さらに本書で示されたように、ホモ・アトミクスという偶像を作像した。つまり人間はここ三世紀の間、活動と理性によってあたかも死と苦悩が取り除けられるような幻想に酔うた。従って運命に苦悩する人間（homo patiens）を無視したのである。例えば、恋愛において異性に働きかけ、得恋する人間の方が、失恋する人間よりも高く評価される。しかしフランクルは、失恋の苦悩の中でこそ逆に人は成熟するのだと強調する。活動して何か（金、権力、名声、幸福）を「持つ」よりも、人間として苦悩できる力（capacity to suffer）を有って「ある」ことの方が重要なのである。ナチスの強制収容所では「持つ」人間が発明したそのガス室に、毅然として「主の祈りやユダヤの死の祈りを唱えながら歩み入る存在者」こそ、人間らしく「ある」人間なのである。この人間にこそ、真理・存在が開示されるのである。この点に関して、フランクルは次のように語っている。「存在は自らを苦悩する人間に開示します。つまり、根底への展望が開かれるのです。深淵の前に立って、人間は深みに見入ります。そのとき人間が深淵の底に見て取るもの、それは現存在の悲劇的構造です。そこで人間に開示されるものは、人間存在が最深かつ最終的に受苦であること、人間の本質は苦悩する人間（homo patiens）であるということです。苦悩する人間がこの開示を体験するのは、善悪や美醜の彼方においてです」（V・E・フランクル『苦悩する人間』山田邦男・松田美佳訳、春秋社、二〇〇四年、一三二―一三三頁）。フランクルはまた、この「存在の開示」を示唆する別のエピソードを語っている。それは、甘やかされて育てられ、強制収容所に送られ、今や死に瀕している一人の女性の物語りである。

「近づいてくる死を彼女はよく意識していた。彼女の横たわっていた病舎の寝台から窓を通して、ちょうど花の咲いているカスタニエンの樹を見ることができた。……〈この樹は私の孤独における唯一の友です〉と彼女は言った。〈この樹と私は話をするのです〉。一体彼女は幻覚をもっているのであろうか。おそらく譫妄《せんもう》状態なのだろうか。彼女は樹が〈答えてくれる〉というのである。しかし彼女は譫妄状態ではなかった。それではこの奇妙な〈対話〉は何であっただろうか。花咲く樹は死につつある女性に向かって何を〈言った〉のであろうか。〈樹は言ったのです……私はここにいる……私はここにいる……私は生命だ、永遠の生命だ……〉」(『死と愛』霜山徳爾訳、みすず書房、二〇〇七年(20刷)、一三一―一三二頁)。

最後になるが、フランクルは、他者と共に正しく苦悩する時にやはり「存在」が開示されると示唆している。その開示にあって人間は言葉を費やすことなく、「存在」という超意味に満たされて限りない沈黙のうちに共生しうる。

(2) ホッブス(一五八八―一六七九)にとって人間の至上の自然権は、自己保存の生存権であるが、その権利を求めて人間は自然的には争い、「万人は万人に対して戦い」(bellum omnium contra omnes)の状態にある。そこで人間はこの自然権を合意の上で、つまり相互契約の形で法的処罰をも執行できる公権力にゆだねる。こうして人間は相互契約を結び、国家(リヴァイアサン)が成立する。この国家は個々人に絶対的権力を振るい得、個人の良心や自由は制限される。そうしたいわば全体主義的な契約国家にあっては、生存権という個人的幸福が保障されるにしても、個人の自由な能力の開花、あるいは協働態的な相互の和という意味での幸福は存しない。

ロック(一六三二―一七〇四)にとって至高の自然権は「所有権」(property)に外ならなかった。財産は労働によって得られた不可侵の権利であるが、人間の自然状態にあって所有権や財産をめぐって侵害や紛争が生じうる。そこで人々の契約・同意に基づいてそれらの権利を保護する政治社会を形成する必要が生ずる。しかし公権力が権利侵害をなす時、人民は抵抗権を持つとする。だからロックはこの政治社会が多数決に従って統治されるべきと考え、ブルジョア的民主主義の原型を構想し提示した。そのような仕方で彼は労働により獲得した財産とその私的所有を自然権とし、その保全をなす社会における人間の和と幸福を提示したのである。そこには初期資本主義への萌芽が見られるが、後の労働者階級の悲惨と苦難に対する洞察はない。

ルソー(一七一二―一七七八)は、人民とある首長との契約ではなく、人民相互の合意・契約によって新しい社会秩序の形成を説いた。その社会には、私的な利益(これにはロックの財産権も入る)を追求する「特殊意志」ではなく、公的利益をのみ追求する共同体の「普遍的意志」(volonté générale)が貫徹しているのでなければならない。そうした正義が実現しうるため、ルソーは市民を普遍的意志の体現者に訓練する「市民宗教」を説いたのである。

しかしルソーの場合、「普遍的意志」を体現する自由で自律的な市民像とその教育に関する具体策が欠如していた。従って後に公益を最優先すると称し、自己を絶対化し、対立勢力を粛清したロベスピエールの恐怖政治の理論的イデオロギーとして利用されたわけであった。

（3）　ベンサム（一七四八―一八三二）は、感覚に感受できるものこそ実在と考え、人間にとって最も根本的な尺度は「快楽」であるとした。そして社会とは、そうした利己的な快楽を追求する個人の擬制である以上、法制度を中心とする社会体制は「最大多数の最大幸福」を効率良く計算に基づいて構想し実現することを理想としたのである。このいわゆる功利主義は、フランクルによって批判を受ける。すなわち、人間の体験には、（快楽への）成功とか効果とかに全く無関係な深い次元がある。例えば、先述したような「苦悩」（Leiden）とそれに「耐えること」（Erleiden）における「存在体験」あるいは「犠牲」である。

（4）　ヘーゲルは『法の哲学』において、外的に規制する抽象的法と内的な道徳の両者を止揚する制度を人倫（Sittlichkeit）と呼んだ。人倫は、家族、市民社会、国家へと弁証法的に展開するが、その中の市民社会は、市民が自由な競争原理に基づいて欲望の充足を追求する「欲望の体系」としての経済社会である。ヘーゲルによるとこの経済社会は、福祉や職業用体によって公正をもたらそうとしても、結局弱肉強食社会であって、当時のプロシアのような国家によって統御されなければならない。しかしこの国家は、他の国家と対立し、民族間の紛争と戦争の歴史が支配することになる。ヘーゲルは「理性の狡智」に拠って、この戦争の世界史は絶対精神の、自由の完成の契機であると楽観視したが、西欧のその後の歴史は、帝国主義戦争や植民地化の時代を通して破綻していったのである。

（5）　V. E. Frankl, *Man's Search for Meaning*, Pocket Books, New York, 1976, p. 180.

（6）　H・アーレント『全体主義の起源3』（大久保和郎・大島かおり訳、みすず書房、一九九〇年〔四刷〕）、一―四〇頁。D・リースマン『孤独なる群衆』（佐々木徹郎・鈴木幸寿・谷田部文吉訳、みすず書房、一九五五年）。

（7）　フォイエルバッハ『キリスト教の本質』（船山信一訳、岩波文庫）。人間が礼拝する神とは、人間の類的本質（愛、平和、相生など）を外化・対象化したものであり、その限り、神は幻想であり、人間本質の疎外化に過ぎない。このフォイエルバッハの論は、今日の新々宗教（擬似神秘主義）によく該当するであろう。

またJ・ハーバーマスは、貨幣媒体や権力媒体によって生活世界が植民地化され、文化的言語的再生産が阻害される結果、人格における意味喪失、精神病理現象などが生ずることを鋭く指摘している。（『コミュニケーション的行為の理論〔下〕』丸山高司他訳、未来社、二〇〇七年〔一〇刷〕、四八―五七頁）。

（8）自然本性的欲求が、幸福・至福を本性的に志向する点については、トマス・アクィナス『神学大全』（第2-1部）の至福（beatitudo）論、意志論（第一問題―第十二問題）がこれをよく考察している。また「共通善」については、本書第三章「協働態的公共圏の諸相とペルソナ――トマス・アクィナスの共通善哲学を手がかりに」を参照されたい。そこではトマスに即し、混合政体（徳のある王、その有能なブレイン、選挙権を持つ民の調和して治める政体）の共通善、市民的共通善、宇宙的秩序の普遍的善、ペルソナが目的とする至福的共通善などが提示され、さらに今日の国家や市民社会の枠内にあって、学問的真理を目指す大学の共通善や神的世界との交流に拠って立つ教会・修道会などの共通善が解読されている。特に後者の共通善は、水平的な人間生活の営みにおけるアガペー的交流と神との超越的交流とが交差する現実として、後述の「神の国」と連関するといえる。

（9）ギリシア的な幸福（自己の徳の開花）観とそれを実現する政体については、アリストテレス『ニコマコス倫理学』『政治学』を参照。またこのギリシア的幸福に加えて、それを転回するヘブライ起源の幸い（他者への自己奉献）を考察した次の論文を参照されたい。岩田靖夫「デモクラシーと幸福――自己実現と自己奉献　幸福の二つの次元」（『公共哲学の古典と将来』宮本久雄・山脇直司編著、東京大学出版会、二〇〇五年に所収）。またアリストテレスとロールズを正義論の視点で比較し、そうした正義論を迫り出す他者論としてレヴィナスを加えて考察した書も、現代における自同の突破力となる思索である。（岩田靖夫『倫理の復権　ロールズ・ソクラテス・レヴィナス』岩波書店、一九九四年）。

（10）アウシュヴィッツの考察と理解のための基本的研究は、H・アーレントが『全体主義の起源』においてなしている。それに基づき「アウシュヴィッツ」が人間の生と死の物語りを奪う虚無、つまり人間の他者性を「忘却の穴」に埋葬する根源悪の形態であることを考察した書として、拙著『他者の甦り――アウシュヴィッツからのエクソダス』（創文社、二〇〇八年）、そしてアウシュヴィッツに関し「ヨハネ福音書」の「プネウマ（霊風）」を手がかりに証言論の視点で考察した拙論「現代において証し・証言するということ――ヨハネによる福音書のパラクレートス論とアウシュヴィッツ証言論を手がかりに」（『他者の風来』日本キリスト教団出版局、二〇一二年に所収）を参照されたい。

（11）　H・アーレントは根源悪をカントのように合理化して説明できないとした上で、「この〈根源悪（Das radikale Böse）〉が、その中ではすべての人間がひとしなみに無用になるような一つのシステムとの関係において現れて来る」と語っている（前掲『全体主義の起源』二六六頁）。このシステムと関連して、エコノ＝テクノ＝ビュロクラシーが「根源悪」の歴史的具体である点を考察している論文として、拙論「アウシュヴィッツとは何か」（前掲『他者の甦り』に所収）を参照されたい。

（12）　「忘却の穴」に関しては、アーレント、前掲、一九二―二六七頁を参照。

（13）　例えば「ヨブ記」中で、苦難の義人ヨブはその苦悩を通じて無化され、他者（神や友人）に出会ったのである。この点について、"Transcendance et Mal", dans Ph. Nemo, *Job et l'excès du mal*, Albin Michel, 1998, pp. 53-71. および拙著『ヘブライ的脱在論――アウシュヴィッツから他者との共生へ』（東京大学出版会、二〇一一年）を参照。

（14）　自死するまでアウシュヴィッツを語ろうとしたP・レーヴィに注目したい。『アウシュヴィッツは終わらない』（竹山博英訳、朝日新聞社、一九八〇年）。

（15）　『前掲』Ph. Nemo, "Transcendance et Mal."

（16）　われわれは、フランクルと共に、この他者が超越的な存在であり、宗教的現実であり、生命の意味でもあることにふれた。

（17）　われわれは「ホセア書」を、物語論的（narratology）であり、かつ思想的解釈の視点で取り上げたい。もちろん、歴史的研究の成果も参照するのであるが。基本的には、A・ヘッシェルを参照する。The Prophetes, New York, 1962（『イスラエル預言者』〔上〕〔下〕、森泉弘次訳、教文館、一九九二年）。思想的には、K・コッホ『預言者1』（荒井章三・木幡藤子訳、教文館、一九九〇年）および関根正雄『古代イスラエルの思想家』（人類の知的遺産1、講談社、一九八二年）を参考にした。

（18）　コッホは、ホセアとバアル神の信者とを決定的に分かつ根拠について論じている。まず彼は両者の類似点の指摘から出発する。すなわち、バアルは雨を降らす多産の神で、その雨は精子のように大地（母胎）に降り注ぎ、豊かな実りをもたらす。だからバアルは、信者にバアル（夫）と呼ばれる。「人間は祭儀を行なって、性の儀式によって周りの世界の生産力を促進し、大地を実り豊かにする神を、その真似をしながら助けるのである」（『預言者1』一六七頁）。ホセアにとっても神とイスラエルの民との関係は、神が夫で民が妻というふうに結婚のメタファーによって表象されていた。しかしホセアの場合、神と民との関係はあくまで契約（ベリート）に拠って成立しているのである。そして契約はトーラーを伴い、トーラーの掟を実践することによって人間は神との親しい交流である知（ダアト）を深めうる。この契約を真実に護持する人は、また同じ神に属する人々にも愛（ヘセド）を示しうるのである。このように契約の神に立ち返る（シェーブ）、つまり回心するなら、そこに新たな契約がもたらされる。それは人間に正義（ツェデク）の秩序を与えるのみならず、動物や自然をも含む壮大な宇宙秩序の現成となる。それは終末論的なヴィジョンとして、「呪い、欺き、人殺し、盗み、姦淫、流血、動物たちの抹殺、土地の荒廃」（四章1節）のない平和と幸いの未来を将来する。ここでホセアの新しい契約のテキストを引用しよう（二章20―22節）。

20 その日には、わたしは彼らのために
野の獣、空の鳥、土を這うものと契約を結ぶ。
弓も剣も戦いもこの地から絶ち
彼らを安らかに憩わせる
21 わたしは、あなたととこしえの契りを結ぶ。
わたしは、あなたと契りを結び
正義（ツェデク）と公平（ミシュパート）を与え、
慈しみ（ヘセド）憐れむ（ラハーミーム）。
22 わたしはあなたとまことの契りを結ぶ。
あなたは主を知る（ヤーダー・ダアト）ようになる。

(19) コッホは、「ホセア書」第一章におけるホセアとゴメルの結婚の記事とこの第三章でのゴメルとの結婚に関する記事は、同一の出来事の別々な表現とするが、物語り論的視点からは、第一章の結婚の破局後、第三章で新たな契りの場面を語るとする方が筋立てとして合っている。次の二つの注解もそう理解している。F. I. Anderson and D. N. Freedman, *Hosea*, The Anchor Bible 24, New York, 1980, pp. 291-295. D・A・ハバード『ホセア書』（千代崎備道訳、ティンデル聖書注解、いのちのことば社、二〇一〇年）、一一〇―一一七頁。

(20) 前掲『ホセア書』一〇二頁では、「荒野はヤハウェが求愛する場所」と指摘されている。ホセアは、ゴメルとの新生活を同時にイスラエルとヤハウェとの新しい契約と重ね合わせて見ている（二章16―19節）。前掲"*Hosea*"では、16―17節に対称的並行法、一種の「キアスムス構造」を指摘している（二七一頁）。

A　16a　わたしは彼女を誘って荒れ野に導き
B　16b　その心に語りかけよう。
C　17aA　その所で、わたしはぶどう園を与え
C'　17aB　アコル（苦悩）の谷を希望の門として与える。
B'　17bA　そこで彼女はわたしにこたえる。
乙女であったときのように。
A'　17bB　エジプトの地から上ってきた日のように。

A・A'の対では、荒れ野のテーマが、B・B'では、そこでのホセアとゴメル、あるいはヤハウェとイスラエルとの対話が、C・C'では、新しい契りとしてのホセアの結婚生活、あるいはヤハウェとの新しい契約の場が示されている。このようにして「荒れ野」の苦悩は、幸福の原点なのである。

(21) マカリオス（幸い）について最も集中的に考究し、その真髄を洞察し示している書として次のものが勧められる。『イエス・キリストの「幸福（さいわい）」キリスト教の原点を見つめて』（光延一郎編著、サンパウロ、二〇〇八年）。

(22) ヘブライ語エヒイェ（一人称単数形未完了動詞）は、第一章で解説したように、他者に向けて自同の中に異なる間を創りつつ、自同を超出するエネルギーを示す。その意味で従来の「存在」の代わりに「脱在」という新造語を用いている。

(23) このエヒイェと「十誡」としてのエチカの関係を示した書に次のものがある。拙著『存在の季節』（知泉書館、二〇〇二年）、一四六―一九〇頁。

(24) イエスを先頭とする漂泊者の生、他者の歓迎に自己を委ねて「神の国」を証しする人々の生については、角田信三郎『マタイ福音書の研究』（創文社、一九九六年）を参照。

(25) パウロは、神の無限に無償な溢れる恵みとそれを無限に受容する両者の契合が、この世（の知恵や業）の外で生起すること、そしてそれは十字架につけられたキリスト・十字架の言葉とそれを与えられた無学で無力な者との契合であることを語っている（コリントの信徒への手紙一、一章18節―二章16節）。

第十章　相生の旅人・シャルル・ド・フーコーの生涯
——イスラム教・キリスト教・ユダヤ教の間《あわい》に生きた人——

私はシャルル・ド・フーコーという一人の人——フランス人ですが——について紹介させていただこうと思います。シャルル・ド・フーコーという人は、私にとって全く遠い、何処かから借りてきた人ではなくて、何かとても近い人なのです。私が最初に彼の精神的影響を受けたグループ（イエスの小さき姉妹会や兄弟会）と出会ったのは、学生時代、——まだ日本の山谷なんかが面白い時代でありまして——私もしょっちゅう行っていた山谷ででした。世界中に散らばるこのグループとは、それ以来のお付き合いです。例えばアメリカのニューヨークのひどいブロックとかで、私も彼らとホームレスみたいな人々の近くに生きた時代もあったのですが、それ以来フランスだとかイタリアだとかイスラエルだとか——もちろん日本でも現在も交流しておりますが——そのグループと共に歩んで来ました。だからフーコーの生涯は何か遠いお伽話では決してない。私にとっては非常に近い一人の人間の話として、彼のグループを通して間接的に深く対話させていただいた相手として紹介させていただきます。

彼の生涯に関して色々な伝記も出ておりますし、彼の日記だとか手記も色々出ておるのですが、ここで簡単にその生涯を辿りつつ、どのようにして彼が、イスラムの世界にコミットして、そこでまた日本にも響くような世界を披いていったのか、また「相生」と言っていいのかどうかわかりませんが、何かそういう響きのある開かれた世界をどう切り抜いていったのかということを考えてみたいと思います。ですからこれは決して社会科学的な公共論でも、歴史的な社会学的な方法論による、組織化された政治空間の話でも、社会国家の話でもありません。また何か学問的に確固とした公共的な相生世界を抜くような、そういう図式や意図を持っているわけでもありません。一人の人間の極めて単純な生き方、それからどう相生を学べるかという話であります。

シャルル・ド・フーコーは自らを“frère universel”と名付けておりました。それでこれは非常に日本語に訳しにくい表現です。“universel”というのは、普通「普遍的」と訳すのですが、完全な誤訳だと思うんですね。語源的に言えば、一致に（uni）向けて（verto）ということでしょう。“frère”はまあ「兄弟」と言っていいかもしれませんが、「姉妹」もそこに入ります。その意味は彼の一生を辿っていくうちに明らかになるでしょうから、細かい翻訳の話はここでやめます。

彼は、フランスのストラスブールの子爵家に一八五八年に生まれ、後に名門サン・シールの士官学校を卒業して、当時のアルジェリア駐屯部隊に赴任して行きます。それで、この頃の時代というのは、フランスがアフリカを植民地とする時代、そしてアフリカというものの位置がわかるような時代です。このような時代に、彼がフランス人として生い育ったというのは、すでにそういう時代のコンテクストに生まれているということだったと理解できるわけであります。

彼の生涯を決定的に変えていったのは、モロッコ旅行です。当時、――彼は一八五八年に生まれて一九一六年に死ぬわけですが――モロッコ旅行のこの一八八三年から八四年の時代と申しますのは、はっきりしたアルジェリアとかモロッコだとかそういう国境が画定しているというよりもむしろ、スルタンとかそういう色々なイスラムの族長の下に、遊牧民の部族が群雄割拠している時代で、国家が成立し国境が画定している、われわれのよう時代ではないんですね。なんでモロッコ旅行に惹かれたのかと言えば、色々あるわけですが、欧米人が当時そいうモロッコ旅行をするというのは、こういう植民地化の時代ですから命がけなんですね。特にシャルル・・フーコーは、一応フランスというカトリックの国で生まれたのですが、彼は士官学校時代に信仰なんかとは全く関係のない自堕落な生活をしていたわけです。例えば女性と同棲しましたりね、で今日は何年産の葡萄酒を飲むだとか、明日は別のもっとうまい葡萄酒を飲むとか、こういう料理がいいだとか、今ここでそのリストを私が挙げると皆さんのお腹が鳴るんじゃないかと思って控えておりますが、そういう生活をしていたのです。その彼が突如としてモロッコ旅行をする。そのとき彼にどんな心境の変化が起こったのか。しかもアフリカのこっちの方に白人のフランス人が旅をするという場合、異教徒という意味だけではなくてですね、むしろその列強の、強い国の侵略者がスパイに来ているというような誤解を各部族に与えて、たちまち殺されちゃうわけですね。当時の北アフリカのアラブの人たちは侵略者を非常に恐れていましたので。ですから、彼のモロッコ行きのわけは謎につつまれています。けれど彼にはどこか定まった土地や文化を超えるような挑みの気や感覚があるのです。それが彼の生涯を開く鍵となります。

さてそういう挑みに向け、彼は一人のラビと——ラビというのはユダヤ教の司祭ですが——そのラビと一緒にラビの姿をとって偽装旅行を致します。ユダヤ人というのは、世界中に広まっているわけで、アシュケナジームですとか——これは今のヨーロッパの教養あるユダヤ人——スファラディームですとか——これはむしろアフリカにいるようなユダヤ人ですが——、色々あります。社会的に見ますと、一応当時のアラブ社会でもアラブ人と共存はしているのですが、一般に蔑視されたりですね、場合によってはラビとしてつまりユダヤ人として認められると、金を持っているんじゃないかと思われて殺される危険もあるわけです。いずれにしてもフーコーは、危険極まりない旅をするわけですね。で、そのようにユダヤ人の姿をして、ユダヤ人の格好をして、しかもヘブライ語は喋れない旅をする。そして当時の旅の仕方は、今のようにツアーのような手取り足取りのものではなく、まず旅の手引きをしてくれそうなユダヤ人と交渉して、ある程度高額なお金を払わなきゃならないし、それからアラブ社会で社会的な有力者、とにかく力ある保護者と交渉する必要があるわけです。このアラブ人の有力者に交渉して、これだけの報酬を払うから、ここまで連れて行ってくれと、それでその人は、じゃあ手下をつけて、この村まで送ってあげようと、そしてその村についたら今度別の保護者に頼みこむわけですね。そして長々交渉して、また旅の編隊に加わったりして、隊列を組んで、また次の村まで送っていってもらう。その村からはまた別の人という、こういうのが当時の一般的な旅で、らくだの隊商を組む前に——商人たちはそういうことをやっているわけですが——、その時もイスラムの聖者、尊敬されている人の手紙だとか血縁を頼っていくと、かなり旅の安全は保たれる。それに致しましても、非常に命がけの旅なんですね。折角契約をしていても、必ずしも契約が守られるわけではなかったんです。自分の命は、全く他人の手に委ねられた、そういう越境の旅です。

それで彼自身はそのモロッコ旅行の終り頃にはですね、彼と連れのラビは、三人のアラブの人の手に全く委ねられていた。そのうちの二人はですね、「こいつらをちょっとここで殺して、金品を奪ってどこかへ逃げちゃおうじゃねえか」と、もう一人は「いや、それは絶対に契約に反するから駄目だ」と言っていさかいが起こった。

めそういう感じで、そのたった一人のアラブ人の誠意で命を救われるような心細い旅を致します。

れで私が語りたいのは、このシャルル・ド・フーコーの旅における、命がけの挑みの気と共に、根本的に人対する信頼感を持っている点ですね。彼は冒険心も色々あるにしても、とことんもう裸になって、着ている全部盗られましても、命だけは何とか助かってフランスへ帰れるだろうという、そういうなんか基本的な信

な祈りの家というか、色々な人々を迎え容れる家、あるいはそのような家の片隅の小さな場所ですが、そういうところに住みながら、フーコーは近くの村のイスラムの人々と交流をしようとするわけです。

しかし奴隷制というものが当時アラブ社会に広まっておりましたので、やはり奴隷を引き取ったりするうちに、黒人アフリカというものに気付かされるわけですね。同時に砂漠という中でますます、文明だとか文化というものから全部裸になってゆこうとする。この砂漠の思想というのは、旧約聖書を通してヨーロッパの哲学の中でも一つの大きな思想になって色々影響を与えます。例えば日本でも、「なだいなだ」という作家さんが、――「なだ」＝“nada”というのは「無」という意味で――十字架のヨハネの間接的な影響を受けているわけです。フーコーはヨハネのそういう書物を読みながら、精神的もしくは物質的な砂漠の中にいて、人々と交わるわけですね。つまり裸一貫になって、人間性の原点に返って、何もないところから、つまり文明文化の夾雑物が全部剝奪されたところ、辺境から、そこで相生の言葉を見出してゆこうという。受肉の生活に挑みます。

そしてさらに赤裸で「至高者」に出会うように、ベニ・アベスよりももっと内陸の、ホガールというサハラの砂漠の真中みたいなところですが、そのツアレグ族の中に住みます。そのタマンラセット村の近くに、やはり一軒家を建てまして、ツアレグ語の辞書を作りながらですね――その辞書も私、神田の古本屋で友人がコピー本を買ったのを見たのですが、全部手書きのすごく美しく細かい厚い辞書で感動致しました――、そのようなことをしながらですね、色々な人を招く。つまり「ザーウィア」の理想を実現しようと。それを彼はフランス語で“fraternité”と呼ぶわけですね。そしていろいろな人々を招いて、単純に食事を共にします。ベニ・アベス時代に買い取った、解放した黒人の子をつれて、二人でそこに住むわけですね。そういうふうにするうちに一九一六年に、第一次大戦ということと、ヨーロッパ・アラブ間の色々な植民地戦争の余波がそこまで参りまして、自分のツアレグ族の友人がいない時に、トリポリか何処かから来た部族によって、彼は銃弾を受けて殺されるわけであります。

そうした悲劇的ともいえるフーコーの死は、何か未来の人間性の開かれた在り方を示す希望の種子を秘めていたに違いないのです。実際、彼はユダヤ教、イスラム教、キリスト教などの人々や、黒人ニグロの世界などに真実コミットしたのですから。彼の死後に、その彼の色々な書物を見た人々が、最後の三ヵ月彼と生きたフランス人と共に集まって、彼の遺志を継いで、もう一度、砂漠から、辺境から、ゼロから諸文明文化が衝突する世界、戦争の世界に何か語りかけようということになりました。しかもその中心は砂漠であり、イスラムの人々でなければならないというわけで、一九三三年に同志の"fraternité"ができます。"fraternité"というのは、フランス革命で「博愛」なんて訳されているわけですが、全くの誤訳ですね。"fraternité"というのは、小さな人々、色々な人々を受け容れる、そういう片隅の家なんですね。かつて私が山谷で出会ったのもそうしたフーコーの会の"fraternité"だったのです。

次に一九三九年に、今度は女性たちがやはり"fraternité"を創設しようというので、自分たちを「小さな姉妹たち（Petites Soeurs）」と名付けます。これがカトリックの修道会に発展してゆくわけであります。そしてこれが今全世界に広まっておりまして、私が会った人々は、フーコーに倣おうとして皆同じような生活を送っています。もちろん未だにアフリカが精神的中心なわけですが、砂漠のように心の乾いた都市とか、ニューメキシコですと、キャニオンの奥のガラガラヘビが出るようなところですとか、あるいはニューヨークの黒人がメチルを飲まされてばたばた倒れているような、そういう所に住んで祈りの家としています。私も一緒に生活していたことがあるわけですが、そういう所に"fraternité"を作っているのです。日本にも幾つかあるわけですが、特に被差別部落の人々と生活していたりですね。韓国にもあります。世界中に広がっておりますが、同じ精神で、しかも団体を組織しない。まあ一応組織ではあるわけなんですが、十人も二十人も一緒に住まない。せいぜい三、四人で一つの家に住みながら、人々と関わっていこうという、そういう運動が広まっているわけですね。

これは私にとって大きな慰めでありまして、やはり国家とですね、個人の間にどういう協働態、"fraternité"が可能なのかということに関して良いヒントを与えてくれ、国家体制のもたらす疎外とか、個人的生活の自閉を超えたところに、公共空間を実現する一つの方向を示してくれます。彼らは宣伝も何もしません。イエスに倣って隠れたナザレの生活をやろうというのが彼らの精神性ですから、全然宣伝は致しません。その意味で、非常に深いレベルでの「公共空間」を、国家のレベルではない、逆に言うと脱国家ですね、あるいは脱体制という形で作ろうとしている、ナザレのイエスを理想とする、あるいは砂漠のシャルル・ド・フーコーを理想とする協働態であります。

かつてカブールから手紙が二〇〇一年一二月一四日付けで届いたのですが、この差出人は、フランス人のシャンタルという七五歳になる方で、もう四六年以上カブールに住んでいる方です。私の知っている日本女性も、十何年間住んでいて、五年ごとに帰ってくると、私は色々話を聞くのを楽しみにしているわけです。そのシャンタルがこんな手紙をよこしているんですね。

一九五四年にアフガニスタンに来て、そしてそこで一緒に暮らし始めたと。近所の人々と非常に親密な生活をやっている。そしてどういうことで生活をしているかと申しますと、だいたい病院の看護婦さんですね。そこで本当に"musulman"（イスラム教徒）の伝統だとか、そういう深い宗教性に感動を受けている。特にイスラム神秘主義スーフィー詩人（一三世紀）ルーミーなんかにそうだと。一九七九年のソ連の占領時代、近所の人々が皆追い払われて散らされて監獄に入れられたり拷問にあったりした。だけど自分たちはそこを去らないで、一緒に住み続けた。一九九二年、彼らが去った後にも、またその"quartier"（地区）に住み続けた。一九九四年には、爆撃でどうしてもジャララバードに避難しなければいけなくなった。カブールにその後帰ってきたら、一人のアフリカ人が自分たちの財産を守ってくれていた。一九九六年にタリバンが来て、自分たちの小さな祈りのチャペルだとか、ペルシャ方言で書かれた聖書などを見たけれども、別に何も言わないで去ったと。

アメリカの爆撃の前に、一人のスイス人と一人の日本人の姉妹が、二百人収容できる病院で、月一ドルの契約で看護婦をやった。けれどここ三ヵ月何もお金が入っていないという。外部とのコンタクトはファックスだけで、今は爆撃でアパートの窓ガラスが何とか奇跡的に割れないで保たれていると報告できる程度だと。こういうふうに、ずっとこの"quartier"（地区）で、自分たちはアフガンの人たちと暮らしていて、もう全ての外人は去ったけれど、自分たちは一緒に住もうと決断していきたいというような手紙であります。

以上の手紙もシャルルの協働態"fraternité"――これは女性協働態ですが――、その"témoignage"（証言）であります。この証言も一つの組織論とか、また宗教的な実践論や正義と平和を叫ぶことなどからかけ離れた話かもしれませんが、結局殺されたり、抹殺されたりした人々にとって、ある意味で正義を語っても虚しいわけですよね。やっぱり何が大切かというと、語り続けてゆくこと、記憶し証ししてゆくことが非常に重要ではないかと思います。このような意味で、こういう色々な手紙のやり取り、非常に静かなコミュニケーションですが、またその「ザーウィア」はたとえ小さく隠れてはいても、本質的に人々との絆を創造できる、最も基本的な人間の在り方だと言えるでしょう。しかもインターネットも不可能な、そういう電気もないようなところで生きているグループ、それを今回私は皆さんに、どういう可能性を今日孕んでいるか知りませんが、一つの"témoignage"

（証言）として、ご報告させていただいたということです。それはシャルルの frére universel（一致に向けて不断の受肉に生かされる兄弟・姉妹）に対する証言でもあります。どうもありがとうございました。

＊　フーコーは日本では知られていないので、文献を紹介させていただきます。

ミシェル・カルージュ著『砂漠の炎――神秘的な探検家・サハラの隠者』（P・エグリなど訳、ヴェリタス書院、一九五九年）、キャサリン・スピンク著『砂漠の叫び声――イエスの小さい姉妹マドレーヌの伝記』（関本肇訳、サンパウロ、二〇〇二年）、Charles de Foucauld, *Nouveaux écris spirituels,* Plon; *Évangile présenté aux pauvres négres du Sahara,* Arthaud. またイスラム社会とサハラ砂漠に関する数少ない紀行文学とその女性作家として数奇な冒険的生涯を生きたイザベル・エベラールについてエベラール著『砂漠の女』（Écrit sur le sable; 中島ひかる訳、晶文社、一九九〇年）を参照して下さい。

われわれが現代に生を享けている限り、その場と歴史から問われ続け、逆に問い返しつつ、挫折の只中に希望を見出して生きる外にない。殊に現代では、人間を非人間化する危機的で終末論的ともいえる暴力が、秘かにあるいは公然と剝き出しにふるわれており、ふるわれうるのである。その暴力が危機的であり終末論的であるというのは、例えば核戦争や原発の暴走がわれわれの最後の生命の源泉であるこの水惑星・地球を破壊する規模で起こりうるからであり、その場合人類はどこにも避難できずに確実に滅びるだろうからである。そして広島や長崎あるいはチェルノブイリや「FUKUSHIMA」にあっては、この暴力が剝き出しにふるわれたからである。また「秘かに」という意味は、秘密警察が暗躍し、無実な人々、反体制の人々を強制収容所に収監し、闇から闇に葬ってしまう暴力だからである。その典型は、旧ソ連スターリン治下の「シベリア送り」や「粛正」であり、またわれわれが考察した「アウシュヴィッツ」（忘却の穴）に外ならない。

こうした暴力は、日本の歴史とも無縁ではない。それはアジア・大東亜戦争において日本軍が犯した暴力であり、また戦争指導者によって日本人が加害者を強いられ、また被害者となった悲劇に現象している。例えば、半ば報復的な裁判で日本軍の犯罪の汚名をきせられ、家族と祖国の未来を想いながら異国の刑場に散ったＢＣ級戦犯の無念はいかばかり深いものがあろうか。

以上の意味で本書は、根源悪の現象を「アウシュヴィッツ」と「FUKUSHIMA」に見るのである。しかも、われわれは、このような大きな根源悪がそこから現象する人間の虚無にもふれ、そこに自ら神たろうとする倒錯や、氷結する自同および他者を剝奪するヒュブリスを見出したのであった。

このような根源悪の超克に向けられた思想を構想する方策として、本書はある。今は、この思想を表すキーワードを、新造語をも含めて列挙し、その思想的射程を大略反省し概観してみたい。またこの列挙が、読者の許にある思想的連想と共振の波を広げ、本書のテーマに参入する可能性を期待したい。

存在神論に対する脱在論としては、エペクタシス的脱在論、ハヤトロギア、エヒイェロギア、人間論としては、ペルソナ、神の似像（男・女）、エヒイェ的人格、主体の知的意志的働きとしては、全体主義的志向性に対する反＝志向的理性や反＝志向的意志、そして自己無化（ケノーシス）、言語用法・解釈学的には、物語り論的解釈、象徴的比喩的解釈、さらに協働態論に関わる語としては、男・女の協働（synergeia）とそれに拠る基礎的協働態、公共善に基づく諸協働態、マカリオス的な協働態、そして創世記のヴィジョンが示す宇宙論的協働態などである。

われわれは、以上のようなキーワードが自ずから結集し、モナド的に相互を映しつつ、反＝根源悪のしるしとして思想的宇宙に結晶化してゆくことを願い、その悲願に乗じられて思索と生の道行きをさらに歩むのである。

最後に本書が残した課題として、個・ペルソナと協働態・根源的場との相互的限定や相互的開放、つまり両者の同時現成の不思議に触れたい。というのも、例えば、ニュッサのグレゴリオスはその『雅歌講話』において、花嫁・乙女が同時に個であり、かつ教会協働態であると解釈しているからである。

またこの個と場の同時成立は、光のメタファーで光が場的な波長として同時に粒子として語られうることに似ている。そしてその理解のために、物理学でも量子力学という新しいヴィジョンに拠って説明される。その新しいヴィジョンは、ロシア正教の思想家V・ロースキーの言う聖霊とロゴス・キリストとの相互関係の方向でも見出されえよう。他方で本邦にあっては西田哲学でいう絶対無の自己限定としての個、そして場と個の相互的限定の方位からも手がかりは摑めよう。エヒイェロギアでは、エヒイェ、ルーアッハ（気・霊風）、ダーバール（言即事）相互の開放的差異化的関係として探究される。

いずれにせよ、この畏怖すべき課題は、根本的には拙著『他者の風来』（日本キリスト教団出版局、二〇一二年）で触れたように、エヒイェ・ルーアッハ・ダーバールの三一的構造と現実とに関わって探究されよう。そしてこの課題が重要であるのは、如上の三一的現実への参与こそ、思弁に拠らず、エヒイェ的人格およびその協働態の啐啄《そったく》同時的誕生のエネルギー源になるだろうからである。

あとがき

現代にあってわれわれ人間はみな、地球的規模で暴力（ヒュブリス）の只中にあるといわざるをえないのではなかろうか。人類史を辿れば、各時代の人々は、それぞれの地域で暴力と抑圧に苦悩・呻吟してきたのは事実である。しかし、現代にあって暴力は、アフリカの争乱地域、大都市ニューヨーク、中近東の荒野や諸都市、福島の森林農地、化学物質に汚染される河川・大洋など到る処にその猛威をふるっている。誰も、どんな隠遁者もその荒々しい毒牙から逃れることはできまい。その暴力は、人と人との親愛、民と民との友好、文化圏相互の協働を切断し、かくて人間《じんかん》は寸断状況に追い込まれ、他者性は忘却されている。

こうした悲劇的現象、あるいは楽天的に「すべてうまくいっている」と思いたい現象の背後を今や注目し暴くべき秋《とき》ではないだろうか。そう思って見るとそこには金融資本主義、大国の政治戦略、官僚的権力行使、技術支配（巨大原子力科学）、大衆操作のマス・メディア、I・T産業などを集約する経済＝技術＝官僚（エコノ＝テクノ＝ビュロクラシー）機構の実体的全体主義的支配とその大きな物語（言語的制圧）が窺えるのである。そしてそうした全体主義的支配には、人間中心の傲慢（ヒュブリス）が伏在していよう。

まさにヒュブリスとは、古来から暴力と傲慢を意味してきた。ヘーシオドスはその著『仕事と日々』においてヒュブリスを神々にさえ耐え難い人間の暴力であり、人間の堕落の本因とした。ヘブライ・キリスト教の伝統にあってヒュブリスは、人間が「神の如くなる」傲慢不遜と理解された。その意味で古代の知恵は、現代文明に極まる人間の虚無的暴力と自己神格化の傲慢とを予見したといえる。

本書は、まず現代文明のヒュブリスの極みを、「アウシュヴィッツ」、殊に原子力・プロメテウスの火に洞察しようとした。そしてその暴力の只中で裂かれた人間の出会いと彼の他者性の回復を探ろうとした。その出会いは、男・女の根源的な出会い、「雅歌」の花婿と花嫁のそれのように他者性に裏付けられている。そこで本書は、愛智（ソフィアへの愛）の根源から、プロメテウスの火を超克しうる炎、つまり出会いの他者性を考察しようと試みた。その際に愛智とは、古代ギリシアの智恵の伝統を意味すると同時に、他者性への愛に生きたナザレのイエスその人およびヘブライ的脱在（エヒイェ）をも意味している。そのような愛智の拓けの示すことは、「暴力の只中で」あるにも拘らず絶望と苦悩の許にこそ、密かに他者が訪れてくることである。すなわち、その訪れは、「エコノ＝テクノ＝ビュロクラシー」の全体主義的で実体的な堅固な機構とその物語世界に、音、つまり新たな音声や言語を生み出し、それによって如上の実体世界を少しずつずらしつつ、そこにある破れ、間（あわい）、空、空間を創成する。その意味での「音ずれ（ずらし）」なのであり、他者の地平の拓けなのである。それが本書の「出会いの他者性」を実現する「他者の音ずれ」の真意である。しかもその音ずれは、小さな人々が「忘却の穴」に葬られていることを語る密かな小さな物語りに凝集している。

以上が本書のタイトルとサブタイトルの意味の弁明である。そうしたタイトルを掲げる本書自体が、ある全体主義的で実体的な自己同一を強力に求める現代文明の只中で、一つの音ずれとして挑戦しているといってもさしつかえあるまい。

同様な挑みは、如上の音ずれの根拠エヒイェとその思想であるエヒイェロギアを構想するここ数年来の筆者の思索的歩みにも反映されている。『他者の甦り』（創文社、二〇〇八年）は、存在神論との対決を強調しており、

『旅人の脱在論』（創文社、二〇一〇年）は、他者性に関わる文学作品の解読を核とし、『ヘブライ的脱在論』（東京大学出版会、二〇一一年）は、アウシュヴィッツ的根源悪からの解放について思索し、『他者の風来』（日本キリスト教団出版局、二〇一二年）は、気・プネウマの音ずれと聖霊論に傾注している。いずれも、ヒュブリスの只中における愛智の炎・他者の音ずれに拠る他者の地平の拓けを志向した試みである。しかし、筆者はその「音ずれ」が自らの独善的で幻想的な思いに由ることを最も恐れている。従って筆者は方法論上、愛智の宿る古典テキストの解釈を基本線として思索してきたわけである。

本書ではどうか。

本書の特徴は、如上の思索的歩みを踏まえて、旧新約的テキストを解釈しつつ、ニュッサのグレゴリオス、アウグスティヌスなどの教父と、トマスなどの中世哲学の解釈にまで射程を広げている点である。しかもそれに止まらず、如上の古典の知恵がどのように現代に甦って人間的相生のメッセージになるかをも目指している。その現代理解も、三・一一事件をめぐる原子力エネルギー（プロメテウスの第二の火）にいささか焦点を定めている点も本書の特徴といえよう。

以上の解説をまとめれば、古代・中世の思想や知恵が、プロメテウスの火（ヒュブリスの象徴であり具体化）の只中で、どのように人間の絆・協働態の地平を披くのかという問題意識と思索が本書の基本線といえよう。そして今回は、協働態の原点を、アウグスティヌスの身体的回心に拠る協働の実現、そして男と女、花婿と花嫁の協働に置いたように、暴力の突破を協働に希望したことも新たな思索的切り口といえる。従ってこのような本書全体を貫《つらぬ》く密かな思索的基調は、やはりエヒイェロギアにおいて響いている。

加えてまたジョルジュ・ルオー（フランスの画家、一八七一―一九五八年）の「郊外のキリスト」を表紙絵に入れたのは、以上の本書の消息の視覚化といえる。黄昏時、郊外を通る途中、一人の人がエマオのキリストのように、子供たちに出会いつつ、何か新たな智恵の音ずれを語っている。それは余りに日常的で密かな出来事である。しかし筆者はそこに出会いの精髄を洞察し、そのような音ずれに日々聴従していきたいと願う者である。

本書は、以上のような筋立てによって成っている世界であるが、一見異質な分野を多層的にくり込んでいるので、読者はどの章からでも御自由にその世界に跳入せられたい。

本書が成り立つまで、誠に多くの師友の恩愛を身に蒙ってきたことに深く感謝したい。特にいずれの師友も愛智の最前線に進出してあり、そこで斃《たお》れることもいとわない人々であることが励ましとなっている。

最後に本書も含めて筆者の著作に関心をもち、問いを共有しえた知泉書館編集長小山光夫氏には甚深の謝意を表わしたい。

平成二五年　神無月

神々はどこにおわすか
今の世に人がまつり（祭・政）に
淫《みだ》れる時に

宮本　久雄

初出一覧

第一章「暴力と理性――テキストの解釈をめぐって」（上智大学哲学会『哲学論集』第41号、二〇一二年、1―26頁。）

第二章「現代におけるトマス・アクィナスの意義――〈在るもの・ens〉および知性の超越性をめぐって」（上智大学哲学会『哲学論集』第38号、二〇〇九年、77―99頁。）

第三章「協働態的公共圏の諸相とペルソナ――トマス・アクィナスの共通善哲学を手がかりとして」（『公共哲学の古典と将来』山脇直司編、東京大学出版会、二〇〇五年、53―100頁。）

第四章「身体を張る（extendere）アウグスティヌス――『告白』における distendere, continere, extendere をめぐって」（『パトリスティカ』第13号、二〇〇九年、103―131頁。）

第五章「ペルソナとしての〈男・女〉――「創世記（一―三章）を手がかりに」（上智大学神学会編『カトリック研究』第81号、二〇一二年、57―77頁。）

第六章「他者との出会いに吹く風《プネウマ》――ニュッサのグレゴリオスによる『雅歌講話』のメッセージ」（『神秘の前に立つ人間――キリスト教東方の霊性を拓く』荻野弘之編、新世社、二〇〇五年、101―136頁。）

第七章「ニュッサのグレゴリオスにおける共生の理念と実践――『モーセの生涯』と『説教集』を手がかりに」（『宗教的共生の展開』宮本久雄編、教友社、二〇一三年、53―82頁。）

第八章「古典と伝統知――エヒイェロギア的視点から」（地球システム・倫理学会編『会報』第8号、二〇一三年、

115―120頁。）
第九章　「書きおろし」
第十章　「アラブ世界の心に公共の心を開こうとした人――シャルル・ド・フコーの生涯とその今日的公共的意義について」（『地球的平和の公共哲学』公共哲学ネットワーク編、東京大学出版会、二〇〇三年、202―212頁。）

宮本 久雄（みやもと・ひさお）

1945年新潟県生まれ。東京大学卒業，同大学院修士課程修了。パリ第4大学等を退学後，東京大学大学院総合文化研究科教授を経て，現在，上智大学神学部教授（専攻：聖書思想，教父神学，哲学）。

〔編著書〕『存在の季節――ハヤトロギア（ヘブライ的存在論）の誕生』（知泉書館，2002年），『他者との出会い』『原初のことば』『彼方からの声』（シリーズ物語り論，共編著，東京大学出版会，2007年），『他者の甦り――アウシュヴィッツからのエクソダス』（創文社，2008年），『ヘブライ的脱在論――アウシュヴィッツから他者との共生へ』（東京大学出版会，2011年），『旅人の脱在論――自・他相生の思想と物語りの展開』（創文社，2011年），『他者の風来――ルーアッハ・プネウマ・気をめぐる思索』（日本キリスト教団出版会，2012年）他。

〔訳書〕V. ロースキィ『キリスト教東方の神秘思想』（勁草書房，1986年），E. スヒレベーク『イエス――一人の生ける者の物語』第2巻（共訳，新世社，1994年）他。

〔出会いの他者性〕 ISBN978-4-86285-176-5

2014年 2月20日 第1刷印刷
2014年 2月25日 第1刷発行

著者 宮本久雄
発行者 小山光夫
印刷者 藤原愛子

発行所 〒113-0033 東京都文京区本郷1-13-2
電話03(3814)6161振替00120-6-117170
http://www.chisen.co.jp
株式会社 知泉書館

Printed in Japan 印刷・製本／藤原印刷

人名索引

書名索引

用語索引

ア　行

カ 行

サ　行

マ　行

ヤ　行

ラ　行